ABHANDLUNGEN DER AKADEMIE DER WISSENSCHAFTEN DER DDR

Veröffentlichungen der Wissenschaftlichen Räte

W 2
1977

Theoretische Fragen der weiteren Vertiefung der sozialistischen ökonomischen Integration

Akademie-Verlag · Berlin

ABHANDLUNGEN
DER AKADEMIE DER WISSENSCHAFTEN DER DDR
Abteilung Veröffentlichungen der Wissenschaftlichen Räte

Jahrgang 1977 · Nr. W 2

19. Tagung des Wissenschaftlichen Rates
für die Wirtschaftswissenschaftliche Forschung
bei der Akademie der Wissenschaften der DDR
am 7.12.1976

Theoretische Fragen der weiteren Vertiefung der sozialistischen ökonomischen Integration

Theoretische Fragen der weiteren Vertiefung
der sozialistischen ökonomischen Integration
der Mitgliedsländer des RGW unter besonderer Beachtung
der Probleme der internationalen ökonomischen Organisationen

AKADEMIE-VERLAG · BERLIN · 1977

Herausgegeben im Auftrage des Präsidenten
der Akademie der Wissenschaften der DDR
von Vizepräsident Prof. Dr. Heinrich Scheel

Verantwortlich für dieses Heft:
Akademiemitglied Prof. Dr. sc. oec. Helmut Koziolek
Vorsitzender des Wissenschaftlichen Rates
für die wirtschaftswissenschaftliche Forschung
bei der Akademie der Wissenschaften der DDR

Redaktionsschluß: **31. Jan. 1977**

Erschienen im Akademie-Verlag, 108 Berlin, Leipziger Str. 3–4

Lizenznummer: 202 · 100/67/77
Gesamtherstellung: IV/2/14 VEB Druckerei »Gottfried Wilhelm Leibniz«,
445 Gräfenhainichen/DDR · 4978
Bestellnummer: 753 416 5 (2001/77/2/W) · LSV 0335
Printed in GDR
DDR 12,– M

Inhaltsverzeichnis

* schriftlich eingereichter Beitrag

* schriftlich eingereichter Beitrag

* schriftlich eingereichter Beitrag

1. Thesen*

* Unter Berücksichtigung der Diskussion überarbeitet
Ausgearbeitet von einer Arbeitsgruppe des Wissenschaftlichen Rates für Fragen der sozialistischen ökonomischen Integration unter Leitung von Prof. Dr. Willi Kunz und Prof. Dr. Karl-Heinz Stiemerling.
Der Arbeitsgruppe gehörten an: Dr. Hans Bruder, Dr. Hans-Georg Haupt, Dr. Gerhard Proft, Dr. Peter Sydow.
Es wurden Zuarbeiten verwandt von Dr. Gerhard Fröhlich, Dr. Wolfgang Keller, Dr. Gerhard Lehmann, Prof. Dr. Karl Morgenstern.

Theoretische Fragen der weiteren Vertiefung der sozialistischen ökonomischen Integration der Mitgliedsländer des RGW unter besonderer Beachtung der Probleme der internationalen ökonomischen Organisationen

Vorbemerkung

Das vorliegende Material wurde mit dem Ziel erarbeitet, jene Entwicklungsprozesse im Zusammenhang mit der sozialistischen ökonomischen Integration zu untersuchen, die von aktueller Bedeutung für die *Intensivierung der Volkswirtschaft der DDR* sind.

Ausgehend von den Beschlüssen des IX. Parteitages der SED, die Leistungsfähigkeit der Volkswirtschaft der DDR durch die Intensivierung zu erhöhen und die qualitativen Faktoren des Wachstums der Produktion für die Erhöhung der Effektivität der gesamten wirtschaftlichen Tätigkeit zu erschließen, sind die nachfolgenden Thesen darauf gerichtet, Aufgaben und Möglichkeiten zu behandeln, die sich aus den Prozessen der sozialistischen ökonomischen Integration für die weitere Gestaltung der Wirtschaft des entwickelten Sozialismus, für die Beschleunigung und umfassende Nutzung des wissenschaftlich-technischen Fortschritts, für die effektive Nutzung der Ressourcen, für die Steigerung der Produktivität und der Effektivität der gesellschaftlichen Arbeit ergeben.

Dabei ist an die vorgelegten Thesen und die Diskussion auf der 7. Tagung des Wissenschaftlichen Rates für die wirtschaftswissenschaftliche Forschung[1] sowie an die Materialien der folgenden Tagungen angeknüpft worden.

Darüber hinaus stand die Aufgabe, einige neue und interessante Erscheinungen bzw. Prozesse, die sich im Zusammenhang mit der weiteren Gestaltung des entwickelten Sozialismus abzeichnen bzw. im Ansatz zu erkennen sind, zu charakterisieren. Dazu zählen wir vor allem

- einige Probleme der weiteren Entwicklung der wirtschaftlichen Leistungskraft der RGW-Länder unter den Bedingungen der sozialistischen ökonomischen Integration,
- die höheren Anforderungen an die Planungstätigkeit, vor allem im Zusammenhang mit der multilateralen Plankoordinierung und der Ausarbeitung langfristiger Zielprogramme,
- die Anwendung neuer Organisationsformen für wichtige Integrationsprozesse in den Zweigen, vor allem in Gestalt internationaler ökonomischer Organisationen.

Aus dieser Skizzierung einiger wichtiger Schwerpunkte in den Thesen wird bereits ersichtlich, daß die Verfasser ihre Aufgabe nicht darin sahen, eine umfassende Analyse der Ergebnisse der Integration anzufertigen, sondern Entwicklungsprozesse – und dabei vor allem neue Erscheinungen – darzulegen, die im engen Zusammenhang

[1] Vgl. Probleme der sozialistischen ökonomischen Integration der Mitgliedsländer der RGW – Verbindung der Integrationsprozesse mit der planmäßigen proportionalen Entwicklung der Volkswirtschaft sowie ihrer Leitung, Planung und ökonomischen Stimulierung in der DDR, Berlin 1974 (Sitzungsberichte der Akademie der Wissenschaften der DDR, 14/1973).

mit der Intensivierung der Volkswirtschaften der RGW-Länder und besonders der DDR stehen. Die Komplexität der dabei erfaßten Prozesse und Faktoren ist der Grund dafür, daß sich die Ausarbeitung dieser Thesen von der Behandlung grundlegender theoretischer Ausgangspunkte bis zu Problemen der Leitung, Planung und Organisation von Prozessen der sozialistischen ökonomischen Integration erstreckte. Die Verfasser haben sich dabei auf Prozesse konzentriert, die sich in Wissenschaft und Technik sowie in der Produktion vollziehen. Die Zirkulation und ihre Entwicklung sind einer gesonderten wissenschaftlichen Diskussion wert, ebenso Fragen der Arbeitsteilung bzw. der wissenschaftlich-technischen und ökonomischen Zusammenarbeit mit kapitalistischen Staaten und Entwicklungsländern. Beide Fragenkomplexe wurden in das vorliegende Material nicht einbezogen. Das Material ist darauf ausgerichtet, Schlußfolgerungen für die weitere wirtschaftswissenschaftliche Forschungsarbeit zu den behandelten Fragen der sozialistischen ökonomischen Integration abzuleiten.

I. Das Wesen und die Grundlagen des Prozesses der sozialistischen ökonomischen Integration

(1) *Die sozialistische ökonomische Integration ist ein objektiver Prozeß, der bei einem bestimmten Reifegrad der sozialistischen Produktionsweise und der politischen, ökonomischen und wissenschaftlich-technischen Zusammenarbeit der sozialistischen Länder zu einer allgemeinen Gesetzmäßigkeit der Entwicklung des Sozialismus wird.* Dieser objektive Charakter liegt begründet im Wesen des Sozialismus und in der zunehmenden sozialistischen Vergesellschaftung der Produktion. Die gleichartigen politischen, ökonomischen und ideologischen Grundlagen der gesellschaftlichen Entwicklung, die gemeinsamen Ziele und die dadurch bedingten Aufgaben bestimmen den Charakter der sozialistischen ökonomischen Integration.

Die sozialistische ökonomische Integration ist eine von den kommunistischen und Arbeiterparteien und den Regierungen der RGW-Länder zu lösende politische Aufgabe von historischer Bedeutung, die sich objektiv aus den Erfordernissen des entwickelten Sozialismus ergibt. Die sozialistische ökonomische Integration ist immanenter Bestandteil des Prozesses der politischen und ökonomischen Annäherung und des Zusammenschlusses der sozialistischen Staaten. Sie fördert die Einheit und Geschlossenheit der sozialistischen Staaten und führt zu einer Angleichung ihres ökonomischen Entwicklungsniveaus.[2]

Die sozialistische ökonomische Integration ist die konkrete Form, in der sich die internationale Entfaltung der sozialistischen Vergesellschaftung der Produktion unter den historischen Bedingungen der gegenwärtigen Etappe vollzieht. Sie ist gekennzeichnet durch die gegenseitige Ergänzung und die beginnende Verflechtung der Volkswirtschaften der RGW-Länder. „Die Arbeit an der Verwirklichung des Komplexprogramms hat dazu geführt, daß sich unser wirtschaftliches Zusammenwirken schon jetzt wesentlich vertieft hat und daß die gegenseitige Ergänzung der Volkswirtschaften unserer Länder zum erheblichen Vorteil eines jeden von ihnen zugenommen hat."[3]

[2] Vgl. Ebenda, S. 30.

[3] L. I. Breshnew, XXV. Parteitag der KPdSU, Rechenschaftsbericht des Zentralkomitees der KPdSU und die nächsten Aufgaben der Partei in der Innen- und Außenpolitik, Berlin 1976, S. 13.

(2) *Die Entwicklung der sozialistischen ökonomischen Integration ist ein Wesensmerkmal des entwickelten Sozialismus, dessen Bedeutung für den sozialistischen Aufbau mit zunehmender Reife der gesellschaftlichen Entwicklung in den RGW-Ländern weiter wächst.* Mit der weiteren Gestaltung und Vervollkommnung des entwickelten Sozialismus in den Ländern der sozialistischen Staatengemeinschaft tritt das Wesen des Sozialismus immer stärker in Erscheinung. Dem liegen ebenso wie der Gestaltung der entwickelten sozialistischen Gesellschaft ökonomische, materiell-technische und ideologische Entwicklungsprozesse zugrunde.[4] Die Teilnahme am Prozeß der sozialistischen ökonomischen Integration ist für jedes Land, das die entwickelte sozialistische Gesellschaft aufbauen will, eine objektive Notwendigkeit. Im Programm der SED wird hervorgehoben: „Die entwickelte sozialistische Gesellschaft ist das gemeinsame revolutionäre Werk der Arbeiterklasse und aller Werktätigen in den Ländern der sozialistischen Gemeinschaft. Die sozialistische ökonomische Integration der Mitgliedsländer des Rates für Gegenseitige Wirtschaftshilfe ist die feste Grundlage für die ständige Vervollkommnung der Zusammenarbeit und systematische Annäherung der sozialistischen Nationen auf allen Gebieten des gesellschaftlichen Lebens."[5]

Die sozialistische ökonomische Integration ist ein Merkmal der Gestaltung der entwickelten sozialistischen Gesellschaft. Sie wird durch die Grundinteressen der Arbeiterklasse in den sozialistischen Staaten geprägt, die die Festigung, die Annäherung und den Zusammenschluß der sozialistischen Staaten erfordern. Die sozialistische ökonomische Integration wird in dem Maße zu einem immer bedeutenderen Faktor für die Realisierung des Ziels der sozialistischen Produktion, wie sie zur stabilen ökonomischen und sozialen Entwicklung der Mitgliedsländer des RGW beiträgt.

Das höhere Niveau der Arbeitsproduktivität, das für die weitere Gestaltung der entwickelten sozialistischen Gesellschaft erforderlich ist, kann nur über den Prozeß der Integration der beteiligten Volkswirtschaften erreicht werden. Grundlegende Aufgaben zur Entwicklung und Vervollkommnung der materiell-technischen Basis des Sozialismus und zur Schaffung grundlegender Voraussetzungen für den allmählichen Übergang zum Kommunismus lassen sich mit hoher Effektivität nur durch das gemeinsame, abgestimmte Handeln der RGW-Länder lösen. Für die Intensivierung der gesellschaftlichen Produktion, die in den Mitgliedsländern des RGW zum Hauptweg der weiteren Entwicklung und Vervollkommnung der materiell-technischen Basis wird, ist die sozialistische ökonomische Integration eine wesentliche Bedingung. Sie ermöglicht größere Maßstäbe und effektivere Wege zur Nutzung der qualitativen Wachstumsfaktoren und zur Erhöhung der wirtschaftlichen Leistungskraft.

(3) *Die allseitige Zusammenarbeit eines jeden Mitgliedslandes des RGW mit der Sowjetunion ist eine Kernfrage der sozialistischen ökonomischen Integration. Die Sowjetunion ist die führende Kraft der sozialistischen ökonomischen Integration.* Die weltgeschichtliche Rolle der UdSSR und ihre Stellung im Prozeß der sozialistischen ökonomischen Integration werden vorrangig durch folgende Faktoren bestimmt:

Erstens: In der Sowjetunion wurden zum erstenmal in der Geschichte die allgemeinen Gesetzmäßigkeiten des sozialistischen Aufbaus verwirklicht. Als Pionier des gesellschaftlichen Fortschritts öffnete sie den Weg für den sozialistischen und kommunistischen Aufbau. Sie bildet das revolutionäre Kraftzentrum des Sozialismus.

Zweitens: Die KPdSU verfügt über die umfangreichsten Erfahrungen bei der Gestal-

[4] Vgl. Probleme der sozialistischen ökonomischen Integration, a. a. O., S. 24 (Sitzungsberichte der Akademie der Wissenschaften der DDR, 14/1973).

[5] Programm der Sozialistischen Einheitspartei Deutschlands, Berlin 1976, S. 21/22.

tung der entwickelten sozialistischen Gesellschaft und beim kommunistischen Aufbau und erweist mit ihrem reichen theoretischen und praktischen Erfahrungsschatz allen anderen sozialistischen Ländern allseitige Hilfe. Je weiter die Sowjetunion auf dem Wege zum Kommunismus voranschreitet, um so notwendiger wird es, die Allgemeingültigkeit ihrer Erfahrungen zu beachten.

Drittens: Die Sowjetunion verfügt über das größte wissenschaftlich-technische und ökonomische Potential in der sozialistischen Staatengemeinschaft. Sie leistet den Hauptbeitrag zur Sicherung des Friedens und zum Schutze der sozialistischen Errungenschaften. Aus all diesen Gründen ist die Sowjetunion für jedes sozialistische Bruderland der Hauptpartner der sozialistischen ökonomischen Integration. Die wirtschaftliche und wissenschaftlich-technische Zusammenarbeit mit der Sowjetunion gewinnt für die Festigung des politisch-ideologischen und militärischen Bündnisses der sozialistischen Staatengemeinschaft ständig an Bedeutung.

Die Sowjetunion hat entscheidenden Anteil an der gemeinsamen Lösung der gegenwärtig vor den Mitgliedsländern des RGW stehenden ökonomischen und wissenschaftlich-technischen Aufgaben. Der bereits erreichte hohe Entwicklungsstand und die Perspektiven der sowjetischen Industrie bieten ein weites Feld für eine tiefgehende internationale Spezialisierung und Kooperation der Produktion sowie für den Austausch von industriellen Fertigerzeugnissen zwischen der UdSSR und den anderen RGW-Ländern. Auf der Grundlage des Vertrages über Freundschaft, Zusammenarbeit und gegenseitigen Beistand erweitert sich die ökonomische und wissenschaftlich-technische Zusammenarbeit zwischen der DDR und der UdSSR. „Umfang und Ausmaß dieser Beziehungen und ihre Qualität lassen uns mit Recht von einer zunehmend enger werdenden Verflechtung der Volkswirtschaft der DDR mit der Volkswirtschaft der UdSSR sprechen."[6]

(4) *Die sozialistische ökonomische Integration wird von souveränen Staaten verwirklicht, die ihre gegenseitigen Beziehungen entsprechend den Prinzipien des sozialistischen Internationalismus gestalten.* Dem Prozeß der sozialistischen ökonomischen Integration und der Wahrnehmung der staatlichen Souveränität liegt das dialektische Wechselverhältnis von Internationalem und Nationalem, von Internationalisierung des gesellschaftlichen Lebens im Sozialismus einerseits und der allseitigen Entwicklung der sozialistischen Staaten andererseits zugrunde. Für die Entwicklung, das Tempo und die Effektivität der sozialistischen ökonomischen Integration ist deshalb die ständige Beachtung der Wechselbeziehungen zwischen Internationalem und Nationalem von grundsätzlicher Bedeutung. In der nur dem Sozialismus eigenen Interessenübereinstimmung liegt ein wichtiger Vorzug der sozialistischen ökonomischen Integration gegenüber kapitalistischen Integrationsprozessen.

Im Kapitalismus treten infolge des Privateigentums und der vom Profitstreben getragenen Integrationsbestrebungen immer wieder unüberbrückbare Interessenwidersprüche zwischen den Monopolen, Klassen, Nationen und Staaten auf. Demgegenüber ermöglicht das gesellschaftliche Eigentum im Sozialismus eine effektive Verknüpfung gemeinsamer und spezifischer Interessen. Das beweist erneut die Richtigkeit der These von Marx, daß erst das gesellschaftliche Eigentum ein gemeinschaftliches Interesse entstehen und damit auch die antagonistischen Widersprüche zwischen den Völkern und Nationen verschwinden läßt.

Ohne die Berücksichtigung der spezifischen Interessen der RGW-Länder und ihre

[6] E. Honecker, IX. Parteitag der SED, Bericht des Zentralkomitees der Sozialistischen Einheitspartei Deutschlands an den IX. Parteitag der SED, Berlin 1976, S. 77.

richtige Einordnung in das Gesamtinteresse dieser Länder ist die weitere Vertiefung der sozialistischen ökonomischen Integration nicht möglich. Deshalb kommt es in der Leitung und Planung der sozialistischen ökonomischen Integration, bei der Planung und Realisierung jeder einzelnen Integrationsmaßnahme immer wieder darauf an, die spezifischen Interessen der RGW-Länder mit den gemeinsamen Interessen der sozialistischen Staatengemeinschaft zu verbinden.

Die weitere Gestaltung und Vervollkommnung des entwickelten Sozialismus in den RGW-Ländern wird zunehmend durch die Gemeinsamkeiten im Prozeß der gesellschaftlichen Entwicklung in diesen Ländern, durch die Angleichung ihres ökonomischen Entwicklungsniveaus sowie die gegenseitige Ergänzung und fortschreitende Verflechtung der Volkswirtschaften geprägt. Der Prozeß der Annäherung der ökonomischen und gesellschaftlichen Entwicklung dieser Länder tritt heute mit aller Deutlichkeit als gesetzmäßige Erscheinung zutage. Damit verbunden ist die Tendenz einer zunehmenden Annäherung ihrer Interessen auf der Grundlage des staatlich-sozialistischen Eigentums in den RGW-Ländern. Es verstärkt sich die Funktion der sozialistischen ökonomischen Integration für die Realisierung der staatlichen Interessen der Mitgliedsländer. Die Entwicklung der materiell-technischen Basis des Sozialismus in den einzelnen Ländern, die Vervollkommnung der Leitung, Planung und ökonomischen Stimulierung usw. werden immer mehr zum Gegenstand des gemeinsamen Interesses der Mitgliedsländer des RGW.

Die Aufgabe, gemeinsame und spezifische Interessen planmäßig in Übereinstimmung zu bringen, ist für jede Integrationsmaßnahme zu lösen. Dabei kann es auf Grund des unterschiedlichen ökonomischen Entwicklungsniveaus sowie historischer und geographischer Bedingungen und subjektiver Einflüsse zu einer zeitweiligen Nichtübereinstimmung einzelner spezifischer Interessen zwischen den Ländern kommen.[7] Die kommunistischen und Arbeiterparteien der RGW-Länder arbeiten Maßnahmen aus, um diese Widersprüche zu überwinden und gegenseitig vorteilhafte Lösungen zu finden. Die Übereinstimmung der gemeinsamen und spezifischen Interessen, ihre planmäßige und effektive Realisierung werden weitgehend dadurch beeinflußt, wie in der Leitung, Planung und ökonomischen Stimulierung der Integrationsprozesse die Prinzipien des gegenseitigen Vorteils, der materiellen Interessiertheit und der wirtschaftlichen Rechnungsführung verwirklicht werden.

(5) *Die Ziele der sozialistischen ökonomischen Integration, die Triebkräfte zu ihrer Verwirklichung, sowie die Formen und Methoden der Zusammenarbeit der sozialistischen Länder in diesem Prozeß werden durch den Charakter und den Reifegrad der sozialistischen Produktionsverhältnisse bestimmt.* Daraus ergibt sich die Aufgabe, alle Potenzen der sozialistischen Produktionsverhältnisse auf der Grundlage der bestehenden Formen des sozialistischen Eigentums an den Produktionsmitteln auszuschöpfen und zu nutzen. Bei der Lösung dieser Aufgabe ist die Dialektik zwischen der Entfaltung der sozialistischen Produktionsverhältnisse in den Ländern und in den Beziehungen zwischen ihnen unter den konkret-historischen Bedingungen zu beachten. Im Verlaufe des Aufbaus der entwickelten sozialistischen Gesellschaft entfalten und vervollkommnen sich die sozialistischen Produktionsverhältnisse sowohl in den Ländern als auch in den Beziehungen zwischen ihnen. Der sozialökonomische Charakter der sich zwischen den Ländern entwickelnden sozialistischen Produktionsverhältnissen entspricht dem der Produktionsverhältnisse, die in den sozialistischen Ländern entstan-

[7] Vgl. Probleme der sozialistischen ökonomischen Integration, a. a. O., S. 30 (Sitzungsberichte der Akademie der Wissenschaften der DDR, 14/1973).

den sind und ständig vervollkommnet werden. Die zwei Sphären der Entwicklung und Vervollkommnung der sozialistischen Produktionsverhältnisse, die „staatliche" und die „internationale", bilden ihrem sozialökonomischen Charakter nach eine Einheit. Die Gesetzmäßigkeiten des sozialistischen Aufbaus und die sozialistischen Produktionsverhältnisse sind allgemeingültig.

Für die Untersuchung des dialektischen Wechselverhältnisses zwischen Entfaltung der sozialistischen Produktionsverhältnisse im staatlichen und im internationalen Rahmen ist von Bedeutung, daß unter den gegenwärtigen konkret-historischen Entwicklungsbedingungen der sozialistischen Gemeinschaft – unter denen die entwickelte sozialistische Gesellschaft in der UdSSR errichtet ist und in einer Reihe anderer sozialistischer Länder geschaffen wird – die Vervollkommnung der sozialistischen Produktionsverhältnisse weiter vorrangig im staatlichen Rahmen unter Leitung der jeweiligen marxistisch-leninistischen Partei erfolgt. Die erweiterte sozialistische Reproduktion wird, bei gegenseitiger Ergänzung und zunehmender Verflechtung der Volkswirtschaften der RGW-Länder, staatlich geleitet und geplant. Im Komplexprogramm wird darauf verwiesen, daß vor allem in der maximalen Mobilisierung und effektiven Nutzung der eigenen Anstrengungen und Ressourcen der Länder der Hauptweg der schrittweisen allseitigen Annäherung und der Angleichung des ökonomischen Entwicklungsniveaus besteht.

Alle Schritte zur weiteren Verflechtung der Volkswirtschaften der RGW-Länder und die Maßnahmen zur Vervollkommnung der Leitung, Planung und ökonomischen Stimulierung der Integrationsprozesse werden in erster Linie durch den Reifegrad und die Erfordernisse des sozialistischen Aufbaus in den einzelnen Ländern bestimmt. Die Produktionsverhältnisse, die sich zwischen den sozialistischen Staaten herausbilden, treten als sekundäre, von den Produktionsverhältnissen der Länder abgeleitete Verhältnisse auf.[8]

[8] In der Diskussion über die Zusammenhänge zwischen der Entwicklung der sozialistischen Produktionsverhältnisse in den RGW-Ländern und in ihrer Gemeinschaft gibt es unterschiedliche Auffassungen. So betrachten Koslov, Širjaew, Kormnov, Šastitko, Swoboda und weitere Ökonomen die Produktionsverhältnisse, die sich zwischen den sozialistischen Staaten herausbilden, als abgeleitete Verhältnisse. Im Unterschied dazu vertreten Bogomolov, Kohlmey, Huber, Sydow und andere Ökonomen die Auffassung, daß diese Verhältnisse mit der zunehmenden sozialistischen ökonomischen Integration keineswegs einen abgeleiteten Charakter tragen. Vgl.

a) Autorenkollektiv unter Leitung von G. A. Koslov, Politische Ökonomie, Bd. 4, Berlin 1974, S. 295/296; J. S. Širjaev, Ėkonomičeskij mechanizm socialističeskoj integracii, Moskva 1973, S. 24 ff.; N. V. Bautina, Ju. F. Kormnov, M. A. Borisovskaja, Meždunarodnogo socialističeskogo obobščestvlenija proizvodstva, Moskva 1973, S. 34; S. Nižnjaja, V. Šastitko, Metodologičeskie voprosy izučenija meždunarodnych socialističeskich proizvodstvennych otnošenij, in: Ėkonomičeskie Nauki, 7/1976, S. 60; H. Swoboda, Produktionsverhältnisse und das ökonomische Grundgesetz des Sozialismus im Integrationsprozeß, in: Einheit, 7/1973, S. 838; H. Swoboda, Zur Entwicklung der sozialistischen Produktionsverhältnisse im Prozeß der sozialistischen ökonomischen Integration, in: Wirtschaftswissenschaft, 8/1976, S. 1137–1141.

b) G. Kohlmey, Vergesellschaftung und Integration im Sozialismus, Berlin 1973, S. 184 f. (Akademie der Wissenschaften der DDR, Schriften des Zentralinstituts für Wirtschaftswissenschaften, Nr. 8) und Ökonomische Theorie und sozialistische Integration, Berlin 1975; G. Huber, P. Sydow, Sozialistische Produktionsverhältnisse und ökonomische Integration der RGW-Länder, in: Einheit, 5/1974, S. 566/567; O. T. Bogomolov, Nachwort zu G. Kohlmey, Obobščestvlenie i integracija pri socializme, Moskva 1976, insbesondere die Seiten 337–340.

Die internationale Entfaltung der sozialistischen Produktionsverhältnisse vollzieht sich einerseits mit dem Sieg des Sozialismus innerhalb der Länder und andererseits in den ökonomischen Beziehungen zwischen den sozialistischen Ländern, die sie im Prozeß der zunehmend arbeitsteiligen Produktion materieller Güter und Leistungen eingehen. Die Entwicklung der kameradschaftlichen Zusammenarbeit und gegenseitigen Hilfe zwischen den RGW-Ländern vollzieht sich nach den Prinzipien des sozialistischen Internationalismus als fester Grundlage für die Beziehungen der sozialistischen Länder im Prozeß der sozialistischen ökonomischen Integration.

Die internationale Entfaltung der sozialistischen Produktionsverhältnisse erfordert eine ständige Vervollkommnung der Koordinierung der Wirtschaftspolitik, die Ausarbeitung abgestimmter Produktions- und Investitionsprogramme, die Vertiefung der internationalen Spezialisierung und Kooperation der Produktion und der wissenschaftlich-technischen Zusammenarbeit, die weitere Ausdehnung und Vervollkommnung der gemeinsamen Planung, die Qualifizierung des abgestimmten Planes mehrseitiger Integrationsmaßnahmen, die zunehmend gemeinsame Ausarbeitung und Realisierung langfristiger Zielprogramme für volkswirtschaftlich entscheidende Aufgaben sowie die Entwicklung des internationalen Warenaustausches und der Transportverbindungen.

(6) *Die Prozesse der sozialistischen ökonomischen Integration vollziehen sich bei Existenz des staatlich-sozialistischen Eigentums.* Auf ihm beruhen das Außenwirtschafts- und Valutamonopol, mittels derer der sozialistische Staat seine Funktionen in den Außenwirtschafts- und in den Integrationsbeziehungen realisiert. Der sozialistische Staat ist das Hauptinstrument der Arbeiterklasse bei der Gestaltung des entwickelten Sozialismus und auf dem Wege zum Kommunismus. Er ist der Vertreter der staatlichen ökonomischen Interessen und der Repräsentant aller Naturreichtümer und des Nationaleinkommens des Landes. Die sozialistische ökonomische Integration vollzieht sich bei Wahrung der souveränen Rechte der Staaten und ihrer Verfügungsgewalt über das staatlich-sozialistische Eigentum an den Produktionsmitteln.

Die bestehenden Formen sozialistischen Eigentums an den Produktionsmitteln bieten genügend Möglichkeiten für die weitere Vergesellschaftung von Produktion und Arbeit im Integrationsprozeß. Umfang und Entwicklung von Integrationsmaßnahmen erfordern rationelle gemeinsame Lösungen ökonomischer und wissenschaftlich-technischer Aufgaben von gemeinsamem Interesse auf der Grundlage des staatlich-sozialistischen Eigentums der Mitgliedsländer des RGW. Durch die Beteiligung an gemeinsamen Objekten, Organisationen, Betrieben usw. ergeben sich ökonomische und juristische Konsequenzen für die Realisierung sozialistischen Eigentums an den Produktionsmitteln. So sind zum Beispiel internationale Wirtschaftsorganisationen eine Organisationsform zur Realisierung von Integrationsprozessen. Als eine mögliche Form, für deren effektive Realisierung die RGW-Länder gegenwärtig Erfahrungen sammeln, kann sie gegenüber anderen Integrationsformen nicht überbewertet werden. Mit der Entwicklung internationaler sozialistischer Wirtschaftsorganisationen entstehen neue Aufgaben. Im Prozeß der sozialistischen ökonomischen Integration entwickeln sich die Formen der Verflechtung, der Forschungs- und Produktionspotentiale von Mitgliedsländern des RGW, die mit dem Begriff „gemeinsames Eigentum mehrerer sozialistischer Staaten" besser und treffender charakterisiert werden, als mit dem Begriff „internationales sozialistisches Eigentum". Die grundlegende Aufgabe besteht in der weiteren Entwicklung und der Vervollkommnung der sozialistischen Produktionsverhältnisse innerhalb der Länder und in den Beziehungen zwischen ihnen.

(7) *Die Existenzbedingungen der ökonomischen Gesetze des Sozialismus sind die sozialistischen Produktionsverhältnisse. Da die sozialistischen Produktionsverhältnisse*

innerhalb der Länder und in den Beziehungen zwischen ihnen von gleichem sozialökonomischem Charakter sind, gilt das auch für die ökonomischen Gesetze, die die Bewegungsgesetze dieser Produktionsverhältnisse sind. Das Wirken der ökonomischen Gesetze des Sozialismus auf internationaler Ebene ist mit einer bestimmten Spezifik verbunden:

Erstens: Die Existenz souveräner sozialistischer Staaten und des staatlich-sozialistischen Eigentums bedingen, daß die Reproduktionsprozesse der sozialistischen Länder staatlich geleitet werden. Die als Ergebnis der Ergänzung und zunehmenden Verflechtung entstehenden ökonomischen Beziehungen erfassen nur Teile und einzelne Phasen der volkswirtschaftlichen Reproduktionsprozesse der Mitgliedsländer und nicht deren Gesamtheit.

Zweitens: Die ökonomischen Beziehungen zwischen den RGW-Ländern entwickeln sich als objektive Verhältnisse auf der Grundlage staatlich-sozialistischen Eigentums an den Produktionsmitteln. Alle materiellen Güter werden unter diesen Bedingungen durch die Ware-Geld-Beziehungen realisiert und direkt oder indirekt staatlich angeeignet. Die staatliche außenwirtschaftliche Tätigkeit ist untrennbarer Bestandteil der erweiterten sozialistischen Reproduktion und tritt als Faktor in Erscheinung, der zur Stabilität und Dynamik der jeweiligen Volkswirtschaft beiträgt.

Drittens: Es bestehen Unterschiede im ökonomischen Entwicklungsniveau zwischen den RGW-Ländern, die die Wirkungsbedingungen der ökonomischen Gesetze in den einzelnen Länder beeinflussen. Sie wirken sich ebenfalls auf den Umfang der gemeinsamen Interessen und den Grad der Übereinstimmung der spezifischen Interessen der Mitgliedsländer des RGW aus und beeinflussen somit die gegenseitige Ergänzung und zunehmende Verflechtung der Reproduktionsprozesse.

(8) Mit der Verwirklichung des Komplexprogramms für die weitere Vertiefung und Vervollkommnung der Zusammenarbeit und Entwicklung der sozialistischen ökonomischen Integration *nutzen die Mitgliedsländer des RGW die ökonomischen Gesetze des Sozialismus zunehmend gemeinsam.* Dabei kommt es darauf an, die materiellen Bedingungen für die Verbindung gemeinsamer und spezifischer Interessen zu schaffen und auszubauen. Damit reifen die Bedingungen heran, die ökonomischen Gesetze des Sozialismus durch die abgestimmte und planmäßig koordinierte Wirtschaftspolitik der Mitgliedsländer des RGW immer umfassender auszunutzen. Die Beachtung der spezifischen Wirkungsphäre der ökonomischen Gesetze des Sozialismus in der Leitung, Planung und ökonomischen Stimulierung der Integrationsprozesse erfordert,

erstens die planmäßige proportionale und kontinuierliche Entwicklung der Volkswirtschaften der RGW-Länder durch eine hohe Effektivität der außenwirtschaftlichen Prozesse, auch durch die Realisierung des gegenseitigen Vorteils, zu fördern;

zweitens die Koordinierung von Wirtschaftsbereichen mehr und mehr auf die Vervollkommnung der volkswirtschaftlichen Strukturen der Mitgliedsländer des RGW zu richten;

drittens die Ausarbeitung langfristiger Zielprogramme für den Zeitraum bis 1990 zur Lösung der perspektivischen Roh-, Brennstoff- und Energieprobleme, zur besseren Versorgung der Volkswirtschaft mit hochproduktiven Maschinen und Ausrüstungen, zur allseitigen Entwicklung der Landwirtschaft sowie zur Erweiterung der Konsumgüterproduktion entsprechend den wachsenden Anforderungen und Bedürfnissen der Bevölkerung und zur Beschleunigung der Entwicklung des Transportwesens für die Vertiefung der sozialistischen ökonomischen Integration und die Erhöhung der Effektivität aller Integrationsprozesse zu nutzen.

Im historischen Prozeß der Gestaltung der entwickelten sozialistischen Gesellschaft, in dem grundlegende Voraussetzungen für den allmählichen Übergang zum Kommunismus geschaffen werden, wächst auch die Fähigkeit, diese Gesetze zu erkennen und immer besser auszunutzen. Daraus ergibt sich die Aufgabe, die Leitung, Planung und ökonomische Stimulierung so zu gestalten, daß die Realisierung aller Möglichkeiten des objektiven Wirkungsmechanismus der ökonomischen Gesetze des Sozialismus erreicht wird und im Prozeß der sozialistischen ökonomischen Integration der gegenseitige Vorteil und die Äquivalenz realisiert werden. Die prinzipiellen Bedingungen und Anforderungen für das Wirken und die Ausnutzung der ökonomischen Gesetze des Sozialismus im Rahmen jedes sozialistischen Landes sind auch für die sozialistische ökonomische Integration allgemeingültig. Die konkreten Formen und Methoden zur Ausnutzung der ökonomischen Gesetze des Sozialismus innerhalb der Länder und in den ökonomischen Beziehungen zwischen ihnen sind jedoch noch unterschiedlich. Eine wichtige Aufgabe für Theorie und Praxis besteht deshalb darin, effektive Wege zur Verringerung dieser Unterschiede insbesondere unter Berücksichtigung der sowjetischen Erfahrungen auszuarbeiten und zu beschreiten.

Die Berücksichtigung der Wechselbeziehungen von staatlichen und zwischenstaatlichen Formen zur Verwirklichung der sozialistischen ökonomischen Integration ist Bedingung und Voraussetzung für die Ausnutzung der ökonomischen Gesetze des Sozialismus im Rahmen der sozialistischen Gemeinschaft. Die planmäßige Gestaltung der Prozesse der sozialistischen ökonomischen Integration ist organischer Bestandteil der Leitung, Planung und ökonomischen Stimulierung in den einzelnen Volkswirtschaften und zugleich Objekt der Zusammenarbeit der Mitgliedsländer des RGW.

II. Nutzung der Vorzüge der sozialistischen ökonomischen Integration für die Intensivierung der gesellschaftlichen Reproduktion in den RGW-Ländern

(9) Die sozialistische ökonomische Integration schafft *günstigere Voraussetzungen für die Entfaltung der Produktivkräfte und fördert das stabile, intensive Wachstum der ökonomischen und wissenschaftlich-technischen Potentiale der RGW-Länder.*[9] Als wesentliche Bedingung der intensiven volkswirtschaftlichen Reproduktion beeinflußt sie die Wirksamkeit der Intensivierungsfaktoren. Deshalb bildet sie eine entscheidende Voraussetzung für die stabile ökonomische und soziale Entwicklung der DDR.

Mit den in der ersten Hälfte der 70er Jahre bei der volkswirtschaftlichen Entwicklung der RGW-Länder und der ökonomischen Integration erreichten Fortschritten wurde das wissenschaftlich-technische und wirtschaftliche Potential der sozialistischen Gemeinschaft qualitativ und quantitativ gestärkt. Die Produktivkräfte der Mitgliedsländer des RGW, der stabilsten, dynamischsten und größten Wirtschaftsregion der Welt, entwickelten sich erfolgreich, die Effektivität der gesellschaftlichen Reproduktion nahm zu und der Wohlstand der Werktätigen erhöhte sich beträchtlich.[10] Diese Prozesse förderten gleichzeitig die weitere allseitige Annäherung und speziell die An-

9 Vgl. Probleme der sozialistischen ökonomischen Integration, a. a. O., S. 37 ff. (Sitzungsberichte der Akademie der Wissenschaften der DDR, 14/1973).

10 Vgl. Kommuniqué der XXX. Tagung des Rates für Gegenseitige Wirtschaftshilfe, in: Neues Deutschland vom 10./11. Juli 1976, S. 6.

gleichung des ökonomischen Entwicklungsniveaus der sozialistischen Partnerländer und des individuellen Lebensniveaus ihrer Werktätigen. Die Direktiven der Parteitage der Bruderparteien und die Fünfjahrpläne sehen auch für den Zeitraum bis 1980 den weiteren Ausbau der materiell-technischen Basis des Sozialismus bzw. in der UdSSR die Schaffung der materiell-technischen Basis des Kommunismus vor. Unterstrichen wird gleichzeitig die enge Wechselbeziehung zwischen dieser Aufgabe und den Prozessen der sozialistischen ökonomischen Integration. Im Mittelpunkt stehen die rationellere Nutzung und koordinierte Entwicklung des ökonomischen und wissenschaftlich-technischen Potentials der einzelnen RGW-Länder, die Erhöhung der Effektivität der Produktion und der Qualität der Erzeugnisse durch die planmäßige Verflechtung der volkswirtschaftlichen Reproduktionsprozesse der RGW-Länder. Die Fortschritte in der ökonomischen Integration werden wesentlich dadurch bestimmt, wie es gelingt, mit ihrer Hilfe den Bedarf der Integrationspartner in ausreichendem Umfang und hoher Qualität besser zu befriedigen. Je leistungsfähiger die RGW-Länder durch ihr Zusammenwirken auf den entscheidenden Gebieten der ökonomischen und wissenschaftlich-technischen Entwicklung werden, desto mehr wird das gemeinsame Interesse an einer engeren Verflechtung ihrer Volkswirtschaften gestärkt.

Die Realisierung der im Komplexprogramm formulierten Aufgaben und die im abgestimmten Plan mehrseitiger Integrationsmaßnahmen bis zum Jahre 1980 angestrebten langfristigen Lösungen, besonders beim Ausbau der Roh- und Brennstoffbasis sowie der wissenschaftlich-technischen Zusammenarbeit, bilden Schwerpunkte dieses weiteren Anpassungsprozesses. Nach 1980 wird diese Tendenz durch die Realisierung der langfristigen Zielprogramme verstärkt, für die im laufenden Fünfjahrplan umfangreiche Vorbereitungsarbeiten zu leisten sind.

(10) *Der wachsende Einfluß der sozialistischen ökonomischen Integration auf den weiteren Ausbau der materiell-technischen Basis in den RGW-Ländern wird durch folgende Merkmale und Tendenzen gekennzeichnet:*

a) Die Anstrengungen der RGW-Länder für die intensive Reproduktion ihrer Volkswirtschaften und deren internationale Verflechtung gewährleisteten auch im vergangenen Planjahrfünft ein *stabiles und im internationalen Vergleich hohes wirtschaftliches Wachstumstempo.*[11] Das Nationaleinkommen der RGW-Staaten wuchs im Fünfjahrplanzeitraum 1971 bis 1975 dreimal so schnell wie in der EWG und mehr als zweieinhalbmal so schnell wie in den kapitalistischen Industrieländern. Etwa 80 Prozent des Gesamtwachstums der Industrieproduktion wurden bereits durch Steigerung der Arbeitsproduktivität erreicht. Die RGW-Länder haben damit ihre ökonomische Leistungsfähigkeit als entwickelte Industrieländer weiter erhöht bzw. ihren Entwicklungsstand als Industrie-Agrar-Länder ausgebaut. Sie verfügen jetzt über ein Wirtschaftspotential, das größer ist als das der EWG.

Diese ökonomischen Bedingungen ermöglichten es den Bruderstaaten, die gestiegene Leistungsfähigkeit direkt mit der Lösung der Hauptaufgaben zu verbinden. Das Realeinkommen pro Kopf der Bevölkerung erhöhte sich in den RGW-Ländern 1971 bis 1975 ungefähr um 29 Prozent. Damit wurden die gesetzten Ziele zur Erhöhung des Realeinkommens der Werktätigen in einem bisher noch nicht erreichten Umfang verwirklicht und überboten.

Die Fortsetzung des stabilen Wachstums in der Planperiode 1976 bis 1980 stellt höhere Ansprüche an die Leistungsentwicklung der Volkswirtschaften. Es kommt darauf an, *in zunehmendem Maße qualitative Wachstumsfaktoren zu erschließen* und

[11] Vgl. Ebenda, S. 6.

ihre Nutzung so mit der internationalen Verflechtung der Reproduktionsprozesse zu, verbinden, daß die Integration für jedes Land und die gesamte Gemeinschaft wirksamer wird.

b) Progressive Veränderungen in der Aufkommensstruktur des Nationaleinkommens und der Struktur der Industrieproduktion wurden erreicht und *bilden auch künftig eine wichtige Bedingung für den Ausbau der materiell-technischen Basis.* Mehr als die Hälfte und bis zu drei Vierteln des Nationaleinkommens der RGW-Länder werden in Industrie und Bauwesen erzeugt. In der industriellen Bruttoproduktion überwiegt die Produktion von Produktionsmitteln. Die Energieproduktion, der Anteil der metallverarbeitenden und der chemischen Industrie sind weiter angewachsen und erreichten in den europäischen RGW-Ländern zwischen 35 und 50 Prozent der Industrieproduktion. Hohe Investitionen in die metallverarbeitende sowie chemische Industrie – Zweige, die für die Erhöhung der Effektivität auch in anderen Bereichen der Volkswirtschaft entscheidend sind –, führten dazu, daß das jahresdurchschnittliche Wachstum der Bruttoproduktion dieser Zweige über dem der gesamten Industrie liegt. In der Entwicklung der Zweigstruktur der Industrieproduktion wurden auch insofern Fortschritte erreicht, als sich die Anteile der Zweige an der Industrieproduktion zwischen den RGW-Ländern annäherten. Damit verringerten sich auch die Unterschiede im Gewicht der Industriezweige, die für die Beschleunigung des wissenschaftlich-technischen Fortschritts eine Schlüsselrolle spielen.

Dank der stärkeren Konzentration von Investitionen sowie der stärkeren Entwicklung von Rationalisierungs- gegenüber Erweiterungsinvestitionen konnte das Nationaleinkommen insbesondere in der VR Bulgarien, in der Ungarischen Volksrepublik, in der DDR und SR Rumänien tendenziell schneller wachsen als die Investitionen. Diese Tendenzen können durch eine stärkere internationale Koordinierung der Investitionen im Integrationsprozeß gefördert werden. Gemeinsame Investitionen auf ausgewählten Gebieten, komplexe Lösungen der internationalen Spezialisierung und Kooperation und gemeinsame Rekonstruktion und Rationalisierung sind entscheidende Mittel dafür. Gleichzeitig stehen sie in enger Wechselwirkung mit der Erhöhung der Konzentration der Produktion.

c) Der Konzentrationsgrad der Industrieproduktion in den RGW-Ländern ist durch fortgeschrittene volkswirtschaftliche und internationale Produktionsspezialisierung und Kooperation gewachsen. In vielen europäischen Ländern der sozialistischen Gemeinschaft entstanden Großproduktionen mit einer hohen Exportquote. Im Prozeß der Vervollkommnung der Leitung und Planung wurden in allen europäischen RGW-Ländern neue große Wirtschaftseinheiten geschaffen. Ihre Bildung war in vielen Fällen mit einer Konzentration und Erneuerung der Produktionssortimente durch Arbeitsteilung und Anwendung moderner Technologien in effektiven Großproduktionen verbunden.

In der Mehrzahl der RGW-Länder entwickelten sich breit gefächerte industrielle Vielzweigstrukturen. Da dieser Prozeß nur in einzelnen Bereichen mit der internationalen Spezialisierung und Kooperation verbunden wurde, bildeten sich auch ökonomisch unbegründete Parallelproduktionen heraus. Die weitere Differenzierung der Erzeugnisstrukturen durch die internationale Spezialisierung und Kooperation bietet viele Möglichkeiten für die Intensivierung in der verarbeitenden Industrie. Deshalb wird es notwendig, die Vervollkommnung der Volkswirtschaftsstrukturen in Übereinstimmung mit den Interessen der Integrationspartner fortzusetzen. Die Koordinierung wichtiger struktureller Entwicklungsprozesse im Zusammenhang mit der Ausarbeitung langfristiger Zielprogramme ermöglicht es, Effektivitätsreserven zu erschließen.

Eine langfristige international abgestimmte volkswirtschaftliche Strukturpolitik wird diese Reserven noch vergrößern.

d) Der objektiv notwendige Prozeß der allmählichen Annäherung und Angleichung des ökonomischen und wissenschaftlich-technischen Entwicklungsniveaus der RGW-Länder wurde 1971–75 mit weiteren positiven Ergebnissen fortgesetzt. Die Unterschiede in der Produktion des Nationaleinkommens pro Kopf der Bevölkerung und hinsichtlich des wissenschaftlich-technischen Niveaus der Produktion haben sich durch kontinuierlich höhere Zuwachsraten in den ehemals weniger entwickelten RGW-Ländern weiter verringert. Dieser Prozeß setzt sich auch im laufenden Planjahrfünft fort. Während sich die Unterschiede im volkswirtschaftlichen Maßstab reduzierten (hier kommen die zwischenzweiglichen Strukturveränderungen stark zum Tragen), verläuft der Prozeß in den einzelnen Zweigen differenziert. Bei der weiteren Vertiefung der sozialistischen ökonomischen Integration geht es vor allem darum, das wissenschaftlich-technische Niveau in den Hauptzweigen der Produktion zu erhöhen und damit weiter anzunähern.

(11) Die RGW-Länder verfügen Mitte der 70er Jahre in *Wissenschaft, Forschung* und *Technologie über ein bedeutendes Potential.* Es gestattet ihnen, in allen Hauptrichtungen der modernen Naturwissenschaften arbeitsteilig mittel- und vor allem langfristig wissenschaftlich-technische Lösungen zur Vervollkommnung und auch zur grundlegenden Erneuerung wichtiger Produktionsprozesse auszuarbeiten.

Mit Hilfe ihres wissenschaftlich-technischen Potentials, für dessen Entwicklung jährlich etwa 3–4 Prozent des Nationaleinkommens aufgewendet werden, sind die RGW-Länder – gestützt auf die langfristige Koordinierung von Forschungszielen und Lösungsetappen, eine enge Kooperation bei der Entwicklung neuer wissenschaftlich-technischer Erkenntnisse und Verfahren sowie durch die Ausnutzung wissenschaftlich-technischer Erkenntnisse in kapitalistischen Ländern – in der Lage, das wissenschaftlich-technische Niveau der Produktion in der sozialistischen Gemeinschaft weiter zu erhöhen. In allen RGW-Ländern ist der Anteil neu in die Produktion aufgenommener bzw. weiterentwickelter qualitativ hochwertiger Erzeugnisse gewachsen.

Trotz dieser Fortschritte gibt es jedoch eine Reihe von Entwicklungsproblemen hinsichtlich des wissenschaftlich-technischen Niveaus der Industrieerzeugnisse und der Technologien und Verfahren zu ihrer Herstellung. Die genannten Erneuerungsprozesse haben deshalb die Konzentration der Produktionsstrukturen noch unzureichend gefördert, weil sie nur zu einem relativ geringen Teil aus der internationalen Spezialisierung und Kooperation in Wissenschaft und Produktion hervorgegangen sind. Darüber hinaus ist der Anteil der Erzeugnisse an der gesamten Industrieproduktion, die nach vervollkommneten oder neuen Technologien hergestellt werden, noch zu gering. Gegenüber dem Welthöchststand müssen die Fortschritte bei der Erhöhung des wissenschaftlich-technischen Niveaus der Erzeugnisse in den meisten Industriezweigen der RGW-Länder beschleunigt werden. Große Wachstumspotenzen sind durch die Entwicklung des wissenschaftlich-technischen Fortschritts und die beschleunigte Überführung seiner Ergebnisse in die Produktion sowie durch ihre Nutzung zur Konzentration der Produktion nach internationalen Maßstäben in den meisten Industriezweigen der RGW-Länder noch zu erschließen.

(12) *Fortschritte bei der Verflechtung ihrer Reproduktionsprozesse zeichnen sich in den RGW-Ländern mit den 70er Jahren ab.* Gegenwärtig lösen sie einen zunehmenden Teil ihrer wissenschaftlich-technischen Aufgaben durch wissenschaftlich-technische Zusammenarbeit. Der Anteil des gegenseitigen Außenhandels am gesamten Warenaustausch der europäischen RGW-Länder erreichte 52, 6 Prozent. Der Anteil spezialisierter

Erzeugnisse am gegenseitigen Außenhandel ist wesentlich schneller gestiegen als ihr Anteil an der Produktion. Er wird von gegenwärtig fast 20 Prozent im Durchschnitt der RGW-Länder 1976 bis 1980 auf nahezu 30 Prozent ansteigen, für einzelne RGW-Länder aber 35 bis 40 Prozent erreichen. Die vertragliche Spezialisierung und Kooperation wird in Verbindung mit der traditionellen Spezialisierung über den Außenhandel zum bestimmenden Faktor des Warenaustausches. Der Außenhandel realisiert zunehmend die Ergebnisse anderer Integrationsmaßnahmen und widerspiegelt wesentliche Seiten ihrer volkswirtschaftlichen Effektivität. Das erfordert komplexe Effektivitätseinschätzungen, die es zulassen, daß die verschiedenen materiellen Prozesse der sozialistischen ökonomischen Integration wirkungsvoll stimuliert und die Konzentrationsaufgaben in Wissenschaft, Technik, Produktion und Zirkulation schneller einer Lösung zugeführt werden.

Als eine Form der gegenseitigen Verflechtung der Volkswirtschaften haben sich in den vergangenen Jahren Investitionsbeteiligungen für die koordinierte Sicherung der Rohstoff- und Energieversorgung entwickelt, und ihr Umfang wächst. Die materielle Sicherung der Investitionskredite, die oft in Form objektgebundener Lieferungen erfolgen, verlangt, daß auch Investitionsbeteiligungen von vornherein in Strukturkonzeptionen, Programme und Volkswirtschaftspläne aufgenommen werden. Damit kann der Verbindung von volkswirtschaftlicher Strukturentwicklung und langfristig effektivem Wirtschaftswachstum, dem auch die gemeinsamen Investitionen dienen, besser entsprochen werden.

(13) *Grundlegende Voraussetzung für die Intensivierung der wissenschaftlich-technischen Arbeit in der DDR*, für die Erhöhung ihres Niveaus und ihrer Effektivität *ist die volle Nutzung aller Vorzüge der internationalen sozialistischen Arbeitsteilung* einschließlich der Vertiefung von Spezialisierung und Kooperation in *Forschung und Produktion*. Die RGW-Länder haben deshalb bei der Realisierung des Komplexprogramms folgerichtig den Weg beschritten, die planmäßige Forschungskooperation zu entwickeln und ständig zu erweitern, um ihre wissenschaftlich-technischen Potenzen durch diese Zusammenarbeit besser zu nutzen. Die Zusammenarbeit auf dem Gebiet von Wissenschaft und Technik wird immer mehr zum Ausgangspunkt der Effektivität der ökonomischen Beziehungen zwischen den RGW-Ländern, zu einer Quelle für das stabile und dynamische Wirtschaftswachstum in diesen Ländern. Die planmäßig abgestimmte arbeitsteilige bzw. Gemeinschaftsforschung ist ein Faktor, der zunehmend die Verflechtung der Produktionsstrukturen der RGW-Länder beeinflußt und zur Intensivierung der wissenschaftlich-technischen Arbeit sowie zur Erhöhung ihres Niveaus in den einzelnen Ländern beiträgt. Sie fördert die Schaffung des wissenschaftlich-technischen Vorlaufs, der für die weitere Intensivierung der gesellschaftlichen Produktion und für die Entwicklung von Wissenschaft und Technik selbst erforderlich ist.

Die Arbeitsteilung und Kooperation mit der UdSSR und den anderen RGW-Ländern auf dem Gebiet von Wissenschaft und Technik ermöglicht es,

- durch konzentrierten und koordinierten Einsatz der wissenschaftlich-technischen Kräfte, der materiellen und finanziellen Ressourcen, durch gemeinsame konzeptionelle Arbeit, Zusammenführung vorhandener Erkenntnisse und Erfahrungen sowie durch Vermeidung von Doppelarbeiten und die Anwendung rationeller Formen der unmittelbaren Zusammenarbeit einen Potential- und Kräftezuwachs zu erreichen;
- ein hohes wissenschaftlich-technisches Niveau in der Entwicklung und Vervollkommnung von Erzeugnissen, Verfahren und Technologien herbeizuführen, das

weitreichende Auswirkungen auf den Reproduktionsprozeß der Kooperationspartner hat;

- die Entwicklungs- und Überleitungszeiten bedeutend zu verkürzen und einen Zeitgewinn zu erzielen, der wesentliche Auswirkungen auf die Bedürfnisbefriedigung in den beteiligten Ländern hat;
- durch Kosteneinsparungen in der Forschungsarbeit, der Projektierung, bei der Produktion erforderlicher Ausrüstungen sowie in den Patent- und Dokumentationsarbeiten die einmaligen Aufwendungen zu reduzieren;
- im Ergebnis der Überführung neuentwickelter Erzeugnisse, Verfahren und Technologien in die Produktion Nutzeffekte zu erzielen, die die laufenden Aufwendungen senken.

Der Prozeß der Konzentration und der planmäßig vertieften Kooperation auf wissenschaftlich-technischem Gebiet ermöglicht somit neben der Intensivierung der wissenschaftlich-technischen Arbeit selbst gleichzeitig die Intensivierung in anderen Phasen des Reproduktionsprozesses. Die Nutzung dieser Vorzüge erfordert es, Zielstellungen für die wissenschaftlich-technische Zusammenarbeit aus den volkswirtschaftlichen Erfordernissen und Möglichkeiten abzuleiten und eine engere inhaltliche Abstimmung mit den Aufgabenstellungen für die Produktionsspezialisierung und die Investitionstätigkeit zu erreichen. Dieses Vorgehen ist unerläßlich, um die Ergebnisse der gemeinsamen Arbeit in Wissenschaft und Technik schneller und umfassender in einen realen Leistungszuwachs umzuwandeln, der für die stetige Verbesserung des materiellen und kulturellen Lebensniveaus der Völker der RGW-Länder genutzt werden kann.

(14) Seit der Annahme des Komplexprogramms der sozialistischen ökonomischen Integration *wurde die Forschungskooperation der wissenschaftlich-technischen Einrichtungen der DDR mit Forschungseinrichtungen der RGW-Länder* zur Schaffung des erforderlichen wissenschaftlich-technischen Vorlaufs *weiter vertieft.* Gegenwärtig arbeitet in der DDR bereits eine zunehmende Zahl von Wissenschaftlern, Technikern und anderen Werktätigen an der Realisierung bedeutender Regierungs- und ähnlicher Abkommen mit der UdSSR und anderen RGW-Ländern zur Kooperation in Forschung und Produktion, für die Errichtung neuer Betriebe usw., von denen die Mehrzahl umfangreiche Aufgaben für Wissenschaft und Technik enthält. Diese Verflechtung des geistigen Potentials zum Nutzen der beteiligten Länder erfolgt durch die Koordinierung und Planung langfristig angelegter Forschungsvorhaben, den Ausbau der arbeitsteiligen Kooperationsbeziehungen und den ständigen wissenschaftlichen Gedankenaustausch.

Auf ausgewählten, in volkswirtschaftlicher und wissenschaftlich-technischer Hinsicht *bedeutsamen Gebieten wird der notwendige wissenschaftlich-technische Vorlauf ausschließlich durch die Forschungskooperation mit der UdSSR gewährleistet.* Sie erschließt der DDR in ganzer Breite den Zugang zu wichtigen Errungenschaften der wissenschaftlich-technischen Revolution für ganze Komplexe der Energiewirtschaft, der chemischen Industrie, der Elektrotechnik/Elektronik, der Metallurgie, des Maschinenbaus, der Landwirtschaft und des Bauwesens. Die wissenschaftlich-technische Zusammenarbeit und speziell die Forschungskooperation zwischen der DDR und der UdSSR sind jedoch nicht der einzige Weg zur Erzielung von wissenschaftlich-technischem Vorlauf. Zusammen mit den Maschinen, Geräten und Anlagen, die die Sowjetunion für die Rekonstruktion bzw. Entwicklung ganzer Volkswirtschafts- und Industriezweige der DDR liefert, werden technischer Fortschritt und hohe Effektivität importiert. Zugleich geht es darum, ständig selbst hohe wissenschaftlich-technische Leistungen zu vollbringen und sie im Rahmen der wissenschaftlich-technischen Zusammenarbeit oder bereits materialisiert in Form von Warenlieferungen der UdSSR und den anderen Partnerländern anzubieten.

(15) Für eine effektive Zusammenarbeit zur gemeinsamen Schaffung von wissenschaftlich-technischem Vorlauf ist die *langfristige und rechtzeitige Einleitung der erforderlichen Aktivitäten* eine Grundbedingung. Dazu gehören die im Komplexprogramm festgelegten gegenseitigen Konsultationen zu Grundfragen der Wirtschaftspolitik und der wissenschaftlich-technischen Politik sowie die Koordinierung der Pläne. Von besonderer Bedeutung ist, daß für den Zeitraum 1976 bis 1980 wichtige Fortschritte in der Plankoordinierung auf dem Gebiet von Wissenschaft und Technik erreicht werden konnten. Sie bestehen in einer einheitlichen Orientierung durch die vom RGW-Komitee für wissenschaftlich-technische Zusammenarbeit ausgearbeiteten „Hauptrichtungen und wichtigsten Probleme für Wissenschaft und Technik", in der stärkeren Ausrichtung der Forschungskooperation auf solche Gebiete wie Energiewirtschaft, Brennstoffe, Roh- und Werkstoffe, chemische Industrie, Maschinenbau, Land- und Nahrungsgüterwirtschaft und auf die wichtigsten Vorhaben der wirtschaftlichen Zusammenarbeit, in der Ausarbeitung und Unterzeichnung von zwei- und mehrseitigen Abkommen und Vereinbarungen über die wissenschaftlich-technische Zusammenarbeit, die gleichzeitig mit der Planausarbeitung erfolgte, in der rechtzeitigen Erarbeitung der gegenseitigen Verpflichtungen, so daß in den Volkswirtschaftsplänen der RGW-Länder die Bilanzierung der erforderlichen materiellen, finanziellen und personellen Fonds weitgehend gesichert wurde.

(16) *Die gemeinsame Sicherung einer stabilen, langfristigen Versorgung* der Mitgliedsländer des RGW *mit Rohstoffen, Brennstoffen und Energie* ist eine unerläßliche Voraussetzung sowohl für die Aufrechterhaltung des erreichten Entwicklungsstandes der gesellschaftlichen Produktion als auch für ihr weiteres Wachstum. Von der Lösung der damit verbundenen Integrationsprobleme ist die Erfüllung der sozialpolitischen Zielstellungen der Bruderparteien, die ständige Entwicklung des materiellen und kulturellen Lebensniveaus der Bevölkerung unmittelbar abhängig.

Der Bedarf der einzelnen RGW-Länder an Rohstoffen wird wesentlich durch Struktur und Umfang ihrer gesellschaftlichen Produktion und das erreichte wissenschaftlich-technische Niveau bestimmt. Sowohl das Wachstum des Produktionsvolumens, die Diversifizierung der Struktur der Produktionszweige und Erzeugnisgruppen, als auch die Einführung neuer Verfahren und Produktionstechnologien verändern Volumen und Struktur des Rohstoffbedarfs. Die Stabilität der eigenen Produktion von Rohstoffen sowie der Versorgung durch Lieferungen aus anderen RGW-Ländern und die effektive Verwendung von Materialien und Energieträgern bilden entscheidende Voraussetzungen für die Erreichung der volkswirtschaftlichen Zielsetzungen entsprechend den Direktiven der Parteitage, insbesondere für die kontinuierliche Erhöhung der volkswirtschaftlichen Effektivität und der Qualität der gesellschaftlichen Produktion. Die langfristige Deckung des Bedarfs der RGW-Länder an Roh- und Brennstoffen ist für die sozialistische Gemeinschaft ein Problem von strategischer Bedeutung.

Es erfordert gemeinsame langfristige Lösungen auf der Grundlage komplexer Programme für die Nutzung der natürlichen Ressourcen der RGW-Länder, die auch die Beziehungen zu anderen sozialistischen Ländern sowie ausgewählten Entwicklungsländern berücksichtigen.

Die Parteitage der kommunistischen und Arbeiterparteien der RGW-Länder 1975/76 sowie die XXX. RGW-Tagung haben die Bedeutung langfristiger, gemeinsamer Lösungen des Roh- und Brennstoffproblems hervorgehoben. Im Programm der SED wurde die Notwendigkeit betont, schrittweise eine integrierte Brennstoff- und

Energiewirtschaft herauszubilden.[12] Die XXX. Tagung des RGW behandelte das Energie-, Brennstoff- und Rohstoffproblem als eines der lebenswichtigen ökonomischen Probleme der Mitgliedsländer des RGW, für die langfristige Zielprogramme für einen Zeitraum von 10 bis 15 Jahren erarbeitet werden sollen. Die Zielstellung der XXX. RGW-Tagung für die Zusammenarbeit in den Brennstoff-, Energie- und Rohstoffzweigen umreißt zugleich auch entsprechende Lösungswege. Dazu zählen: „Konzentration umfangreicher Investitionen, Vereinigung materieller und finanzieller Ressourcen interessierter RGW-Länder, rationellere Standortverteilung energie- und materialintensiver Produktionen, weitere Erschließung von Lagerstätten aller Brennstoffarten, beschleunigte Entwicklung von Methoden zur Gewinnung neuer Energiequellen sowie durch Entwicklung der Kernenergetik."[13]

(17) Alle Überlegungen zur Strategie der Rohstoffversorgung im RGW müssen berücksichtigen, daß *die Naturressourcen nicht beliebig vermehrbar oder reproduzierbar sind.* Zugleich können sie davon ausgehen, daß die RGW-Länder, vor allem die Sowjetunion, auf ihrem Territorium *umfangreiche mineralische Ressourcen* besitzen, die durch koordinierte Anstrengungen ökonomisch zu erschließen sind. Auf die RGW-Länder entfallen mehr als die Hälfte der bekannten Weltvorräte an energetischen Ressourcen, ungefähr 80 Prozent der Weltvorräte an Manganerzen und Phosphoriten, etwa 70 Prozent der Nickel-, Wolfram- und Asbestvorräte, etwa die Hälfte der Eisenerz-, Bauxit-, Kupfer- und Zinklagerstätten.

Der erreichte Grad der Deckung des Importbedarfs der RGW-Länder an wichtigen Roh- und Brennstoffen aus der Eigenproduktion der sozialistischen Gemeinschaft beträgt zum Beispiel bei Erdöl 95,6 Prozent, bei Eisenerz 98,2 Prozent, bei Erdgas und Elektroenergie fast 100 Prozent und bei Walzwerkerzeugnissen der Schwarzmetallurgie 97 Prozent. Der Anteil des Imports aus der Sowjetunion am Inlandverbrauch von Brennstoff- und Energieressourcen der Bruderländer wächst bis zum Jahre 1980 im Vergleich zu 1970 in den einzelnen Ländern wie folgt: in der VR Bulgarien von 54 auf 70 Prozent, in der Ungarischen Volksrepublik von 32 auf 47 bis 48 Prozent, in der DDR von 23 auf 37 Prozent, in der VR Polen von 11 auf 14 Prozent, in der SR Rumänien von 4 auf 22 Prozent, und in der ČSSR von 27 auf 39 Prozent. Insgesamt erhöht sich diese Kennziffer in den europäischen RGW-Ländern von 28 auf 33 Prozent.[14]

Von entscheidendem Einfluß auf die langfristige Sicherung des Rohstoff- und Energiebedarfs ist die ungleichmäßige Verteilung der mineralischen Ressourcen auf die einzelnen RGW-Länder. Von den vorhandenen Rohstoffvorkommen entfällt ein sehr hoher Anteil auf das Territorium der UdSSR, während für die Mehrzahl der RGW-Länder die auf ihrem Territorium vorhandenen Rohstoffressourcen sowohl hinsichtlich ihrer Zusammensetzung als auch nach ihrem Produktionsumfang (mit Unterschieden bei den einzelnen Rohstoffarten) unzureichend sind. Nahezu alle RGW-Länder sind jedoch sowohl Importeure als auch Exporteure von Rohstoffen. In einigen Ländern erreicht die Produktion einzelner Rohstoffarten einen Umfang, der den eigenen Bedarf übersteigt (zum Beispiel Kohle in der VR Polen oder Bauxit in der Ungarischen Volksrepublik).

[12] Vgl. Programm der Sozialistischen Einheitspartei Deutschlands, a. a. O., S. 33.

[13] Kommuniqué der XXX. Tagung des Rates für Gegenseitige Wirtschaftshilfe, in: Neues Deutschland vom 10./11. Juli 1976, S. 6

[14] Vgl. B. M. Pugačev, Internacionalizacija proizvodstva i socialističeskaja integracija, Moskva 1975, S. 78/79.

Die ungleiche Verteilung der Rohstoffressourcen[15] innerhalb des RGW *hat Auswirkungen auf die Struktur der Produktion und des Außenhandels der einzelnen RGW-Länder.* Sowjetische Ökonomen weisen auf vielfältige Reserven hin, um die Effektivität von Produktion und Export der Rohstoffe zu erhöhen.[16] Die Deckung des steigenden Rohstoff- und Energiebedarfs der RGW-Länder erfordert auf Grund der gegebenen Ressourcenverteilung in erster Linie die gemeinsame Erschließung von Vorkommen in der UdSSR und zugleich große Anstrengungen der RGW-Länder zur Erkundung und Nutzung der eigenen Rohstoff- und Brennstoffvorkommen.
Für die Nutzung der in der UdSSR vorhandenen Ressourcen ergibt sich eine Reihe ökonomischer Probleme:

a) Neun Zehntel der Rohstoffvorräte der UdSSR sind in Sibirien und im Fernen Osten konzentriert. Vier Fünftel dieser Rohstoffe müssen in die europäischen Gebiete der UdSSR und zu ihrer Westgrenze transportiert werden. Es entsteht ein wachsender Aufwand für die infrastrukturelle Erschließung der Fördergebiete und den Transport wachsender Mengen über stark zunehmende Entfernungen.

b) Der Aufwand für die Suche, die Erkundung, den Aufschluß, die Förderung und den Transport von Rohstoff- und Energieressourcen sowie für den Umweltschutz und die Reproduktion bestimmter Naturressourcen wächst. Das steigert die ohnehin schon zweigspezifisch hohen Aufwendungen der extraktiven Industrie.

c) In einer wachsenden Zahl von Fördergebieten verschlechtern sich die natürlichen Bedingungen bei weiterhin hohem Entwicklungstempo der extraktiven Industrie. (zum Beispiel sinkende Ausbringung, sinkender Gehalt an Rohstoffen, größere Teufen, ungünstigere klimatische Bedingungen).

d) Die Erschließung neuer Rohstoffvorkommen bis zur Förderungsreife erfordert einen hohen Fondsvorschuß für einen langen Zeitraum (10 bis 15 Jahre), der Investitionszyklus und die Periode für die Wiedererwirtschaftung der vorgeschossenen Mittel sind länger als in anderen Zweigen.

Der den rohstoffimportierenden Ländern entstehende höhere Aufwand wird auch durch einige gegenläufige Tendenzen beeinflußt werden, die exakt analysiert werden müssen (zum Beispiel zeitliche Begrenztheit der Infrastrukturinvestitionen, zum Teil sich verbessernde geologische Bedingungen, wissenschaftlich-technischer Fortschritt bei der Vervollkommnung der Abbau-, Förder-, Verarbeitungs- und Transporttechnik). Einzelne Aufwandsfaktoren können sich zeitlich unterschiedlich entwickeln und für einzelne Rohstoffarten differenziert sein. Für den nächsten Entwicklungsabschnitt zeichnet sich ab, daß der Aufwand in der Rohstoff-, Brennstoff- und Energiewirtschaft tendenziell steigt.

Für die Aufwandsenkung ist die rationelle Standortbestimmung der Primärverarbeitungsstufen bei Rohstoffen von zunehmender Bedeutung. So wird zum Beispiel zur Reduzierung des Transportaufwandes und des Transportraumbedarfs, zur Vereinfachung der Transportart und des Umschlags von Rohstoffen die Primärverarbeitung (Ballastbeseitigung, Anreicherung des Rohstoffgehaltes) immer stärker am Ort der Gewinnung erfolgen müssen. Im Zusammenhang damit können zum Beispiel folgende Veränderungen in den Lieferungen der UdSSR und anderer RGW-Länder eintreten:

15 Auf die europäischen RGW-Länder (ohne Sowjetunion) entfallen zum Beispiel nur 3 Prozent der gesamten Erdöl- und Erdgasvorräte und etwa 2 Prozent der Eisenerzvorräte der RGW-Länder.

16 Vgl. V. Šaškin, Strategija ėffektivnosti v neftjanoj promyšlennosti, in: Socialističeskaja Industrija vom 18. 8. 1975, S. 2. Ju. Jakovec, Dviženie cen mineralnogo syrja, in: Voprosy Ėkonomiki, 6/1975, S. 3–13.

Übergang von der Lieferung von Eisenerz über die zunehmende Lieferung von Konzentraten, Roheisen und Rohstahl bis zu metallurgischen Erzeugnissen der zweiten Verarbeitungsstufe; von Erdöl über Erdölprodukte zu Chemierohstoffen, von der Kohle bis zur Herstellung und Übertragung von Elektroenergie.

(18) *Die Möglichkeiten einer komplexen koordinierten Sicherung* der Versorgung der RGW-Länder mit Rohstoffen, Brennstoffen und Energie *umfassen sowohl gemeinsame Maßnahmen* in einem der beteiligten sozialistischen Länder, in einzelnen Fällen auch in Drittländern, *als auch eigene Anstrengungen* jedes einzelnen Landes.

Folgende Maßnahmen haben wesentliche Bedeutung:

- gemeinsame Erkundung von Rohstoffen,
- Entwicklung der Zusammenarbeit in Wissenschaft und Technik auf den Gebieten der Rohstofferkundung, -erschließung und -verarbeitung sowie der Reduzierung des spezifischen Rohstoffeinsatzes durch materialsparende technologische Verfahren,
- Energiesubstitution, unter anderem auch durch die Nutzung neuer Primärenergieträger für die Erzeugung von Elektroenergie (Kernkraftwerke),
- Investitionsbeteiligungen und gemeinsame Errichtung von Kapazitäten für die Rohstofförderung und die Primärverarbeitung (in der UdSSR und in anderen RGW-Ländern),
- gemeinsamer Ausbau der Infrastruktur (Eisenbahnen: Gleisnetz, rollendes Material, Containertransport; Häfen, Rohrleitungen, Energieübertragungsleitungen für hohe Spannungen),
- rationelle Standortverteilung der Produktion im Rahmen des RGW zur Senkung der Material-, Energie- und Transportintensität der Erzeugnisse,
- Materialökonomie im Rahmen der einzelnen Länder (Senkung des Materialaufwandes durch volle Material- und Abfallverwertung, Materialsubstitution, Vervollkommnung der Volkswirtschaftsstrukturen, Rückführung der Exkremente der Produktion und Konsumtion in die Produktion),
- stärkere Erkundung und Erschließung eigener Rohstoffvorkommen, verstärkte eigene Gewinnung von Energieträgern, Roh- und Werkstoffen und rationelle Nutzung der durch Eigenproduktion gewonnenen Rohstoffe, Brennstoffe und Energiequellen (in der DDR werden hierfür im Fünfjahrplan 1976 bis 1980 rund 70 Prozent der Industrieinvestitionen aufgewendet),
- koordiniertes Auftreten auf dritten Rohstoffmärkten zur Beeinflussung der Nachfrage und der Preisgestaltung,
- gemeinsame Investionsbeteiligung in ausgewählten Entwicklungsländern mit dem Ziel der Sicherung eines Teils des Rohstoffbedarfs der RGW-Länder, der Hilfeleistung für die ökonomische Entwicklung der betreffenden Länder und der Förderung von Bestrebungen zur Verwirklichung einer nichtkapitalistischen Entwicklung.

Die Sicherung der Versorgung mit Rohstoffen, Brennstoffen und Energie durch komplexe und langfristige Lösungen mit Hilfe neuer Formen der Zusammenarbeit, die die sozialistische ökonomische Integration ermöglicht, bleibt eine ständige Aufgabe der Länder der sozialistischen Gemeinschaft.

(19) *Konzentration der Produktion auf der Grundlage internationaler Arbeitsteilung, Spezialisierung und Kooperation ist eine wichtige Bedingung für die Intensivierung des Reproduktionsprozesses.* Mit der weiteren Gestaltung der entwickelten sozialistischen Gesellschaft erweitern und differenzieren sich die zu befriedigenden Bedürfnisse in der produktiven und individuellen Konsumtion. Deshalb ist ein immer breiteres Sortiment an Erzeugnissen bereitzustellen. Durch die Entwicklung von Wissenschaft, Technik und Technologie kommen in der industriellen Produktion in

immer größerem Umfang spezialisierte Maschinen, Geräte, spezielles Zubehör und Werkstoffe zum Einsatz und müssen zu diesem Zweck hergestellt werden.

Jedes Erzeugnis kann nur bei einem bestimmten Mindestproduktionsumfang mit möglichst niedrigem gesellschaftlichem Arbeitsaufwand hergestellt werden (Finalprodukte, Baugruppen, Kooperationsteile). Der erforderliche Mindestproduktionsumfang ist nicht über längere Zeit stabil und erlangt in der Regel mit dem wissenschaftlich-technischen Fortschritt wachsende Dimensionen. Er übersteigt für eine zunehmende Zahl von Erzeugnissen den Bedarf an dem jeweiligen konkreten Produkt in einem einzelnen Land. Es ist erforderlich, einen wachsenden Anteil der Produktion der verarbeitenden Industrie auszuführen und einen wachsenden Anteil des Verbrauchs an Industriegütern durch Einfuhren aus den RGW-Ländern zu decken. Bei der Bestimmung der Produktionsmaßstäbe wird es deshalb notwendig, von vornherein einen Bedarf als Ausgangspunkt zu wählen, der Lieferungen an andere RGW-Länder einschließt bzw. die Deckung des eigenen Bedarfs an bestimmten Erzeugnissen durch Bezüge aus anderen RGW-Ländern (ganz oder teilweise) anzustreben.

Die weitere Konzentration der Produktion ist ein objektives Erfordernis der intensiv erweiterten Reproduktion, um die notwendigen, nach internationalen Maßstäben optimalen Produktionsgrößen zu erreichen und durch die Konzentration sowohl in der Produktion als auch in anderen Phasen der betrieblichen Reproduktionsprozesse rationalisierende, effektivitätserhöhende Bedingungen schaffen zu können (Konzentration der Investitionsmittel, Rationalisierung der Haupt-, Hilfs- und Nebenprozesse der Produktion, Konzentration und rationellere Nutzung der wissenschaftlich-technischen Kapazitäten, rationelle Gestaltung der Absatz- und Bezugsbedingungen und andere).

Der optimale Produktionsmaßstab (optimale Seriengröße, optimale Losgröße usw.) ist die durch die Konzentration der Produktion anzustrebende Größenordnung, die bei Nutzung der am weitesten fortgeschrittenen wissenschaftlich-technischen und technologischen Erkenntnisse zu einem bestimmten Zeitpunkt den minimalsten gesellschaftlichen Aufwand für die Einheit des jeweiligen Erzeugnisses sichert.

(20) Die *Konzentration der Produktion in den Mitgliedsländern des RGW* wird bei der weiteren Realisierung des Komplexprogramms der sozialistischen ökonomischen Integration in verstärktem Maße *durch internationale Spezialisierung und Kooperation* erfolgen. Die Beschlüsse der XXX. RGW-Tagung orientieren auf eine beschleunigte Entwicklung der Spezialisierung und Kooperation der Produktion von Fertigerzeugnissen, Baugruppen und Bauteilen auf dem Gebiet der verarbeitenden Industrie vor allem im Zusammenhang mit der Ausarbeitung des gemeinsamen Zielprogramms für die Zusammenarbeit im Maschinenbau und des Programms für die Erweiterung der Produktion und der gegenseitigen Lieferungen industrieller Konsumgüter.[17]

Die internationale Spezialisierung und Kooperation der Produktion im Rahmen des RGW ist ein entscheidender Faktor für die Bedarfsdeckung an modernen Produktions- und Konsumtionsmitteln, für das wirtschaftliche Wachstum in allen RGW-Ländern, für die Intensivierung der Reproduktionsprozesse und die Ausnutzung des Gesetzes der Konzentration der Produktion. Diese Funktion wächst mit der Weiterentwicklung der Produktivkräfte und der sozialistischen Produktionsverhältnisse gesetzmäßig an. Die steigenden Produktionsmaßstäbe, die wachsenden Aufwendungen für Forschung, Entwicklung und Produktion und die fortschreitende Diversifikation der Bedürfnisse und Erzeugnissortimente zwingen zur weiteren Vertiefung der internatio-

[17] Kommuniqué der XXX. Tagung des Rates für Gegenseitige Wirtschaftshilfe, in: Neues Deutschland vom 10./11. Juli 1976, S. 6.

nalen Spezialisierung und Kooperation, um der Begrenztheit der Märkte und Ressourcen der einzelnen Länder zu begegnen.

Bei allen Überlegungen zur Konzentration der Produktion durch internationale Spezialisierung und Kooperation *geht es nicht einseitig um die Erhöhung der Serienproduktion, sondern um die Befriedigung des Bedarfs mit immer geringeren Aufwendungen an gesellschaftlicher Arbeitszeit.* Deshalb können Sortimentseinschränkungen bei der eigenen Herstellung von Produkten, für die in der Industrie und bei der Bevölkerung Bedarf vorhanden ist, nur nach vorheriger vertraglicher Sicherung der Übernahme ihrer Produktion und der kontinuierlichen Lieferung durch Partner in den RGW-Ländern erfolgen.

Die gegenseitigen Anforderungen der RGW-Länder an das technisch-ökonomische Niveau der spezialisierten und kooperierten Erzeugnisse, an die Bedarfsdeckung, an kurze gesicherte Lieferfristen, preisgünstige Angebote und weltmarktfähigen Kundendienst (einschließlich reibungsloser Ersatzteilversorgung) nehmen mit der Erhöhung des technischen und ökonomischen Niveaus der Länder und den wachsenden Maßstäben der Intensivierung zu. Durch die internationale Arbeitsteilung und Kooperation erweitern und entwickeln sich die Möglichkeiten der beteiligten Produzenten in den RGW-Ländern, diesen steigenden Anforderungen besser Rechnung zu tragen.

(21) *Die internationale sozialistische Spezialisierung und Kooperation in Wissenschaft, Technik und Produktion ermöglicht eine Vielzahl effektivitätserhöhender Wirkungen.* Sie werden über die Konzentration der Forschung, Entwicklung und Produktion, durch die Verwirklichung der jeweils zweckmäßigsten internationalen Spezialisierungsrichtungen, die rationelle internationale Standortverteilung, die Anwendung verschiedenartiger Kooperationsformen und gemeinsamer Rationalisierungs- und Rekonstruktionsmaßnahmen erzielt. Die internationale Spezialisierung und Kooperation wirkt auf die Bedarfsbefriedigung, den wissenschaftlich-technischen Fortschritt, die Grundfonds- und Materialökonomie, die Erhöhung der Wirksamkeit des gesellschaftlichen Arbeitsvermögens, auf die Sicherung der Rohstoff- und Energieversorgung und andere. Die Wirkungen der internationalen Spezialisierung und Kooperation sind von unterschiedlichem Gewicht und führen im Maßstabe der Volkswirtschaft, ihrer Zweige und Wirtschaftseinheiten zu unterschiedlichen Effekten. Zu diesen Effekten gehören folgende:

- rationelle Kombination und volle Ausnutzung der Produktionselemente, des gesellschaftlichen Arbeitsvermögens im volkswirtschaftlichen und internationalen Rahmen, wirksame Verbindung und immer engere Vereinigung der Wissenschafts- und Produktionspotentiale;
- qualitative Veränderungen in der Struktur der beteiligten Volkswirtschaften, ständige Vervollkommnung der Produktions- und Außenhandelsstrukturen, Erhöhung der Exportkraft, Veränderung der Struktur und Erhöhung des physischen Umfangs des verfügbaren Nationaleinkommens, das heißt Bereitstellung von mehr Nationaleinkommen in bedarfsgerechter Struktur nach dem Export und Import;
- beschleunigte Entwicklung neuer Werkstoffe, Erzeugnisse und Erzeugnissysteme mit höheren Gebrauchswerteigenschaften, neuer hochproduktiver Technologien (insbesondere material- und energiesparender) und ihre schnellere Überleitung in die Produktion durch internationale Arbeitsteilung in Wissenschaft und Technik;
- Erschließung von Möglichkeiten für die rationelle Anwendung neuer wissenschaftlich-technischer und technologischer Verfahren oder Wirkprinzipien durch internationale Wissenschaftskooperation, Erhöhung des Mechanisierungs- und Auto-

matisierungsgrades, darunter durch gemeinsame Rationalisierung und Rekonstruktion;
- Abnahme des spezifischen Investitionsaufwandes durch Zunahme der Größe und der Leistungsfähigkeit der eingesetzten Arbeitsmittel und Anlagen;
- Verteilung des Aufwandes für Forschung und Entwicklung auf ein größeres Produktionsvolumen;
- zunehmende Spezialisierung der Arbeitskräfte und Arbeitsmittel, wachsende Arbeitsfertigkeiten und Arbeitserfahrungen der Werktätigen;
- mögliche höhere Kontinuität des Stoff- und Transportflusses, verbunden mit einer Verkürzung der Produktionszyklen;
- höhere Materialökonomie;
- Verbesserung der Erzeugnisqualität;
- Qualifizierung der Leitung und Planung und der wissenschaftlichen Durchdringung der Produktion, effektivere Anwendung moderner Formen der Produktionsorganisation.

(22) *Für die zunehmend bessere Nutzung der internationalen sozialistischen Spezialisierung und Kooperation sind vielfältige Voraussetzungen erforderlich, die in der wirtschaftlichen Zusammenarbeit der RGW-Länder, in der Leitung, Planung und ökonomischen Stimulierung auf volkswirtschaftlicher und zweiglicher Ebene sowie in den Wirtschaftseinheiten zu schaffen sind.*

Die Leitung, Planung und ökonomische Stimulierung der internationalen Spezialisierung und Kooperation muß auf allen Ebenen der Volkswirtschaft in den Leitungs- und Planungsprozeß integriert und in der internationalen Zusammenarbeit zu einem entscheidenden Bestandteil der gemeinsamen Planungstätigkeit der RGW-Länder gemacht werden. Maßnahmen der internationalen Spezialisierung und Kooperation sind auf der Grundlage fundierter Bedarfskenntnisse rechtzeitig zu planen und materiell wie finanziell zu bilanzieren. Es ist erforderlich, die internationale Spezialisierung und Kooperation langfristig, stabil und zugleich flexibel zu organisieren. Das stellt hohe Anforderungen an die lang-, mittel- und kurzfristige Volkswirtschafts- und Betriebsplanung, an die internationale Koordinierung der Pläne, die Ausarbeitung langfristiger Zielprogramme und gemeinsamer Konzeptionen für die internationale Spezialisierung und Kooperation zwischen den interessierten RGW-Ländern.

Die internationale Spezialisierung und Kooperation erfordert eine wirksamere, zielgerichtete ökonomische Stimulierung der arbeitsteiligen Beziehungen durch die Vervollkommnung der wirtschaftlichen Rechnungsführung in den Ländern und die aktive Ausnutzung der Ware-Geld-Kategorien im ökonomischen Mechanismus der sozialistischen ökonomischen Integration. Es gilt, die Maßnahmen der internationalen Spezialisierung und Kooperation enger mit der Entwicklung der Volkswirtschaftsstruktur, der Investitionstätigkeit, der Verfügbarkeit und dem Einsatz der Arbeitskräfte und aller anderen materiellen und finanziellen Mittel, den Export- und Importaufgaben sowie der Entwicklung der Zahlungsbilanz abzustimmen. Die internationale Spezialisierung und Kooperation ist zunehmend als zusammenhängender Prozeß von Forschung und Entwicklung, koordinierter technischer Politik (internationaler Standardisierung, abgestimmter Lizenzpolitik usw.), Produktionsvorbereitung und -durchführung, Marktvorbereitung, Absatztätigkeit und niveauvollem Kundendienst sowie von koordiniertem bzw. gemeinsamem Auftreten auf dritten Märkten zu planen und zu organisieren. Dafür tragen die VVB, Kombinate und Betriebe auf der Grundlage der zentralen staatlichen Leitung und Planung eine wachsende Verantwortung.

Für Varianten der internationalen Spezialisierung und Kooperation sind von den leitenden Organen und Betrieben Nutzeffektsberechnungen auszuarbeiten, die die volkswirtschaftlichen und betrieblichen Effekte in den wichtigsten Verflechtungsbeziehungen ausweisen. Es handelt sich dabei um die vorausschaubaren Nutzeffekte bei der Auswahl der Varianten und um die später tatsächlich realisierten Nutzeffekte. Die Varianten der Arbeitsteilung müssen den gegenseitigen Vorteil der beteiligten Partner sichern. Sie sind frühzeitig mit ihnen zu beraten und zunehmend gemeinsam auszuarbeiten.

Auf der Grundlage langfristig begründeter zwei- und mehrseitiger Spezialisierungskonzeptionen für größere Erzeugnisgruppen und auch für ganze Produktionszweige gewinnt die internationale Spezialisierung und Kooperation im RGW weiter an Bedeutung. Vor allem in den Zweigen des Maschinenbaus, neben anderen Bereichen der Industrie, erweist es sich als effektiv und zweckmäßig, die *weitere Spezialisierung und Kooperation von Finalerzeugnissen* stärker über die arbeitsteilige Verwirklichung konkreter Forschungs- und Entwicklungsprogramme auf der Grundlage von Forschungs- und Kooperationsverträgen vorzubereiten. In Verbindung damit wächst auch die Bedeutung der Spezialisierung und Kooperation von Baugruppen und Bauteilen. Bisherige Erfahrungen zeigen, daß eine hohe Effektivität und damit die Bereitschaft, sich an einer Baugruppen- und Bauteilespezialisierung zu beteiligen, dort erzielt werden, wo Einseitigkeiten zu Lasten eines Landes vermieden werden und man sich auf standardisierte, verkettbare bzw. universell einsetzbare Baugruppen als Gegenstand der Spezialisierung orientiert.

Bei der Vorbereitung und dem Abschluß von Spezialisierungsabkommen gilt es, dem „. . . . Nutzeffekt der internationalen Spezialisierung und Kooperation . . . noch wesentlich mehr Aufmerksamkeit zu schenken, vor allem auch unter dem Gesichtspunkt der stabilen und langfristigen Versorgung der Deutschen Demokratischen Republik mit Roh- und Brennstoffen."[18]

(23) In Wissenschaft, Technik und Produktion *nimmt die wechselseitige Abhängigkeit zwischen dem Ausbau der materiell-technischen Basis der Volkswirtschaft und der internationalen Verflechtung weiter zu.* Das ist zugleich Voraussetzung für eine höhere Stufe der Intensivierung in allen Phasen des Reproduktionsprozesses in der DDR und anderen RGW-Ländern. „Gerade auch die bedeutende Zunahme der Forschungs- und Produktionskooperation der Länder des Rates für Gegenseitige Wirtschaftshilfe muß uns helfen, den wissenschaftlich-technischen Fortschritt zu beschleunigen."[19]

Dabei entsteht eine Reihe theoretischer und praktischer Aufgaben, zu denen vor allem gehören:

1. Durch enge Koordinierung und Kooperation in Wissenschaft, Technik und Technologie sind Voraussetzungen für eine rationellere Nutzung des wissenschaftlich-technischen Potentials, für die langfristige wissenschaftlich-technische Vervollkommnung und Erneuerung grundlegender Produktionsprozesse, die Entwicklung neuer Erzeugnisse, Verfahren und Technologien, für die gemeinsame Rationalisierung und Rekonstruktion von Produktionsstätten zu schaffen.

2. Die internationale Konzentration der Produktion muß durch Spezialisierung und Kooperation planmäßig verstärkt werden. Ökonomisch nicht begründete Parallelproduktionen sind zu reduzieren. Dazu wird es mehr und mehr notwendig, einheitliche und auf höchstem internationalem Niveau basierende Qualitätsmaßstäbe durchzu-

[18] E. Honecker, 2. Tagung des ZK der SED, Zu aktuellen Fragen unserer Innen- und Außenpolitik nach dem IX. Parteitag, Berlin 1976, S. 33.

[19] Ebenda.

setzen, die effektivsten Produktionsstandorte und -verfahren zu nutzen sowie die Bedingungen zu berücksichtigen, die sich aus den Beziehungen zu Drittländern ergeben.

3. Die innerzweigliche Spezialisierung und Kooperation der Produktion ist zu vertiefen und es ist auf eine differenzierte Entwicklung und gegenseitige Ergänzung der Erzeugnisgruppen hinzuarbeiten. Der Anteil der Produktion von Bauteilen in zentralen Fertigungsstätten und spezialisierten Großproduktionen ist vor allem im Maschinenbau wesentlich zu erhöhen. Im Ergebnis dieser Schritte wird es möglich, sowohl einen hohen Konzentrationsgrad der Produktion als auch im gesamten RGW-Bereich das durch den wissenschaftlich-technischen Fortschritt bedingte breite Erzeugnissortiment und damit die Bedarfsdeckung der Integrationspartner zu sichern. Eine der entscheidenden Voraussetzungen ist die weitere Vereinheitlichung der technischen Standards.

4. Die umfassendere Nutzung der auf volkswirtschaftlicher und internationaler Spezialisierung beruhenden Konzentration ist eine Voraussetzung, um das Wachstum der gesellschaftlichen Arbeitsproduktivität zu sichern und zu erhöhen, ebenso auch um ihren Anteil an der Erhöhung der Industrieproduktion auf einem hohen Niveau zu gewährleisten. Komplexe Effektivitätsbetrachtungen schließen solche mit der Konzentration und Spezialisierung verbundenen Faktoren ein; wie die Flexibilität der geschaffenen Strukturen bei Bedarfsveränderungen, die langfristige Beanspruchung der Infrastruktur und den dort erforderlichen Investitionsaufwand, die Belastbarkeit der Umwelt und andere.

5. Auf wichtigen Gebieten der Elektronik, des Maschinen- und Anlagenbaus sowie der chemischen Industrie ist durch abgestimmte und gemeinsame Forschung, Entwicklung, Produktionskooperation und -spezialisierung der Entwicklungsstand und der Produktionsumfang zu erhöhen, um noch bestehende Abhängigkeiten von kapitalistischen Ländern zu verringern.

6. Im Interesse der effektiven Befriedigung des Rohstoff-, Energie- und Brennstoffbedarfs der RGW-Länder, der Weiterentwicklung ausgewählter Zweige und Produktionen der verarbeitenden Industrie sowie eines abgestimmten Ausbaus der Infrastruktur sind Investionsvorhaben in größerem Umfang als bisher zu koordinieren. Um die Effektivität von Investionsbeteiligungen zu erhöhen, müssen die erforderlichen Exportfonds langfristig möglichst weitgehend mit den Hauptlinien der strukturellen Entwicklung in Wissenschaft, Technik und Produktion übereinstimmen.

III. Anforderungen an die Leitung und Planung der Wirtschaft aus dem Prozeß der sozialistischen ökonomischen Integration

(24) *Die voranschreitende Entwicklung des Prozesses der sozialistischen ökonomischen Integration ist verbunden mit dem Entstehen neuer Anforderungen an seine planmäßige Beherrschung.* Das gilt sowohl für die Vervollkommnung der gemeinsamen Planungstätigkeit als auch für die Volkswirtschaftsplanung in den einzelnen RGW-Ländern.[20] Die Entwicklung beider Seiten ist in zunehmendem Maße wechselseitig miteinander verbunden. Dabei bietet die Vervollkommnung der Zusammenarbeit auf

[20] Eine ausführliche, theoretisch begründete Darstellung der Verbindung zwischen den Prozessen der sozialistischen ökonomischen Integration und der planmäßigen proportionalen Entwicklung der Volkswirtschaft ist in den Thesen der 7. Tagung des Wissenschaftlichen Rates für die wirtschaftswissenschaftliche Forschung enthalten. Vgl. dazu: Probleme der sozialistischen ökonomischen Integration (Sitzungsberichte der Akademie der Wissenschaften der DDR, 14/1973).

dem Gebiet der Planungstätigkeit neue Möglichkeiten zur Qualifizierung der Planungsgrundlagen im volkswirtschaftlichen Rahmen bei so wichtigen Aufgaben wie der Intensivierung der Produktion (zum Beispiel für effektivere Lösungen durch verstärkte planmäßige Zusammenarbeit bei der Chemisierung, Melioration, Genetik und Selektion und der Lösung der Futterprobleme im Bereich der Landwirtschaft, bei der beschleunigten und koordinierten Überleitung wissenschaftlich-technischer Ergebnisse in die Produktion, der verstärkten Entwicklung der Spezialisierung und Kooperation und der komplexen technischen Aus- und Umrüstung der Volkswirtschaft auf dem Gebiet des Maschinenbaus, bei der Erschließung neuer Möglichkeiten zur effektiveren Nutzung von Brennstoffen, Energie und Rohstoffen und anderem mehr). Insbesondere die in den RGW-Ländern im Prinzip gleichartigen Aufgaben zur sozialistischen Intensivierung erfordern, die Planungszusammenarbeit und die Volkswirtschaftsplanung zunehmend als einen einheitlichen Prozeß zu gestalten, in dem ein inhaltliches, zeitliches und methodisches Ineinandergreifen aller Planungsprozesse in den Ländern gewährleistet ist.

(25) Die Vervollkommnung der Zusammenarbeit auf dem Gebiet der Planungstätigkeit sowie der Volkswirtschaftsplanung wird gegenwärtig wesentlich durch die Formen und Methoden bestimmt, die sich auf diesem Gebiet während der letzten Jahre herausgebildet haben. Dazu gehören insbesondere

- die Ausarbeitung langfristiger Zielprogramme der Zusammenarbeit der Mitgliedsländer des RGW (XXIX. und XXX. Tagung des RGW 1975 und 1976) sowie
- der „Abgestimmte Plan der mehrseitigen Integrationsmaßnahmen der Mitgliedsländer des RGW" (XXVII. Tagung des RGW 1973) und der Planteil „Sozialistische ökonomische Integration" in den Volkswirtschaftsplänen der Mitgliedsländer des RGW und
- eine weitere bedeutende Qualifizierung der internationalen Koordinierung der Fünfjahrpläne[21] der RGW-Länder.

Mit den langfristigen Zielprogrammen für die Zusammenarbeit in wichtigen Zweigen der materiellen Produktion werden die strategischen Zielstellungen, die Wege, Formen, Mittel und konkreten Maßnahmen zur Deckung des ökonomisch begründeten Bedarfs der RGW-Länder an den Grundarten von Energie, Brennstoffen und Rohstoffen, zur Entwicklung des Maschinenbaus auf der Basis einer tiefgreifenden Spezialisierung und Kooperation der Produktion, zur Deckung des Bedarfs an Hauptnahrungsmitteln und industriellen Konsumgütern sowie zur Entwicklung der Transportverbindungen ausgearbeitet und vereinbart. Die Ausarbeitung und Realisierung der langfristigen Zielprogramme ist eine Maßnahme von hohem politischem und ökonomischem Gewicht, die der Festigung der materiell-technischen Basis jedes sozialistischen Landes sowie der materiellen Grundlagen der sozialistischen Staatengemeinschaft dienen wird.

Die gemeinsame Lösung wichtiger Entwicklungsprobleme der Volkswirtschaften der Länder und der RGW-Gemeinschaft mittels der Zielprogramme erfordert ein komplexes und langfristiges Herangehen an die Bewältigung der damit im Zusammenhang stehenden Aufgaben. Die Länder des RGW kommen umso sicherer und schneller zu wirksamen Verbesserungen bei der Deckung des Bedarfs, je gründlicher und umfassender es ihnen gelingt, die Ermittlung des ökonomisch begründeten Bedarfs langfristig und gemeinsam durchzuführen und zum Ausgangspunkt ihrer Arbeit zu machen. Darin besteht eine wichtige Anforderung an die Ausarbeitung der langfristigen Zielprogramme.

[21] In diesem Material wird nicht darauf eingegangen.

(26) *Ein wesentliches Merkmal der langfristigen Zielprogramme besteht darin, daß sie auf die Lösung wichtiger ökonomischer und wissenschaftlich-technischer Probleme überzweiglichen Charakters gerichtet sind, für die die gemeinsame und koordinierte Ausarbeitung eines Komplexes konkreter Maßnahmen erforderlich ist.* Die Ausarbeitung der langfristigen Zielprogramme vollzieht sich in einem iterativen Prozeß auf der Grundlage der Einheit von Planungszusammenarbeit und Volkswirtschaftsplanung in folgenden Hauptschritten:

- Ermittlung der Ziele/Problemkreise, zu deren Lösung gemeinsame Maßnahmen erforderlich sind;
- Ermittlung des Bedarfs an den aus den Problemkreisen abgeleiteten Erzeugniskomplexen bzw. Erzeugnissen;
- Ermittlung der Aufkommensquellen (Ressourcen);
- Bestimmung der Hauptrichtungen und Formen der Zusammenarbeit;
- Ermittlung wichtiger konkreter Aufgabenstellungen für die Lösung von Problemen, insbesondere in Wissenschaft und Technik, für die Investionen und in der materiellen Produktion;
- Vereinbarung konkreter Integrationsmaßnahmen zu den einzelnen Aufgabenstellungen und Abschluß von entsprechenden Abkommen, Vereinbarungen und Verträgen;
- Vereinbarung rechtlich-organisatorischer Festlegungen für die Realisierung und Fortschreibung der langfristigen Zielprogramme zum Beispiel in Gestalt von Generalabkommen und ähnlichen.

Im Ergebnis der Ausarbeitung der langfristigen Zielprogramme wird ein System von verschiedenen Integrationsmaßnahmen für einen abgestimmten und konzentrierten Einsatz der erforderlichen Ressourcen zur Erreichung der Ziele der Programme wirksam. Die Realisierung dieser Maßnahmen erfolgt über den Abschluß von Abkommen, Vereinbarungen und Verträgen.

(27) *In den langfristigen Zielprogrammen durchdringen und ergänzen einander multi- und bilaterale Formen der Zusammenarbeit.* Damit der Inhalt der Programme für die Planung in den Mitgliedsländern des RGW wirksam wird, ist die Aufnahme der entsprechenden Aufgaben in die Fünfjahrpläne und in deren internationale Koordinierung erforderlich. Die langfristigen Zielprogramme schaffen entscheidende Grundlagen und setzen verbindliche Fixpunkte für die langfristige Planung, die Ausarbeitung der Fünfjahrpläne in den RGW-Ländern sowie ihre internationale Koordinierung.
Mit der Ausarbeitung und Realisierung der langfristigen Zielprogramme sind neue, höhere Anforderungen an die anderen Formen und Methoden der Planungszusammenarbeit auf den betreffenden Gebieten verbunden. Diese ergeben sich vor allem aus der Notwendigkeit,

- die langfristigen Zielstellungen und Aufgaben aus den Programmen durch konkrete Integrationsmaßnahmen schrittweise weiter zu untersetzen,
- ein Präzisierung der langfristigen Aufgaben vorzunehmen und
- im Interesse einer kontinuierlichen Vorausplanung den Zeithorizont der langfristigen Zielprogramme jeweils mit dem Ablauf einer Fünfjahrplanperiode wieder um eine entsprechende Zeitperiode zu verlängern.

Auf den Gebieten, für die die RGW-Länder langfristige Zielprogramme erarbeiten, verlagert sich der Schwerpunkt der längerfristigen Arbeit an den entscheidenden Prämissen des volkwirtschaftlichen Reproduktionsprozesses allmählich von der Ebene des einzelnen Landes auf gemeinsame Arbeiten der Mitgliedsländer. Durch die langfristigen Zielprogramme wird eine neue Dimension der gemeinsamen Planungstätigkeit der RGW-Länder hinsichtlich der zu lösenden wissenschaftlich-technischen und ökonomischen Probleme sowie des erfaßten Zeitraumes (zwei bis vier Fünfjahrplanzeiträume) erreicht. Im Prozeß der Ausarbeitung und Realisierung der langfristigen Zielprogramme der RGW-Länder wird die Multilateralität in der Zusammenarbeit der RGW-Gemeinschaft weiterentwickelt.

(28) Die *zunehmende Verflechtung* der Volkswirtschaft der DDR mit den Volkswirtschaften der UdSSR und denen der anderen RGW-Länder, die sich durch die Realisierung der Zielprogramme auf ausgewählten Gebieten besonders dynamisch vollzieht, *bedingt die Notwendigkeit, die eingegangenen gegenseitigen Verpflichtungen* auf allen Ebenen der Volkswirtschaft *planmäßig zu erfüllen und zu kontrollieren.*

Eine besondere Rolle spielt dabei der abgestimmte Plan mehrseitiger Integrationsmaßnahmen. Die multilateral abzuschließenden langfristigen Abkommen, Vereinbarungen und Verträge zur Realisierung der langfristigen Zielprogramme werden zu einem wesentlichen Bestandteil des abgestimmten Planes. Die für den Fünfjahrplanzeitraum präzisierten multilateralen Abkommen werden in den abgestimmten Plan eingehen. Er stellt deshalb ein wichtiges Kontrollinstrument zur planmäßigen Realisierung der langfristigen Zielprogramme sowohl für die RGW-Organe als auch für die zentralen Planungsorgane in den RGW-Ländern dar. Es ergeben sich folgende Schlußfolgerungen für die weitere Vervollkommnung des abgestimmten Planes:

1. Bei der selektiven Erfassung der in den abgestimmten Plan aufzunehmenden Vorhaben sollten die zur Realisierung der langfristigen Zielprogramme abgeschlossenen multilateralen Abkommen berücksichtigt werden.
2. Die methodischen Grundlagen des abgestimmten Planes dürfen nicht im Widerspruch zur Methodik der langfristigen Zielprogramme stehen.
3. Ihrem langfristigen Charakter entsprechend sind die multilateralen Abkommen aus langfristigen Zielprogrammen über mehrere Fünfjahrplanperioden zu realisieren.

Durch die Aufnahme der multilateralen Abkommen aus langfristigen Zielprogrammen in den abgestimmten Plan mehrseitiger Integrationsmaßnahmen wird ein wesentlicher Beitrag zur Weiterentwicklung der Planungsgrundlagen für die multilaterale Zusammenarbeit der RGW-Länder geleistet.

(29) *Die Planung der Integrationsprozesse erfolgt in enger Wechselbeziehung von volkswirtschaftlicher Planung und gemeinsamer Planungstätigkeit.* Beide Seiten bedingen einander und sind nur in direkter gegenseitiger Abhängigkeit weiterzuentwickeln. Die Vervollkommnung der gemeinsamen Planungstätigkeit wird wesentlich durch den Stand der Planung in den Ländern bestimmt. Umgekehrt werden der Inhalt, die Formen und Methoden zur Vervollkommnung der Leitung, Planung und ökonomischen Stimulierung in den Ländern vom Niveau der gemeinsamen Planungstätigkeit beeinflußt. Die Planung der Integrationsprozesse entwickelt sich mit den materiellen Verflechtungsprozessen und hängt vom Inhalt der zu lösenden materiellen Aufgaben ab. Sie wird wesentlich vom erreichten Entwicklungsniveau in den einzelnen Mitgliedsländern des RGW bestimmt.

Die seit der XXVII. Tagung des RGW beschlossenen Aufgaben zur Verbesserung der Planung von Integrationsmaßnahmen lassen erkennen, daß mit der Ausarbeitung des „Abgestimmten Planes mehrseitiger Integrationsmaßnahmen" für den Fünfjahrplanzeitraum 1976 bis 1980 und spezieller Planteile der sozialistischen ökonomischen Integration in den Volkswirtschaftsplänen der Länder Maßnahmen eingeleitet wurden, um Inhalt und Methoden der Planung zwischen den Mitgliedsländern weiter anzunähern.

(30) *Aus der Entwicklung der sozialistischen ökonomischen Integration ergab sich*

die Notwendigkeit, in der Volkswirtschaftsplanung spezielle Planteile für die Planung der Maßnahmen der sozialistischen ökonomischen Integration zu entwickeln.
Damit erfolgt eine feste Verankerung der Integrationsmaßnahmen in den Volkswirtschaftsplänen. Vollständig werden die Aufgaben aus dem „Abgestimmten Plan der mehrseitigen Integrationsmaßnahmen des RGW" aufgenommen und so dieser „gemeinsame Plan" durch die entsprechenden Planteile in den Ländern der Kontrolle der Regierungen unterstellt. Gleichzeitig erhöht die rechtzeitige und gründliche Einordnung dieser Aufgaben in den Planungs- und Koordinierungsprozeß der Volkswirtschaften die Verantwortung der Ministerien, Kombinate, VVB, Betriebe und Einrichtungen für ihre Realisierung.
Der Planteil „Maßnahmen der sozialistischen ökonomischen Integration" enthält diejenigen bi- und multilateralen Maßnahmen der ökonomischen und wissenschaftlich-technischen Zusammenarbeit, die auf der Ebene der zentralen Planungsorgane dafür ausgewählt wurden. Aus diesen Maßnahmen werden die Aufgaben, die zur Verwirklichung der einzelnen Vorhaben auf den verschiedenen Leitungsebenen zu erfüllen sind, mit Kennziffern und entsprechend anderen methodischen Erfordernissen der Planung den jeweils dafür verantwortlichen Planungs- und Bilanzierungsorganen zugeordnet. Damit wird die Planung von Integrationsmaßnahmen als ein unabdingbarer Bestandteil der Volkswirtschaftsplanung gesichert.

Charakteristisch für den Planteil „Maßnahmen der sozialistischen ökonomischen Integration" ist, daß

- auf der Grundlage der entsprechenden staatlichen Plankennziffern die gesamte Integrationsmaßnahme bzw. daraus resultierende Teilaufgaben an jenes Organ übergeben werden, das für die Planung und Realisierung verantwortlich ist;
- auf zentraler Ebene ausgewählte Integrationsmaßnahmen enthalten sind und der Umfang der aufgenommenen Integrationsmaßnahmen auf den nachfolgenden Ebenen pyramidenförmig zunimmt;
- auf die Vorrangigkeit der Einordnung von Integrationsmaßnahmen in die Pläne und Bilanzen orientiert wird;
- die Erfordernisse für die Realisierung der Integrationsmaßnahmen präziser und umfassender ermittelt werden und gewährleistet wird, daß in den verschiedenen Plänen und Bilanzen ein einheitlicher Stand der Kennziffern erreicht wird.

Die bisherige Arbeit mit dem Planteil „Maßnahmen der sozialistischen ökonomischen Integration" hat gezeigt, daß mit seiner Einführung ein wichtiger Beitrag zur Qualifizierung der volkswirtschaftlichen Planung von Integrationsmaßnahmen geleistet wurde. Er muß zu einem Führungsinstrument bei der Planung und Realisierung von Integrationsvorhaben werden.

(31) *Im Prozeß der Erarbeitung dieses Planteils für den Fünfjahrplan 1976 bis 1980 zeigten sich auch einige Probleme, an deren Überwindung in Vorbereitung des Fünfjahrplanes 1981 bis 1985 gearbeitet werden muß.* Dabei geht es unter anderem um folgende Fragen:

1. weitere Durchsetzung der Vorrangigkeit von Integrationsmaßnahmen im Prozeß der Planung;
2. bessere Sicherung der komplexen (allseitigen) Planung von Maßnahmen der sozialistischen ökonomischen Integration;
3. vollständige Durchsetzung der gesetzlich verankerten Pflichten des hauptverantwortlichen Organs bei der Planung von Integrationsmaßnahmen;
4. weitere Verallgemeinerung der positiven Erfahrungen bei der inhaltlichen Ausgestaltung des Integrationsplanes (Aufnahme auch der Aktivitäten in den Integra-

tionsplan, die zur Erfüllung der in den Abkommen enthaltenen Verpflichtungen in kooperierenden Bereichen realisiert werden müssen);

5. Gewährleistung der vollen Übereinstimmung der Nomenklaturen zwischen den Abkommen und den Plänen in allen Phasen der Ausarbeitung staatlicher Planaufgaben.

Diese Probleme und Erfahrungen weisen zugleich auch die Richtungen, in denen die Qualifizierung dieses Planteils zu einem Führungsinstrument fortgesetzt werden muß. Die Weiterentwicklung der Integrationsplanung im Rahmen der Volkswirtschaftsplanung sollte dabei immer eng mit den sowjetischen Erfahrungen auf diesem Gebiet korrespondieren und die Paßfähigkeit der innerstaatlichen Regelungen mit den Formen und Methoden der Planungszusammenarbeit anstreben.

(32) *Die Leitung und Planung der sich aus der sozialistischen ökonomischen Integration ergebenden Aufgaben auf zentraler Ebene muß durch eine qualifizierte Leitung und Planung dieser Aufgaben auf der Ebene der Wirtschaftseinheiten und der wirtschaftsleitenden Organe wirksam ergänzt werden.* Mit der Planung von Vorhaben und Maßnahmen der sozialistischen ökonomischen Integration tritt auch in den Betrieben, Kombinaten und wirtschaftsleitenden Organen eine qualitative und quantitative Erweiterung des Gegenstandes ihrer Planung ein.

Die Integrationsaufgaben müssen Bestandteil der Konzeption für die Gesamtentwicklung des Betriebes, des Kombinates oder des Zweiges sein. Vorschläge für Maßnahmen zur internationalen sozialistischen Arbeitsteilung, zur Konzentration der Forschungs- und Entwicklungspotentiale auf Lieferungen in sozialistische Partnerländer, zur Reduzierung der Sortimentsbreite durch Spezialisierung, zur Erhöhung der Serien- und Losgrößen, zur Vereinheitlichung und Standardisierung von Finalerzeugnissen, Baugruppen und Einzelteilen, zur Entwicklung stabiler Export- und Importlinien können nur von der Gesamtentwicklung des Reproduktionsprozesses aus eingeschätzt, bewertet und entschieden werden. Um sie zu entscheidungsreifen Grundlagen zu entwickeln, müssen alle diese Vorschläge mit Effektivitätsberechnungen verbunden werden, durch die ihr Nutzen, ausgehend vom international erreichten Niveau und von den sich abzeichnenden Entwicklungstendenzen, quantifiziert wird. In der konzeptionellen Arbeit muß mit Varianten gearbeitet werden, die auch die Auswirkungen dieser Vorschläge auf die Arbeits- und Lebensbedingungen der Werktätigen erfassen.

(33) *Da diese Maßnahmen auf dem Gebiet der sozialistischen ökonomischen Integration als Faktoren für den Leistungszuwachs und die Erhöhung der ökonomischen Effektivität konzipiert werden,* das heißt auf die intensivere Nutzung der verfügbaren Arbeitskräfte, Investitionsmittel, Grundfonds, Rohstoff- und Materialressourcen, des wissenschaftlich-technischen Potentials usw. zur rationelleren Gestaltung des Reproduktionsprozesses gerichtet sind, *besteht zwischen ihnen und den langfristigen Intensivierungsprogrammen der Betriebe, Kombinate und VVB ein enger Zusammenhang.*[22]

Diese Programme sind eine wichtige Grundlage für die langfristige Vorbereitung der Fünfjahres- und Jahresplanung der Wirtschaftseinheiten und der wirtschaftsleitenden Organe, da sie es ermöglichen, die komplexe Planung des Reproduktionsprozesses, ausgehend von einer längerfristigen Entwicklungsperspektive, zu bestimmen. Die Planung der einzelnen Vorhaben der sozialistischen ökonomischen Integration muß, ausgehend von den Intensivierungsprogrammen, in die Planung der einzelnen Phasen

[22] Vgl. F. Haberland, H. Koziolek, H. Stürz, Intensivierung der Produktion – Bedeutung, Probleme, Erfahrungen, Berlin 1974, S. 78.

des Reproduktionsprozesses, insbesondere der wissenschaftlich-technischen Aufgaben, der Investitionen, der Produktion und des Absatzes integriert werden.

Von der Qualität und dem Niveau der von den Betrieben, Kombinaten und VVB durchgeführten langfristigen Planung werden die Entwicklung der internationalen Zusammenarbeit und ihre Ergebnisse entscheidend beeinflußt, denn die langfristigen Entwicklungskonzeptionen und die Intensivierungsprogramme sind Voraussetzungen

- für die Planung zwei- und mehrseitiger Integrationsmaßnahmen,
- für die Vorbereitung und Konkretisierung aller Maßnahmen der sozialistischen ökonomischen Integration in den einzelnen Planteilen und Bilanzen,
- für die Abstimmung aller zur Realisierung von Vorhaben und Maßnahmen der sozialistischen ökonomischen Integration im Reproduktionsprozeß des eigenen Betriebes und Kombinates notwendigen Maßnahmen, um ihre Proportionalität und Kontinuität zu sichern.

IV. Die Internationalen ökonomischen Organisationen der Mitgliedsländer des RGW im Prozeß der sozialistischen ökonomischen Integration

(34) *Vergesellschaftung und Internationalisierung der Produktion der Mitgliedsländer des RGW im Rahmen einzelner Produktionszweige finden im Prozeß der sozialistischen ökonomischen Integration auch in der Bildung und der Tätigkeit internationaler ökonomischer Organisationen ihren Ausdruck.* Sie sind eine qualitativ neue Organisationsform der ökonomischen Zusammenarbeit. Als eine mögliche rationelle Form der Konzentration und der gemeinsamen Leitung, Planung und Realisierung ökonomischer Aufgaben im Rahmen von Zweigen bzw. Erzeugnisgruppen im Interesse aller beteiligten Länder stellen sie mit ihrer effektiven Tätigkeit einen Hauptweg für die weitere Vertiefung der wirtschaftlichen und wissenschaftlich-technischen Zusammenarbeit und die Entwicklung der sozialistischen ökonomischen Integration dar.[23] Sie widerspiegeln die internationale Entfaltung der sozialistischen Produktionsverhältnisse, sowohl der Eigentumsverhältnisse an den Produktionsmitteln als auch der Verhältnisse der Arbeitsteilung und Kooperation zwischen den beteiligten sozialistischen Ländern. Mit ihrer Bildung erfolgt eine Vereinigung und koordinierte Nutzung von Teilen der ökonomischen Ressourcen der RGW-Länder auf ausgewählten Gebieten.[24]

Die Bildung und die Tätigkeit internationaler ökonomischer Organisationen sind auf die Befriedigung des Bedarfs der RGW-Länder an ausgewählten Erzeugnisgruppen und eine höhere ökonomische Effektivität der Produktion, vor allem durch ihre Konzentration und durch die Optimierung der Produktionsmaßstäbe, gerichtet. Durch sie sollen potentielle Möglichkeiten der internationalen Arbeitsteilung, Spezialisierung und Kooperation für die Beschleunigung des wissenschaftlich-technischen Fortschritts und die Erhöhung des Umfangs der Qualität und der Effektivität der Produktion in ausgewählten Produktionszweigen erschlossen werden. Sie sind auch eine geeignete neue Organisationsform, um im Zusammenhang mit dem langfristig abgestimmten Plan mehrseitiger Integrationsmaßnahmen Probleme in den Zweigen zu lösen.

23 Vgl. Dokumente RGW, Berlin 1971, S. 18.

24 Vgl. A. Norden, 10. Tagung des ZK der SED. Aus dem Bericht des Politbüros an das ZK der SED, Berlin 1973, S. 18.

(35) *Mit der Tätigkeit internationaler ökonomischer Organisationen entstehen neue Möglichkeiten zur Vervollkommnung der Leitung und Planung der internationalen ökonomischen und wissenschaftlich-technischen Zusammenarbeit im Rahmen der Produktionszweige.* Ein wesentlicher Vorzug der neuen Organisationsform besteht in der ständigen direkten Zusammenarbeit ihrer Mitglieder mit Hilfe ihrer ständigen Arbeitsorgane zum Zwecke der koordinierten Leitung und Entwicklung eines zusammenhängenden Reproduktionsprozesses im Rahmen der Gemeinschaft des RGW. Durch ihre Tätigkeit können die Langfristigkeit, Komplexität und Multilateralität der Zusammenarbeit in den betreffenden Zweigen verstärkt, Spezialisierung und Kooperation vertieft und die direkte Zusammenarbeit der Wirtschaftseinheiten effektiver gestaltet werden.

Im Mittelpunkt der Tätigkeit von internationalen ökonomischen Organisationen steht über einen längeren, mehrjährigen Zeitraum die *Koordinierung der Tätigkeit und der Entwicklung der Wirtschaftszweige,* deren leitende Organe bzw. Wirtschaftseinheiten in ihnen vertreten sind. Sie bildet während dieser Zeit die Hauptform ihrer Tätigkeit. Die Koordinierungstätigkeit ist eine ständige Funktion internationaler ökonomischer Organisationen.

Die konkreten Aufgaben von internationalen ökonomischen Organisationen entwickeln sich entsprechend den herangereiften materiellen Bedingungen und auf der Basis übereinstimmender Interessen ihrer Mitglieder. Bisher ist noch keine internationale ökonomische Organisation zu einer gemeinsamen Wirtschaftstätigkeit übergegangen. Damit fehlen zunächst noch die Bedingungen für die Einführung der wirtschaftlichen Rechnungsführung in internationalen ökonomischen Organisationen. Nach den bisher erarbeiteten Vorstellungen wird die Einführung der wirtschaftlichen Rechnungsführung in den internationalen ökonomischen Organisationen in Etappen in Abhängigkeit vom schrittweisen Übergang der jeweiligen Organisation zu einer gemeinsamen Wirtschaftstätigkeit erfolgen.

(36) *Die Bildung, das Entwicklungstempo und die Qualität der Arbeit von internationalen ökonomischen Organisationen sind von der Bereitschaft der Mitgliedsorganisationen der Länder zur Unterstützung ihrer Arbeit und zur aktiven Mitarbeit in ihnen abhängig.* Entscheidende Voraussetzungen für eine erfolgreiche Tätigkeit der internationalen ökonomischen Organisationen werden durch die Systeme der Leitung, Planung und ökonomischen Stimulierung in den RGW-Ländern geschaffen. Internationale ökonomische Organisationen durchlaufen eine mehrjährige Periode der Organisation und des Aufbaus, in der die Schaffung der materiellen, personellen und organisatorischen Arbeitsgrundlagen den Hauptinhalt ihrer Tätigkeit bilden und noch nicht umfassend für die im Abkommen über ihre Gründung festgelegten Ziele gearbeitet wird. Diese erste Entwicklungsphase, in der von ihnen Neuland beschritten wurde, haben die meisten internationalen Wirtschaftsvereinigungen, die in den letzten Jahren gebildet wurden, mit unterschiedlichen Ergebnissen gemeistert. Für sie stehen die Stabilisierung ihrer Tätigkeit und die Schaffung der weiteren Bedingungen für die volle Ausschöpfung der ihnen als neuer Organisationsform innewohnenden Möglichkeiten zur Koordinierung der Entwicklung der betreffenden Zweige der Mitgliedsländer, die Entwicklung einer gemeinsamen Planungstätigkeit und die Auswertung und Verallgemeinerung der gesammelten Erfahrungen zur weiteren Vervollkommnung ihrer Tätigkeit auf der Tagesordnung.

Diese Erfahrungen vermitteln die Erkenntnis, daß Entscheidungen zur Bildung von internationalen ökonomischen Organisationen einer gründlichen Vorbereitung bedürfen, um die erste Entwicklungsphase der internationalen ökonomischen Organisationen zu verkürzen und rechtzeitig alle erforderlichen Bedingungen für die Erschließung der Potenzen zu schaffen, die in den neuen Organisationsformen und ihrer Nutzung liegen.

(37) *Eine wichtige Aufgabe der internationalen ökonomischen Organisationen zur Beherrschung von Prozessen der sozialistischen ökonomischen Integration ist die langfristige Planung ihrer Tätigkeit.* Eine besondere Rolle der internationalen ökonomischen Organisationen bei der Entwicklung der langfristigen Planung von Prozessen der sozialistischen ökonomischen Integration in den Zweigen, in denen sie tätig sind, resultiert daraus, daß sie

- insbesondere auf Gebieten der Zusammenarbeit gebildet werden, wo ein objektives Erfordernis und gemeinsames Interesse für die Herausbildung einer stabilen und planmäßigen Spezialisierung und Kooperation der Produktion für einen längeren Zeitraum bestehen und zugleich
- durch die erfolgende Institutionalisierung der Zusammenarbeit, die mit der Schaffung von ständigen gemeinsamen Organen, sowie von Ordnungen und Methodiken für die rechtlich-organisatorische und planmethodische Gestaltung der Zusammenarbeit verbunden ist, über günstige Voraussetzungen für die Durchführung von Arbeiten zur langfristigen Planung verfügen.

Als Zweigorganisationen können die meisten internationalen ökonomischen Organisationen, vor allem solche mit volkswirtschaftlich bedeutsamen Produktionen (zum Beispiel „Interatomenergo") und/oder ausgeprägten Verflechtungsbeziehungen (zum Beispiel „Interelektro" und „Interchim"), die langfristige Planung nicht isoliert von ihren Kooperationszweigen und von gesamtvolkswirtschaftlichen Zielstellungen realisieren. Die langfristige Planung in diesen internationalen ökonomischen Organisationen erfordert fundierte Rahmenbedingungen und Fixpunkte, die in der Regel nur aus langfristigen volkswirtschaftlichen bzw. überzweiglichen Strukturkonzeptionen und ihrer internationalen Abstimmung abgeleitet werden können.

(38) *Die Ausarbeitung langfristiger Zielprogramme der Zusammenarbeit der Mitgliedsländer des RGW eröffnet einigen internationalen ökonomischen Organisationen günstige Möglichkeiten, mit der langfristigen Planung auf ausgewählten Gebieten zu beginnen bzw. sie fortzusetzen.* Erstens werden einzelne internationale ökonomische Organisationen mit volkswirtschaftlich bedeutsamen Produktionen (zum Beispiel Kernenergiemaschinenbau bei „Interatomenergo") direkt in die Arbeit an den langfristigen Zielprogrammen einbezogen, indem sie zusammen mit RGW-Organen Lösungen zu Problemen bzw. Unterprogramme der langfristigen Zielprogramme auf der Grundlage der Vorschläge der Mitgliedsländer ausarbeiten.

Zweitens werden in Verbindung mit den langfristigen Zielprogrammen konzeptionelle Vorstellungen über die strukturelle Entwicklung für größere volkswirtschaftliche Bereiche erarbeitet, strukturpolitische Entscheidungen für die langfristige Entwicklung wichtiger Zweige der Volkswirtschaft getroffen und, ausgehend von den einzelnen Problemlösungen der langfristigen Zielprogramme, konkrete Anforderungen an die langfristige Entwicklung angrenzender, durch Verflechtungsbeziehungen berührter anderer Zweige formuliert. Damit werden für eine ganze Reihe von internationalen ökonomischen Organisationen Rahmenbedingungen geschaffen und Ausgangspunkte für die Durchführung langfristiger Planungsarbeiten auf ihrem jeweiligen Gebiet gesetzt.

Für alle internationalen ökonomischen Organisationen steht gegenwärtig mehr oder weniger die Aufgabe, die langfristige Planung der Integrationsprozesse auf ihrem jeweiligen Gebiet zu beginnen. Abhängig vom schon erreichten Entwicklungsstand der internationalen Spezialisierung und Kooperation der Produktion und der Planungszusammenarbeit sowie von der Spezifik des jeweiligen Gegenstandes und den konkreten Interessen der teilnehmenden Länder, kann jedoch die Aufgabe der langfristigen Planung in den einzelnen internationalen ökonomischen Organisationen differenziert sein.

In den meisten internationalen ökonomischen Organisationen wird vorerst die Aufgabe stehen, zu ausgewählten Positionen ihres Nomenklaturbereiches (ausgewählte Erzeugnisgruppen und Produktionsarten) langfristige Spezialisierungs- und Kooperationsvereinbarungen auszuarbeiten, mit dem Schwergewicht der Spezialisierung nach Fertigerzeugnissen.

In einigen anderen internationalen ökonomischen Organisationen werden ebenfalls zu ausgewählten Erzeugnisgruppen und Produktionsarten ihres Nomenklaturbereiches schon komplexe langfristige Programme der Produktionsentwicklung auf der Basis der Spezialisierung und Kooperation in Forschung, Entwicklung, Kapazitätserweiterung und Produktion sowie entsprechende langfristige Lieferverpflichtungen aufgestellt, die Leitungs- und Kontrollinstrumente der gemeinsamen Organe der internationalen ökonomischen Organisationen für die Realisierung der Aufgaben sind (zum Beispiel bei „Interelektro": „Komplexe Programme für die Schaffung und die Einführung vereinheitlichter Serien elektrotechnischer Erzeugnisse in die Produktion").

Vereinzelt kann es für internationale ökonomische Organisationen möglich und auch zweckmäßig sein, gleich ein langfristiges (Zweig-)Entwicklungsprogramm unter Einschluß ihres gesamten Nomenklaturbereiches in Angriff zu nehmen, um damit ein gemeinsames langfristiges Leitungs- und Kontrollinstrument für die umfassende Organisation der Verflechtungsbeziehungen zu haben (zum Beispiel bei „Interatomenergo"; „Programm der maximal möglichen Entwicklung des kerntechnischen Maschinenbaus der Mitgliedsländer des RGW und der SFRJ einschließlich der Fragen der Kooperation und Spezialisierung der Produktion auf diesem Gebiet").

Die internationalen ökonomischen Organisationen sind durch Aufbau und Funktion besonders prädestiniert,

- durch kontinuierliche Analysen- und Prognosetätigkeit sowie durch die Organisation konzeptioneller Arbeiten Grundlagen und Vorlauf für die Erarbeitung langfristiger Planungsdokumente zu schaffen,
- durch die ständige direkte Zusammenarbeit der zentralen Staatsorgane, der wirtschaftsleitenden Organe und Wirtschaftseinheiten der teilnehmenden Länder sowie der gemeinsamen Organe der internationalen ökonomischen Organisationen die Einheit von Volkswirtschaftsplanung und internationaler Planungszusammenarbeit auch bei der langfristigen Planung rationell zu verwirklichen,
- Elemente einer gemeinsamen Planung im Sinne des Komplexprogramms in Gestalt von gemeinsamen Planentscheidungen der teilnehmenden Länder auf der Basis ihrer Vorschläge und von Vorschlägen der Organe der internationalen ökonomischen Organisationen in die langfristige Planung der RGW-Länder einzuführen,
- weiter angenäherte und auch vereinheitlichte planmethodische und organisationsrechtliche Regelungen abzustimmen und zu erproben, die unter Umständen dann auch auf andere Gebiete der langfristigen Planungszusammenarbeit übertragen werden können.

(39) *Die planmäßige Entwicklung der wissenschaftlich-technischen Zusammenarbeit und die Schaffung von wissenschaftlich-technischem Vorlauf sind wesentliche Bestandteile der Tätigkeit von internationalen ökonomischen Organisationen.* Die Zusammenarbeit in Forschung und Entwicklung und die enge Verbindung der Forschungs-

kooperation mit der Produktionskooperation bilden Schwerpunkte in der Tätigkeit von internationalen ökonomischen Organisationen. Diese Tatsache spiegelt sich jedoch bisher in der praktischen Tätigkeit der internationalen ökonomischen Organisationen noch nicht im notwendigen Maße wider. Eine Reihe der bestehenden internationalen ökonomischen Organisationen haben mit der Koordinierung der wissenschaftlich-technischen Arbeit auf ihrem Aufgabengebiet begonnen und streben eine enge Verbindung der Forschungskooperation mit der Spezialisierung und Kooperation der Produktion an. Zu den ersten Maßnahmen gehören vor allem konzeptionelle Arbeiten für die Ausrichtung der Forschungsarbeit sowie planmethodische Vorschläge.

Die Leitung der Forschungszusammenarbeit im Rahmen der internationalen ökonomischen Organisationen erfolgt mit unterschiedlichen Methoden, im allgemeinen aber unter Nutzung von Expertenarbeitsgruppen sowie Beratungen der Leiter der Forschungseinrichtungen der Mitgliedsländer. Die internationalen ökonomischen Organisationen beginnen selbst Vorschläge für die Forschungskooperation zu unterbreiten, der Abschluß von Forschungskooperationsverträgen wird angestrebt. Diese Arbeiten charakterisieren das Bemühen, von der Koordinierung der Forschungsarbeiten zu ihrer gemeinsamen bzw. arbeitsteiligen Durchführung überzugehen. Dazu werden zum Beispiel zeitweilige Wissenschaftlerkollektive für die Lösung wichtiger Forschungsaufgaben von gemeinsamem Interesse gebildet, die Zusammenarbeit mit bestehenden Koordinierungszentren im Rahmen des RGW entwickelt usw.

Fortschritte wurden in einigen internationalen ökonomischen Organisationen an konkreten Objekten in der wissenschaftlich-technischen Zusammenarbeit dadurch erreicht, daß gemeinsame Forschungspläne ausgearbeitet wurden (zum Beispiel bei Interchim und Assofoto), eine präzise internationale Arbeitsteilung mit klarer Festlegung der Verantwortung organisiert wird und eine regelmäßige gemeinsame Kontrolle der Realisierung der festgelegten Aufgaben und der Qualität der erreichten Ergebnisse gewährleistet wird. Die internationalen ökonomischen Organisationen entwickeln zunehmend eigene Aktivitäten bei der Vorbereitung, dem Abschluß und der Kontrolle der Realisierung von mehr- und zweiseitigen Abkommen und Vereinbarungen zur wissenschaftlich-technischen Zusammenarbeit, die die Schaffung von wissenschaftlich-technischem Vorlauf für die Produktion von Erzeugnissen, die Überleitung neuer Verfahren und Technologien sowie die Durchführung von angewandten Forschungen (unter Nutzung von in den RGW-Ländern erzielten Ergebnissen der Grundlagenforschung) zum Inhalt haben. Sie schaffen somit neue Möglichkeiten zur Organisation der wissenschaftlich-technischen Zusammenarbeit und zur Sicherung des wissenschaftlich-technischen Vorlaufs. Daraus ergeben sich vielfältige Wirkungen für die rationelle Nutzung des vorhandenen wissenschaftlich-technischen Potentials, die beschleunigte Entwicklung neuer Erzeugnisse und Technologien, ihre schnellere Überleitung in die Produktion, die Senkung des erforderlichen Aufwandes für Forschung und Entwicklung, die Erhöhung des wissenschaftlich-technischen Niveaus der Erzeugnisse und der Produktionsprozesse sowie der Erzeugnisqualität.

Eine effektive Form der wissenschaftlich-technischen Zusammenarbeit im Rahmen der internationalen ökonomischen Organisationen ist der Austausch von Besttechnologien zwischen ihren Mitgliedern. Ziel dieses Austausches ist, nur die jeweils beste Technologie für die Herstellung der gleichen Art von Erzeugnissen in allen beteiligten Ländern in der Produktion anzuwenden. Dabei findet eine gewisse Standardisierung der Elemente und Phasen des Reproduktionsprozesses statt, es kommt zur allgemeinen Anwendung der produktivsten und effektivsten Produktionsbedingungen und -verfahren und zur Angleichung des wissenschaftlich-technischen Niveaus der Produktion.

(40) *Die planmäßige Erweiterung und Vertiefung der internationalen Spezialisierung und Kooperation der Produktion* durch die Ausarbeitung von Vorschlägen und die Vorbereitung des Abschlusses entsprechender Abkommen bzw. Verträge *gehört zu den wichtigsten Funktionen sowohl zwischenstaatlicher ökonomischer Organisationen als auch internationaler Wirtschaftsvereinigungen.* In einigen seit längerer Zeit bestehenden internationalen ökonomischen Organisationen konnten Konzentrationsprozesse in Forschung und Produktion mittels der internationalen Spezialisierung und Kooperation gefördert werden. Sie leisten ihren Beitrag zur planmäßigen Erweiterung und Vertiefung der internationalen Spezialisierung und Kooperation durch ihre Tätigkeit zur Vorbereitung und zum Abschluß von mehrseitigen Spezialisierungsabkommen und -verträgen. Sie unterbreiten Vorschläge für die Spezialisierung und Kooperation des produzierten Erzeugnissortiments, für die spezialisierte Erweiterung der Produktionskapazitäten sowie für die spezialisierte und kooperierte Entwicklung neuer Erzeugnisse und ihre Aufnahme in die Produktion. Die Erfahrungen zeigen, daß auf die Erweiterung und Vertiefung der internationalen Spezialisierung und Kooperation in der Regel bereits intensiv entwickelte und stabile sowie umfangreiche internationale Produktionsbeziehungen eine fördernde Wirkung ausüben.

Durch die Tätigkeit der internationalen ökonomischen Organisationen, besonders der internationalen Wirtschaftsvereinigungen, kann ein Beitrag zu einem qualitativ höheren Niveau in der vertraglich gebundenen internationalen Spezialisierung und Kooperation geleistet werden, wenn die bisher vorherrschende Beschränkung auf zweiseitige Spezialisierungsabkommen überwunden wird und ein verstärkter Abschluß von mehrseitigen Abkommen erfolgt. Diese ermöglichen es, zu effektiveren Produktionsmaßstäben und einem höheren Nutzen für alle Beteiligten zu gelangen. Grundlagen für solche Lösungen bilden sowohl der multilaterale Charakter der Organisationen und ihre Zielstellungen als auch die Informations-, Planungs- und Koordinierungsmöglichkeiten der Räte und der Exekutivorgane der internationalen ökonomischen Organisationen sowie deren Kontrolltätigkeit über die Erfüllung der erzielten Vereinbarungen. Bei richtiger Nutzung dieser Möglichkeiten kann durch die Tätigkeit der internationalen ökonomischen Organisationen die Komplexität, die Multilateralität und die Langfristigkeit der internationalen Arbeitsteilung und Kooperation im RGW erhöht werden. Sie können für ihren Bereich aktiv zur Koordinierung der Strukturkonzeptionen der Mitgliedsländer und zur Verwirklichung der gemeinsamen Zielprogramme beitragen.

Die möglichen Aktivitäten der internationalen ökonomischen Organisationen zur internationalen Spezialisierung und Kooperation sind vielgestaltig. Sie reichen von der Ausarbeitung von Varianten für die internationale Spezialisierung und Kooperation, von Planvorschlägen für die kooperierte Produktion von Fertigerzeugnissen, Baugruppen und Einzelteilen über die Erhöhung der Produktion und der gegenseitigen Lieferungen aus solchen Vereinbarungen bis zur Mitwirkung an der Erweiterung und Verlängerung bestehender Vereinbarungen. Durch eigene analytische und konzeptionelle Arbeiten, vor allem für die langfristige rationelle Gestaltung der internationalen Spezialisierung und Kooperation und die weitere Gestaltung von Konzentrationsprozessen, können die internationalen ökonomischen Organisationen zur Erhöhung der Qualität der Vorbereitung von Spezialisierungsabkommen und zur Stabilität der in ihnen getroffenen Vereinbarungen beitragen. Sie haben auch konkrete Aufgaben bei der Realisierung der Abkommen bzw. der Pläne über spezialisierte und kooperierte Produktionen und der sich daraus ergebenden gegenseitigen Lieferungen.

Das Ergebnis ihrer Tätigkeit in bezug auf die internationale Spezialisierung und Kooperation der Produktion ist neben der eigenen Initiative und den Arbeitsmethoden der Organisation von der Bereitschaft ihrer Mitglieder zur Mitwirkung an der Vorbereitung, dem Abschluß und der Realisierung entsprechender Abkommen und Verträge, zu einem umfassenden Informationsaustausch über die technisch-ökonomischen Bedingungen der Reproduktionsprozesse im Zweig und in den einzelnen Wirtschaftseinheiten, von der Qualität der Informationsbereitstellung, der Stabilität der Standpunkte der Mitglieder und von ihrer Vertragstreue bei der Realisierung übernommener Verpflichtungen abhängig. Insbesondere der Austausch von Informationen über die technisch-ökonomischen Bedingungen der Reproduktionsprozesse im Zweig und in den einzelnen Wirtschaftseinheiten muß vor allem in den mehrseitigen internationalen ökonomischen Organisationen noch verbessert werden, um die Möglichkeiten dieser Organisationsform der internationalen ökonomischen Zusammenarbeit für die internationale Spezialisierung und Kooperation wirksamer zu erschließen.

In den langfristigen Konzeptionen für die Tätigkeit von internationalen ökonomischen Organisationen ist auch schrittweise die Vorbereitung von Spezialisierungs- und Kooperationsverträgen bzw. -abkommen für die verschiedenen Erzeugnisse bzw. Erzeugnisgruppen aus ihrer Nomenklatur vorzusehen. Erfahrungsgemäß nimmt die Vorbereitung solcher Verträge und Abkommen lange Fristen in Anspruch, sie müssen deshalb inhaltlich und zeitlich mit der Koordinierung der Fünfjahrpläne bzw. mit der gemeinsamen Fünfjahrplanung in den internationalen ökonomischen Organisationen synchronisiert werden.

V. Einige Schlußfolgerungen für die Forschungsarbeit

Die sozialistische ökonomische Integration ist eine an Bedeutung zunehmende Bedingung der Intensivierung der Wirtschaft, und ihre weitere Entwicklung entspricht den Erfordernissen des ökonomischen Grundgesetzes in seiner dialektischen Einheit von Ziel und Mittel der sozialistischen Produktion und den anderen ökonomischen Gesetzen des Sozialismus. Aus den Integrationsprozessen erwachsen viele neue Fragen, die es wissenschaftlich vom Standpunkt des Marxismus-Leninismus zu beantworten gilt. Dazu gehören:

1. *Grundfragen der sozialistischen ökonomischen Integration bei der perspektivischen Weiterentwicklung der Zusammenarbeit staatlich organisierter Wirtschaften.* Hierunter gilt es, die Entwicklungsgesetzmäßigkeiten der sozialistischen Weltwirtschaft weiter zu erforschen und vor allem die Gesetzmäßigkeiten, das Wesen, die Formen und Methoden der internationalen Entfaltung sozialistischer Produktionsverhältnisse aufzudecken. Es ist die wirksame Verknüpfung von Gemeinsamem und Spezifischem in der Entwicklung der sozialistischen Länder zu untersuchen, und es sind Wege zur weiteren Vervollkommnung der Formen der wirtschaftlichen Zusammenarbeit zu erkunden, besonders derjenigen Organisationsformen, die auf ausgewählten Gebieten eine wirksame Vereinigung des Wirtschafts- und Produktionspotentials der RGW-Länder gewährleisten (gemeinsame Wirtschaftsorganisationen und ähnliches). Weiter ist es notwendig, Grundlagen für die Konzipierung der weiteren Etappen auf dem Wege der sozialistischen ökonomischen Integration auszuarbeiten.

2. *Wege zur weiteren Qualifizierung der Planungszusammenarbeit und der gemeinsamen Planungstätigkeit der RGW-Staaten.* Große Aufmerksamkeit ist der Weiterentwicklung der Plankoordinierung und der gemeinsamen Planung der RGW-Staaten und

ihrer Wechselbeziehungen zu den anderen Formen der Planungszusammenarbeit zu widmen. Das gilt in besonderem Maße für die Vorbereitung und Ausarbeitung der langfristigen Zielprogramme im RGW sowie für die Einbeziehung der Integrationsprozesse in die Planung auf allen Ebenen der Volkswirtschaften der RGW-Länder, für die Planung und Bilanzierung der Erfordernisse und Auswirkungen von Integrationsprozessen auf die materiellen Reproduktionsbeziehungen, den Außenhandel und die Zahlungsbilanz. Und es gilt auch, den Prozeß der Annäherung der Leitung, Planung und ökonomischen Stimulierung in den einzelnen Ländern zu untersuchen.

3. *Fragen der volkswirtschaftlichen Strukturentwicklung, der Spezialisierung und Kooperation in Wissenschaft, Technik, Produktion und Zirkulation.* Hierbei kommt es darauf an, Entwicklungsgesetzmäßigkeiten und -tendenzen der Volkswirtschaftsstrukturen bei zunehmender sozialistischer ökonomischer Integration zu untersuchen und zur Gestaltung effektiver, langfristig stabiler Forschungs-, Produktions- und Export-Import-Strukturen beizutragen. Die Erhöhung des Konzentrationsniveaus in Forschung, Entwicklung und Produktion durch Vertiefung der sozialistischen ökonomischen Integration ist ebenso ein Schwerpunkt der Forschungsarbeit wie die Ausarbeitung effektiver Varianten der internationalen sozialistischen Spezialisierung und Kooperation.

4. *Stärkere Nutzung der Ware-Geld-Beziehungen zur Erhöhung der Effektivität der wissenschaftlich-technischen und Produktionszusammenarbeit.* Hierbei geht es um die wirksame Anwendung der ökonomischen Hebel und Stimuli in den ökonomischen Beziehungen zwischen den RGW-Ländern entsprechend den wachsenden Anforderungen der Intensivierung. Es gilt zu untersuchen, wie durch die Stärkung des transferablen Rubels (der kollektiven Währung der RGW-Länder), durch die verstärkte Ausnutzung der Kreditbeziehungen die im Integrationsprozeß erwachsenden Aufgaben effektiv gelöst werden können. Ebenso sind die Möglichkeiten und Bedingungen für eine noch wirksamere Verbindung der Außenwirtschaftstätigkeit mit der wirtschaftlichen Rechnungsführung der Wirtschaftseinheiten zu erforschen.

Die Beantwortung dieser oft recht komplizierten Fragen wird helfen, den Prozeß der sozialistischen ökonomischen Integration zu vertiefen und zu beschleunigen und neue Möglichkeiten für die Erhöhung der Wirtschaftskraft unserer Gemeinschaft und jedes einzelnen Landes zu erschließen.

2. Einführungsvortrag

W. Kunz

Einführungsvortrag auf der 19. Tagung des Wissenschaftlichen Rates für die wirtschaftswissenschaftliche Forschung

Unserer heutigen 19. Tagung liegt ein umfangreiches Thesenmaterial zu theoretischen Fragen der weiteren Vertiefung der sozialistischen ökonomischen Integration der RGW-Länder vor. Dieses Material wurde von einer Arbeitsgruppe ausgearbeitet, vor allem von verantwortlichen Mitarbeitern
- des Zentralinstituts für sozialistische Wirtschaftsführung beim ZK der SED,
- der Akademie für Gesellschaftswissenschaften beim ZK der SED,
- des Zentralinstituts für Wirtschaftswissenschaften der Akademie der Wissenschaften der DDR,
- des Ökonomischen Forschungsinstituts der Staatlichen Plankommission.

Darüber hinaus leisteten andere Einrichtungen wesentliche Zuarbeiten, darunter besonders der Arbeitskreis „Internationale Spezialisierung und Kooperation" bei der Technischen Hochschule Dresden.

Wie in der Vorbemerkung zu den Thesen hervorgehoben, war es das Ziel dieser Arbeit,

1. besonders jene Entwicklungsprozesse im Zusammenhang mit der sozialistischen ökonomischen Integration zu untersuchen bzw. herauszuarbeiten, *die von aktueller Bedeutung für die Intensivierung der Volkswirtschaft der DDR sind;*

2. einige *neue Erscheinungen und Prozesse* innerhalb des RGW zu *charakterisieren,* die sich im Zusammenhang mit der weiteren Gestaltung des entwickelten Sozialismus abzeichnen bzw. im Ansatz zu erkennen sind.

Wir haben es demzufolge nicht mit einem allumfassenden Thesenmaterial zu Fragen der sozialistischen ökonomischen Integration zu tun, sondern mit einer Auswahl von Problemen und Lösungsansätzen.

Wie bereits vor drei Jahren, anläßlich der 7. Tagung unseres Wissenschaftlichen Rates im Dezember 1973, so haben die Verfasser der Thesen auch diesmal die politischen und ökonomischen Grundlagen und Bedingungen der Integration der Mitgliedsländer des RGW ausführlich dargestellt.

Wir empfehlen auch heute, solche Fragen wie
- die Objektivität des Prozesses der sozialistischen ökonomischen Integration als Bestandteil des revolutionären Weltprozesses;
- die Entwicklung der sozialistischen ökonomischen Integration als Wesensmerkmal des entwickelten Sozialismus;
- die Rolle der Sowjetunion als die führende Kraft bei der Gestaltung der sozialistischen ökonomischen Integration;
- das Verhältnis von Nationalem und Internationalem im Zusammenhang mit der Integration im RGW in der jeweiligen Etappe;

als wichtige Schwerpunkte der Diskussion zu betrachten.

Im Unterschied zu dem Thesenmaterial zu Fragen der sozialistischen ökonomischen Integration, das wir vor drei Jahren dem gleichen Kreis vorlegten, haben wir auch unterschiedliche Auffassungen zu theoretischen Fragen kenntlich gemacht, so unter anderem in These 5 zu den zwei Sphären der Entwicklung und Vervollkommnung der sozialistischen Produktionsverhältnisse.

Ich kann selbstverständlich nicht auf alle 46 Thesen Bezug nehmen. Deshalb habe ich lediglich einige Ergänzungen zu drei Fragenkomplexen vor:

1. Zum Verhältnis von sozialistischer Intensivierung und sozialistischer ökonomischer Integration;
2. zu den höheren Anforderungen an die theoretische Arbeit im Zusammenhang mit der Erarbeitung langfristiger Zielprogramme;
3. zu den internationalen ökonomischen Organisationen als neue Organisationsform für die Integrationsprozesse in den Zweigen.

Zum Verhältnis von sozialistischer Intensivierung und sozialistischer ökonomischer Integration

In den letzten fünfeinhalb Jahren, seit dem XXIV. Parteitag der KPdSU und dem VIII. Parteitag der SED sind die Produktivkräfte der RGW-Länder, ihr wissenschaftlich-technisches und ökonomisches Potential in einem Maße entwickelt und gestärkt worden, wie in keinem entsprechenden Zeitraum zuvor. Der RGW entwickelte sich zur stabilsten, dynamischsten und nunmehr auch stärksten Wirtschaftsregion der Welt; die Effektivität der gesellschaftlichen Produktion nahm dabei weiter zu, der Wohlstand der Werktätigen erhöhte sich auf der Grundlage der Einheit von Wirtschafts- und Sozialpolitik beträchtlich. Diese Prozesse waren mit großen Fortschritten in der wissenschaftlich-technischen und ökonomischen Zusammenarbeit innerhalb des RGW verbunden, die für alle Welt augenscheinlich sind. Es vollzog sich eine weitere Annäherung und Angleichung des ökonomischen Entwicklungsniveaus der sozialistischen Partnerländer. Über diese Entwicklung gibt es genügend Zahlen und Fakten, die allen Anwesenden aus den Materialien des IX. Parteitages der SED und des XXV. Parteitages der KPdSU, aus der wirtschaftswissenschaftlichen Literatur der RGW-Länder, aus Propagandamaterialien und anderen Quellen bekannt sind.

Die RGW-Länder haben in diesen Jahren neben den eigenen Anstrengungen in den Ländern selbst und mit Hilfe der internationalen Zusammenarbeit auf der Grundlage des RGW-Komplexprogramms eine neue Etappe im Vergesellschaftungsprozeß, besonders in der Internationalisierung des Wirtschaftslebens, eingeleitet. Dabei wurde unter Führung der kommunistischen und Arbeiterparteien der RGW-Länder bewußt und planmäßig die Intensivierung der gesellschaftlichen Reproduktion in den Mittelpunkt der Wirtschaftspolitik und auch der theoretischen Arbeit gestellt.

Sowohl der XXV. Parteitag der KPdSU als auch der IX. Parteitag der SED konnten die Feststellung treffen, daß die Intensivierung innerhalb der Volkswirtschaften erfolgreich vorangetrieben wird und daß dabei die Außenwirtschaftsbeziehungen und im besonderen die Fortschritte der sozialistischen ökonomischen Integration als eine wesentliche Bedingung der intensiven volkswirtschaftlichen Reproduktion im RGW an Bedeutung zunehmen.[1]

[1] Vgl. dazu besonders: L. I. Breshnew, XXV. Parteitag der KPdSU, Rechenschaftsbericht des Zentralkomitees der KPdSU und die nächsten Aufgaben der Partei in der Innen- und

In den Mittelpunkt der weiteren Vertiefung der sozialistischen ökonomischen Integration rückte der IX. Parteitag der SED drei aktuelle Fragenkomplexe bzw. Wirkungen, die bereits einen großen Einfluß auf die volkswirtschaftliche Reproduktion der DDR ausüben. Das sind

1. die Sicherung einer langfristigen stabilen Versorgung mit Roh- und Brennstoffen und deren effektive Nutzung;

2. die umfassende Nutzung des wissenschaftlich-technischen Fortschritts für die Rationalisierung und Erhöhung der Effektivität;

3. die Konzentration der Produktion durch tiefergehende Spezialisierung und Kooperation.

Zugleich geht es um eine effektivere Gestaltung der Zusammenarbeit im RGW sowohl für jeden dieser Schwerpunkte als auch um den richtigen Zusammenhang und die entsprechende Proportionierung zwischen ihnen.

Im Abschnitt II der Thesen haben wir die Fortschritte charakterisiert und zugleich die Bedingungen, Möglichkeiten und Wege für eine noch weitergehende Nutzung der sozialistischen ökonomischen Integration zur Intensivierung der volkswirtschaftlichen Reproduktion. Aus der Sicht der ökonomischen Forschung der DDR wurde der Einfluß der Integration gezeigt

- auf den weiteren Ausbau der materiell-technischen Basis der RGW-Länder,
- auf die Verflechtung der Reproduktionsprozesse der Länder,
- auf die Nutzung aller Vorzüge in Wissenschaft, Technik und Produktion,
- auf die Sicherung einer stabilen, langfristigen Versorgung der Volkswirtschaften mit Rohstoffen, Brennstoffen und Energie,
- auf die Konzentration der Produktion durch internationale Spezialisierung und Kooperation, die Maßstäbe und die Struktur der Produktion und des Außenhandels.

Ausgangspunkt der Forschungen und praktischen Maßnahmen sind dabei in jedem Falle die Ziele, die sich die kommunistischen und Arbeiterparteien für jede Etappe in der Entwicklung der Länder und Völker stellen.

Eine ausgewogene Bilanz zwischen Zielbestimmung und Ressourcenentwicklung ist eine Aufgabe von entscheidender Bedeutung für das Erreichen der Ziele des Sozialismus und der sozialistischen ökonomischen Integration.

Dazu gehören unter anderem die richtige Einsatzvariante von Wissenschaft, Technik und Investitionen, vor allem im produktiven Bereich, zunehmend durch eine abgestimmte bzw. gemeinsame wissenschaftlich-technische und ökonomische Politik, eine entsprechende Rohstoffwahl und -beschaffung sowie entsprechende progressive Technologien, hochproduktive Technik und qualifizierte Arbeitskräfte, ebenso wie eine Strategie für die Entwicklung der Arbeits- und Lebensbedingungen der Menschen, ihrer Konsumtion und Umwelt.

Dabei erweist sich auch im Zusammenhang mit der Integration im RGW immer deutlicher, was Genosse Erich Honecker auf dem 2. Plenum des ZK der SED im September 1976 erneut hervorhob, daß die Beschleunigung des wissenschaftlich-technischen Fortschritts und die ökonomische Wertung der wissenschaftlich-technischen Ergebnisse aus gutem Grund an erster Stelle bei der weiteren Intensivierung rangie-

Außenpolitik, Berlin 1976, S. 69; E. Honecker, Bericht des Zentralkomitees der Sozialistischen Einheitspartei Deutschlands an den IX. Parteitag der SED, Berlin 1976, S. 48/49; Programm der Sozialistischen Einheitspartei Deutschlands, Berlin 1976, S. 32/33; Direktive des IX. Parteitages der SED zum Fünfjahrplan für die Entwicklung der Volkswirtschaft der DDR in den Jahren 1976–1980. Berlin 1976, S. 166.

ren. „Diese Zielstellung ist zur Schlüsselfrage des Leistungsanstiegs im Fünfjahrplan 1976 bis 1980 geworden."[2]

Bei Entscheidungsvorbereitungen zur Intensivierung der Volkswirtschaftsprozesse im Innern, die für eine Volkswirtschaft wie die der DDR immer mit Entscheidungsvorbereitungen nach außen, *besonders zu den sozialistischen Bruderländern*, das heißt im Rahmen der sozialistischen ökonomischen Integration verknüpft sind, erweist es sich stets als erforderlich, die ganze Reproduktionskette zu analysieren, also das ganze Verhältnis, angefangen vom wissenschaftlichen Vorlauf über die Konstruktion, die Investitionsvorbereitung, die Investition und die Produktion mit dem Ziel einer schnellen planmäßigen Überleitung der wissenschaftlich-technischen Ergebnisse in eine bedarfsgerechte, hocheffektive Produktion. Die Arbeitsteilung in den Vorstufen der materiellen Produktion, vor allem in der Forschung und Entwicklung, wird dabei immer mehr zur entscheidenden Schlüsselfrage für eine effektive Spezialisierung und Kooperation zwischen den RGW-Ländern überhaupt.

Die Komplexität dieses Problems, mit dem Druck auf Intensivierung und Effektivität, auf „wohlfeileres" Wirtschaften mit Hilfe der Integration, als wichtige Bedingung für die Nutzung der Intensivierungsfaktoren, als Grundlage für die Verwirklichung der sozialpolitischen Zielstellungen, wurde auf der 2. Tagung der bilateralen Ökonomenkommission UdSSR/DDR mit aller Deutlichkeit herausgearbeitet. Wir haben viele dieser Zusammenhänge in den Thesen ausführlich behandelt und entsprechende Schlußfolgerungen für die wirtschaftswissenschaftliche Arbeit abgeleitet.

Die auf der XXX. RGW-Tagung beschlossenen langfristigen Zielprogramme als neue Form der Zusammenarbeit zwischen den RGW-Ländern werden auch auf den Gebieten von Wissenschaft und Technik zu neuen Dimensionen und einer neuen Qualität der internationalen Zusammenarbeit führen, sie werden neue höhere Ansprüche an die gemeinsame wissenschaftlich-technische und ökonomische Politik der RGW-Länder und an die gemeinsame Planungstätigkeit stellen.

Zu den höheren Anforderungen an die theoretische Arbeit im Zusammenhang mit der Erarbeitung langfristiger Zielprogramme

Für die sozialistische Form der Internationalisierung ist die Planungszusammenarbeit entscheidend. Die neuen Prozesse, die sich mit der zunehmenden Vergesellschaftung und Internationalisierung von Arbeit und Produktion zwischen den RGW-Ländern herausbilden, erfordern eine richtige Einstellung des Leitungs- und Planungssystems auf die sozialistische ökonomische Integration. Die Zusammenarbeit der RGW-Länder auf dem Gebiet der Planungstätigkeit wird durch den ständig steigenden Verflechtungsgrad der Wissenschafts- und Produktionspotentiale der Länder geprägt.

Die Wirksamkeit der Integration wird in starkem Maße über das Planungssystem der Länder und die Planungszusammenarbeit zwischen ihnen entschieden. Die Rolle der Planungszusammenarbeit zwischen den RGW-Ländern nimmt entscheidend zu.

Vor allem über sie realisiert der sozialistische Staat als der souveräne Vertreter der staatlichen ökonomischen Interessen und Repräsentant aller Naturreichtümer und Ressourcen des jeweiligen Landes seine wirtschaftlich-organisatorische Funktion in den Außenwirtschaftsbeziehungen und Integrationsprozessen.[3]

[2] E. Honecker, 2. Tagung des ZK der SED, Zu aktuellen Fragen unserer Innen- und Außenpolitik nach dem IX. Parteitag, Berlin 1976, S. 26.

[3] Vgl. dazu auch Probleme der sozialistischen ökonomischen Integration, Berlin 1974, S. 25. (Sitzungsberichte der Akademie der Wissenschaften der DDR, 14/1973.)

Vor uns liegt eine wichtige Etappe der weiteren planmäßigen Vertiefung der Integration im RGW als Wesensbestandteil des revolutionären Prozesses der Gestaltung des entwickelten Sozialismus, der Stärkung der materiell-technischen Basis, der weiteren Ausprägung der sozialistischen Lebensweise.

Von großer Bedeutung für die Gestaltung dieser Etappe, vor allem für die weitere Stärkung der materiell-technischen Basis des Sozialismus ist die gemeinsame Vorbereitung, Ausarbeitung und Verwirklichung der langfristigen Zielprogramme für lebenswichtige Bereiche durch die Gemeinschaft des RGW entsprechend den Festlegungen der XXX. RGW-Tagung.

„In diesen Programmen werden konkrete Maßnahmen zur Deckung des ökonomisch begründeten Bedarfs der Mitgliedsländer des RGW an den Grundarten von Energie, Brennstoffen und Rohstoffen, zur Entwicklung des Maschinenbaus auf der Basis einer tiefgreifenden Spezialisierung und Kooperation der Produktion, zur Deckung des Bedarfs an Hauptnahrungsmitteln und industriellen Konsumgütern sowie zur Modernisierung und Entwicklung der Transportverbindungen der Mitgliedsländer des RGW fixiert."[4]

Damit sind der Wirtschaftswissenschaft der DDR eine Reihe neuer und komplizierter Fragen gestellt, die wir begonnen haben, gemeinsam mit Forschungseinrichtungen der Sowjetunion und anderer Bruderländer in Angriff zu nehmen. Dazu gehört zum Beispiel eine so komplizierte Frage wie die nach der günstigsten Variante des intensiven ökonomischen Wachstums für jedes einzelne Land und für die Gemeinschaft als Ganzes in jedem Zeitabschnitt und andere mehr.

In das Blickfeld der wirtschaftswissenschaftlichen Arbeit ist mit den langfristigen Zielprogrammen dabei ein Zeitraum gerückt worden, der weit über den laufenden und über den nächsten Fünfjahrplan hinausgeht, der bei einigen Fragenkomplexen bis an die Schwelle des nächsten Jahrhunderts reicht.

Groß ist vor allem die Verantwortung für die richtige Auswahl der Komplexe in jeder Etappe und in jedem Bereich, da die Ressourcen und auch die Kooperationsmöglichkeiten an jeweils bestimmte Grenzen stoßen, die genau und sehr ernsthaft geprüft und eingeschätzt werden müssen. Eine Grenze – um hier nur einiges anzudeuten – besteht in jedem Falle in den jeweiligen Möglichkeiten der Länder für den weiteren Ausbau und das Wachstum ihres Anlagenbaues.

Im Mittelpunkt der Ausarbeitung der langfristigen Zielprogramme stehen selbstverständlich – wie das aus dem Beschluß der XXX. RGW-Tagung ersichtlich ist – komplexe inhaltliche Probleme der Wirtschaftsentwicklung der RGW-Länder und ihrer Zusammenarbeit. Die inhaltlichen Probleme und die entsprechenden Kennziffern des Bedarfs, der Produktion und des Austausches, die nach den abgegebenen Ländervorstellungen dann für die RGW-Gemeinschaft insgesamt erfaßt werden, können in der Zusammenfassung zunächst zu keiner qualitativ anderen Aussage kommen, als es die Materialien ermöglichen, die die Länder hineingegeben haben. Die RGW-Länder verfügen jedoch in einigen Bereichen, zum Beispiel in der Energiewirtschaft und anderen, bereits über gute Erfahrungen bei der Erarbeitung entsprechender (auch gemeinsamer) Dokumente, die eine gute Grundlage für die Planung und die Zusammenarbeit im RGW bilden.

Die Ziel-Programm-Methode selbst ist meines Erachtens für die ökonomische Wissenschaft und auch für die Planungspraxis nichts grundlegend Neues. Die UdSSR

[4] Kommuniqué der XXX. Tagung des Rates für Gegenseitige Wirtschaftshilfe, in: Neues Deutschland vom 10./11. Juli 1976, S. 6.

und auch andere RGW-Länder bedienen sich im Innern ihrer Volkswirtschaften mit Erfolg dieser Methode für komplexe Lösungen mit einer ungeheuren Vielfalt von Verflechtungs- und Kooperationsbeziehungen zwischen den Zweigen und Territorien (Bezirken und Kreisen), aber auch in der internationalen Verflechtung, Arbeitsteilung und Kooperation (zum Beispiel Energieprogramm, Wohnungsbauprogramm und andere).

Bei den nunmehr beschlossenen und in Angriff zu nehmenden Zielprogrammen des RGW sind gegenüber den Zielprogrammen der Länder zumindest drei entscheidende Besonderheiten zu beachten:

Erstens wird immer nur schwerpunktmäßig ein bestimmter Teil der Ressourcen eines Landes in internationale Zielprogramme eingeordnet. Dieser Teil muß genau bestimmt, erfaßt und geplant werden. Das hat nicht nur schlechthin etwas mit der Souveränität der Länder zu tun, sondern vor allem auch damit, daß die Sozial- und Wirtschaftspolitik der Länder von bestimmten Strukturen ausgeht und zugleich Proportionen neu festlegte und festlegt.

Zweitens werden für die auszuarbeitenden Programme Ressourcen mehrerer oder aller RGW-Länder in einer zum Teil sehr unterschiedlichen Größe, Qualität und Struktur mit unterschiedlicher Potenz eingesetzt. Das hat bestimmte Auswirkungen auf die konkreten Formen und auch auf die Effekte der Zusammenarbeit.

Drittens sind die Länder im System und den Methoden ihrer Leitung und Planung zunächst unterschiedlich auf diesen Schritt vorbereitet. Da die Zusammenarbeit zwischen ihnen nicht (wie im Innern der Länder) nach dem Prinzip des demokratischen Zentralismus erfolgt, sondern in unserer Gegenwart als ein demokratisches System gleichberechtigter Zusammenarbeit organisiert ist, ergeben sich spezifische Probleme der Ausarbeitung und Verwirklichung solcher Programme.

Aus diesen und anderen Gründen sind die Erfahrungen besonders wichtig, die in allen Phasen der Ausarbeitung der Zielprogramme entsprechend den Festlegungen der kommunistischen und Arbeiterparteien der RGW-Länder gesammelt werden. Gerade diese Erfahrungen gründlich zu analysieren scheint mir eine wichtige Aufgabe der wirtschaftswissenschaftlichen Forschung in den kommenden Jahren zu sein.

Von großer Bedeutung und zugleich Leitmotiv unseres Handelns ist dabei die Einschätzung im Bericht des Politbüros an die 2. Tagung des ZK der SED, daß durch die langfristigen Zielprogramme „die materiellen und geistigen Ressourcen der Mitgliedsländer des RGW noch umfassender und wirkungsvoller zur Erhöhung der Wirtschaftskraft jedes einzelnen Landes und der gesamten sozialistischen Staatengemeinschaft vereint werden".[5] Auch die Feststellung des Genossen L. I. Breshnew auf dem XXV. Parteitag der KPdSU charakterisiert den tiefen politischen Sinn des Beschlusses der XXX. RGW-Tagung. Genosse Breshnew sagte: „Es geht nicht nur um einen großen gegenseitigen ökonomischen Vorteil, sondern auch um eine Aufgabe von enormer politischer Bedeutung. Es geht um die Stärkung der materiellen Grundlage unserer Gemeinschaft."[6]

Bereits heute ist klar erkennbar, daß künftig und von Anbeginn an bei der Ausarbeitung und schließlich auch bei der Realisierung der langfristigen Zielprogramme stets der enge Zusammenhang zwischen diesen Programmen und der Koordinierung der Pläne im RGW gesehen und beachtet werden muß. Das heißt:

[5] H. Axen, 2. Tagung des ZK, Aus dem Bericht des Politbüros an das Zentralkomitee der SED, Berlin 1976, S. 19.

[6] L. I. Breshnew, XXV. Parteitag der KPdSU, Rechenschaftsbericht des Zentralkomitees der KPdSU und die nächsten Aufgaben der Partei in der Innen- und Außenpolitik, a. a. O., S. 13.

1. Die in den Zielprogrammen formulierten Ziele und Orientierungsziffern müssen ihre konkrete Umsetzung, ihren konkreten Niederschlag in den Volkswirtschaftsplänen der RGW-Länder (Fünfjahr- und Jahresplänen) finden.

2. Die Realisierung der in den Programmen enthaltenen wissenschaftlich-technischen und ökonomischen Ziele und Maßnahmen muß für den jeweiligen Zeitabschnitt im abgestimmten Plan multilateraler Integrationsmaßnahmen des RGW zusammengefaßt werden.

3. Die Abkommen und vertraglichen Regelungen sollten immer zwingender die gegenseitigen Verpflichtungen der verschiedenen Partner beeinhalten.

4. Es gilt an einer Vielzahl guter Erfahrungen der Zusammenarbeit im RGW anzuknüpfen und dabei besonders die wissenschaftlich-technische Zusammenarbeit bei der Rohstoffausnutzung, Materialökonomie und auf gleichgelagerten Gebieten weiter zu vertiefen, stärker neue technologische Lösungen, rohstoff- und materialsparende Verfahren in internationaler Gemeinschaftsarbeit zu entwickeln sowie eine effektive Standardisierung im RGW weiter voranzutreiben.

Im Zusammenhang mit der Vorbereitung und Ausarbeitung der langfristigen Zielprogramme des RGW sollten wir stets darauf achten, daß die sozialistische ökonomische Integration in ihrer ganzen Tragweite und Kompliziertheit sowohl in der theoretischen Forschung als auch in der praktischen Wirtschaftsplanung richtig eingeordnet wird.

Es geht bei der Ziel-Programm-Methode darum, die zweckmäßigsten, in ihren wissenschaftlichen Ansprüchen besten Methoden und Instrumentarien, den Prozeß der Entwicklung des sozialistischen Weltsystems, der Internationalisierung des Wirtschaftslebens entsprechend den Beschlüssen unserer Partei und auf der Grundlage des bisher umfassendsten Zielprogramms, des Komplexprogramms des RGW, weiter voranzutreiben.

Bei diesen und anderen Fragen bietet sich künftig eine stärkere Gemeinschaftsarbeit innerhalb der wirtschaftswissenschaftlichen Forschung der DDR an, besonders zwischen den Wissenschaftlichen Räten für Fragen der Vervollkommnung der Planung und wirtschaftlichen Rechnungsführung, für Fragen der sozialistischen ökonomischen Integration und für ökonomische Fragen des wissenschaftlich-technischen Fortschritts.

Je größer die Dimensionen und die Maßstäbe der Zusammenarbeit, je differenzierter die Produktion, deren internationale Spezialisierung und Kooperation auf der Grundlage langfristiger Zielprogramme werden, umso notwendiger sind auch konkrete planvorbereitende Arbeiten einschließlich Berechnungen aus den Kombinaten und Zweigleitungsorganen, um zentrale Entscheidungen noch sachkundiger treffen zu können.

Im Wissenschaftlichen Rat für Fragen der sozialistischen ökonomischen Integration haben wir die Untersuchung der Integrationsprozesse auf der Ebene der Kombinate und Zweige als Schwerpunkt unserer Arbeit festgelegt. Hier bietet sich eine enge Zusammenarbeit mit dem Wissenschaftlichen Rat für sozialistische Betriebswirtschaft an.

Zu den internationalen ökonomischen Organisationen als neue Organisationsform für die Integrationsprozesse in den Zweigen

In den Thesen, die wir der heutigen Ratstagung vorgelegt haben, wurden die internationalen ökonomischen Organisationen der Mitgliedsländer des RGW besonders berücksichtigt. Sie werden als qualitativ neue Organisationsformen zur gemeinsamen

Leitung, Planung und Realisierung ökonomischer Entwicklungsaufgaben im Rahmen von Zweigen bzw. Erzeugnisgruppen charakterisiert. Durch die koordinierte Nutzung von Teilen der ökonomischen Ressourcen der RGW-Länder, durch Konzentration der Produktion auf dem Wege der Vertiefung der internationalen Spezialisierung und Kooperation können die internationalen ökonomischen Organisationen dazu beitragen, den wissenschaftlich-technischen Fortschritt auf ihrem Tätigkeitsgebiet zu beschleunigen, Umfang, Qualität und Effektivität der Produktion in ausgewählten Industriezweigen zu erhöhen.

Bei unserer Bewertung der bestehenden internationalen ökonomischen Organisationen gehen wir davon aus, daß diese Organisationsformen eine Perspektive haben, daß ihre spezifischen Potenzen aber gegenwärtig noch nicht genügend erschlossen sind.

Das betrifft insbesondere Vorstellungen über einen relativ schnellen Übergang der internationalen *Wirtschaftsvereinigungen* zur wirtschaftlichen Rechnungsführung auf der Grundlage einer eigenen Wirtschaftstätigkeit der Organisationen sowie das daraus abgeleitete Bestreben, auch zwischenstaatliche ökonomische Organisationen auf die wirtschaftliche Rechnungsführung zu überführen.

Die Ursachen für die hierbei aufgetretenen Probleme sind vor allem in der Bestimmung der konkreten Tätigkeitsgebiete für eine gemeinsame Wirtschaftstätigkeit auf der Grundlage übereinstimmender Interessen der Mitglieder sowie in den Fragen zu suchen, die bei der Schaffung der materiellen Voraussetzungen für Objekte einer gemeinsamen Wirtschaftstätigkeit auftreten (vor allem Investitionsmittel und Arbeitskräfte in den Organisationen selbst). Zudem verlangt eine gemeinsame Wirtschaftstätigkeit eine entsprechende Einstellung der Leitung und Planung der Wirtschaft in den Ländern auf eine solche gemeinsame wirtschaftliche Tätigkeit im Rahmen internationaler Wirtschaftsvereinigungen. Das bestätigte auch eine kürzlich am Zentralinstitut für sozialistische Wirtschaftsführung beim ZK der SED durchgeführte wissenschaftliche Diskussion zu den Voraussetzungen für den Übergang zu einer gemeinsamen Wirtschaftstätigkeit, die der Arbeitskreis „Internationale ökonomische Organisationen" des Wissenschaftlichen Rates für Fragen der sozialistischen ökonomischen Integration gemeinsam mit bekannten sowjetischen und bulgarischen Wissenschaftlern organisiert hatte.

Aus den bisherigen Erfahrungen bei der Bildung und Tätigkeit internationaler ökonomischer Organisationen von RGW-Ländern konnte eine Schlußfolgerung gezogen werden, die wir in den Thesen entsprechend zum Ausdruck gebracht haben: Im Mittelpunkt der Tätigkeit internationaler ökonomischer Organisationen steht über einen längeren, mehrjährigen Zeitraum die Koordinierung der Tätigkeit und der Entwicklung der Wirtschaftszweige. Die Koordinierungstätigkeit bildet die Hauptform der Tätigkeit von internationalen ökonomischen Organisationen. Dabei ist das Niveau dieser Tätigkeit in den bestehenden Organisationen sehr differenziert einzuschätzen. Das wiederum hängt von vielen objektiven und subjektiven Faktoren ab, die wir gegenwärtig und noch im Verlaufe des Jahres 1977 gemeinsam mit dem Internationalen Institut für ökonomische Probleme des sozialistischen Weltsystems beim RGW sowie mit sowjetischen, ungarischen, polnischen und tschechoslowakischen Wissenschaftlern untersuchen.

Die Koordinierungstätigkeit kann sich auf verschiedene Phasen des Reproduktionsprozesses in dem betreffenden Zweig erstrecken, auf die wissenschaftlich-technische Zusammenarbeit in Forschung und Entwicklung, insbesondere die Einführung neuer Technologien, auf die gemeinsame Schaffung von Besttechnologien und die gemeinschaftliche Rationalisierung der Produktion, auf die Vertiefung der Spezialisierung und Kooperation in der Produktion, auf eine koordinierte Investitionstätigkeit und anderes mehr.

Die weitere Bestimmung des Inhalts der Koordinierungsfunktion von internationalen ökonomischen Organisationen sowie die Ermittlung der Gebiete, auf denen diese Organisationen koordinierend tätig werden, ist eine aktuelle Aufgabe unserer Forschungsarbeit.

Eine weitere Hauptrichtung für die Entwicklung der Tätigkeit von internationalen ökonomischen Organisationen ist die Vertiefung der Planungszusammenarbeit sowie die schrittweise Entwicklung einer gemeinsamen Planungstätigkeit auf dem jeweiligen Gebiet. Hier verfügen die internationalen ökonomischen Organisationen über günstige Voraussetzungen, um einen wirksamen Beitrag im Rahmen der langfristigen Planungszusammenarbeit der RGW-Länder zu leisten, die Komplexität der Planungstätigkeit zu erhöhen sowie eine multilaterale Zusammenarbeit in allen Entwicklungsphasen der gemeinsamen Planungstätigkeit zu gewährleisten. Für einige internationale ökonomische Organisationen eröffnet die beschlossene Ausarbeitung langfristiger Zielprogramme günstige Möglichkeiten, um mit einer langfristigen Planung auf ausgewählten Gebieten zu beginnen bzw. sie fortzusetzen (Zum Beispiel Interatomenergo, Interelektro, Interchim und andere).

Als weitere Hauptentwicklungsrichtung für die Tätigkeit internationaler ökonomischer Organisationen möchte ich hervorheben, daß diese Organisationen einen entscheidenden Beitrag zur Vertiefung der internationalen Spezialisierung und Kooperation der Produktion in den Zweigen bei gleichzeitiger Erhöhung des Niveaus der Produktionsbedingungen in allen beteiligten Ländern leisten müssen. Hierbei geht es, wie in den Thesen ausgeführt wird, um die Vorbereitung des Abschlusses von mehrseitigen Spezialisierungs- und Kooperationsverträgen bzw. -abkommen und die Sicherung einer langfristigen, vertraglich gebundenen Zusammenarbeit.

Aus der bisherigen Entwicklung der internationalen ökonomischen Organisationen ergeben sich einige Schlußfolgerungen für die weitere Arbeit der bestehenden sowie in bezug auf die in der Perspektive mögliche Gründung weiterer Organisationen dieser und ähnlicher Art.

Es erweist sich offensichtlich als zweckmäßig,

- die bestehenden Organisationen und ihre Tätigkeit weiter zu festigen, ihre bisherigen Erfahrungen auszuwerten und sie auf die dargelegten Schwerpunkte ihrer Tätigkeit auszurichten;
- alle notwendigen Bedingungen für die Verbesserung ihrer Tätigkeit, insbesondere für ihre koordinierende Funktion durch die beteiligten Länder (vor allem an den Nahtstellen der Zusammenarbeit), durch ein hohes Niveau der Bereitstellung von Informationen und durch die Sicherung der Verbindlichkeit der gemeinsamen Beschlüsse zu schaffen;
- vor weiteren möglichen Neugründungen in der Zukunft einwandfreie, aussagefähige, technisch-ökonomische Begründungen zu erarbeiten und alle Bedingungen zu prüfen, die im Zusammenhang mit ihrer Tätigkeit erforderlich sind. Dabei ist auch der Nachweis von Bedeutung, daß die angesteuerten Effekte allein durch die herkömmlichen Formen und Methoden der Zusammenarbeit nicht zu erreichen sind;
- die erforderliche Zeit für die Entwicklung der internationalen ökonomischen Organisationen und die Wahrnehmung ihrer Funktionen realistisch zu beurteilen. Für eine längere Periode erweisen sich internationale ökonomische Organisationen von RGW-Ländern vor allem für die Ausübung koordinierender Funktionen von Nutzen.

Als Gegenstand der wissenschaftlichen Forschung ist die Tätigkeit von internationalen ökonomischen Organisationen mit einer Vielzahl theoretisch noch ungeklärter Probleme ihrer Leitung und Planung verbunden, auf deren schrittweise Lösung wir uns in internationaler Zusammenarbeit, insbesondere mit den wissenschaftlichen Einrichtungen der UdSSR, orientieren. Einen wesentlichen Fortschritt können wir auch hier nur in enger Zusammenarbeit von Wissenschaft und Praxis erreichen. Es könnte deshalb von Nutzen sein, wenn sich besonders die anwesenden Vertreter aus den Einrichtungen der Praxis bzw. aus internationalen ökonomischen Organisationen an der Diskussion zu diesen Fragen beteiligen würden.

Die inhaltlichen Schwerpunkte für die wirtschaftswissenschaftliche Forschung auf dem Gebiet der sozialistischen ökonomischen Integration haben wir am Schluß unseres Thesenmaterials formuliert. An diesen Schwerpunkten arbeiten wir entsprechend den Beschlüssen unserer Partei auf der Grundlage des Zentralen Forschungsplanes der marxistisch-leninistischen Gesellschaftswissenschaften der DDR 1976–1980 in enger Zusammenarbeit mit Partnereinrichtungen der UdSSR und anderer Bruderländer und selbstverständlich gemeinsam mit einer großen Zahl von Vertretern der Wirtschaftspraxis, die besonders in den Arbeitsgemeinschaften des Wissenschaftlichen Rates für Fragen der sozialistischen ökonomischen Integration eine sehr aktive Arbeit leisten.

Beratungen wie die heutige haben unter anderem auch das Ziel, uns die nötige Sicherheit und Kraft für die Lösung unserer Aufgaben im nächsten Entwicklungsabschnitt zu geben.

3. Diskussion

G. WEISS

Zur weiteren Qualifizierung der theoretischen und praktischen Arbeit auf dem Gebiet der sozialistischen ökonomischen Integration

Es bedarf wohl in diesem Kreise keines besonderen Hinweises, daß es von großer politischer aber auch theoretischer Bedeutung ist, wenn auf den jüngsten Parteitagen der KPdSU wie auch unserer Partei festgestellt werden konnte, daß der Prozeß der allmählichen Annäherung der sozialistischen Länder heute mit aller Deutlichkeit als gesetzmäßige Erscheinung zutage tritt. Gerade auch in diesem Sinne ist die sozialistische ökonomische Integration also keine von Tagesaufgaben abgeleitete Politik, sondern objektiver Bestandteil und zugleich wichtige Voraussetzung des Entwicklungsprozesses des Sozialismus.

Die mit den Beschlüssen des VIII. Parteitages der SED verfolgte Politik der festen Verankerung der DDR im sozialistischen Weltsystem und ihrer Integration in die sozialistische Staatengemeinschaft wurde auf dem IX. Parteitag erneut bekräftigt. Zugleich wurden neue Aufgaben für die Vertiefung der Zusammenarbeit der DDR mit der UdSSR und den anderen Bruderländern gestellt. Ich möchte in diesem Zusammenhang an die Worte des Generalsekretärs unserer Partei, Genossen Erich Honecker, erinnern, wonach der immer enger werdende Zusammenschluß unserer Bruderländer eine unerläßliche Voraussetzung dafür ist, die Vorzüge des Sozialismus und die ihm wesenseigene Dynamik im Interesse jedes einzelnen sozialistischen Landes und unserer gesamten Gemeinschaft voll zur Geltung zu bringen.

Die in den zurückliegenden Jahren von den kommunistischen und Arbeiterparteien der Länder der sozialistischen Gemeinschaft betriebene Politik, die Entwicklung der Zusammenarbeit auf allen Gebieten des gesellschaftlichen Lebens, vor allem jedoch im ökonomischen Bereich, haben zu einer bedeutenden Festigung der Einheit und Geschlossenheit dieser Länder geführt.

Die Realisierung des Komplexprogramms der sozialistischen ökonomischen Integration ist und bleibt für diesen Gesamtprozeß eine vordringliche Aufgabe. Wir können konstatieren – und das wurde auch auf der XXX. Tagung des RGW einmütig bekräftigt –, daß seit der Annahme des Komplexprogramms sichtbare Fortschritte erreicht wurden.

Worin zeigt sich das?

Umfangreiche Aufgaben, die für die Entwicklung der Volkswirtschaften der Mitgliedsländer des RGW von entscheidender Bedeutung sind, wurden und werden gemeinsam in Angriff genommen. Es kann eingeschätzt werden, daß in den 5 Jahren seit der bewußten planmäßigen Inangriffnahme der sozialistischen ökonomischen Integration mehr in der Zusammenarbeit erreicht wurde als in den 10 Jahren davor. Mit der erfolgreichen Verwirklichung der vereinbarten bedeutenden Integrationsmaßnahmen wird ein wichtiger Beitrag geleistet, um die materiell-technische Basis für die künftige stabile Entwicklung der sozialistischen Länder zu schaffen.

Mit der Realisierung des Komplexprogramms ist es gelungen, die Lösung der Aufgaben, die in den einzelnen Volkswirtschaften der Länder stehen, mit den Grundfragen der Zusammenarbeit, mit den gemeinsamen Erfordernissen der Stärkung und Entwicklung der Staatengemeinschaft besser zu verbinden. Die gegenseitige Verflechtung der Volkswirtschaften unserer Länder hat beträchtlich zugenommen, internationale Spezialisierung und Kooperation in Forschung und Produktion haben die Entwicklung einzelner Wirtschaftszweige in steigendem Maße bestimmt. Damit haben sich die Wirtschaften unserer Länder weiter angenähert. Das ist ein Prozeß, der zugleich die materielle Basis darstellt für eine stärkere Herausbildung gemeinsamer Interessen. Zugleich erhöhte sich damit der Grad der gegenseitigen Abhängigkeit, und zwar einer bewußt herbeigeführten, den Interessen jedes Landes dienenden und die Gemeinschaft als Ganzes festigenden Abhängigkeit. Dadurch erlangt aber auch die wachsende gegenseitige Verantwortung progressiv zunehmende Bedeutung.

Die internationale ökonomische Zusammenarbeit ist ein wirksamer Faktor zur Erhöhung der Effektivität der Produktion geworden. Insbesondere in der wissenschaftlich-technischen Zusammenarbeit, vor allem mit der UdSSR, haben wir auf vielen Gebieten einen Umschwung erreicht.

Die wissenschaftliche Forschung entwickelt sich immer mehr auf der Grundlage einer planmäßigen Zusammenarbeit. Zur Lösung wichtiger Aufgaben auf ausgewählten Gebieten wird das wissenschaftlich-technische Potential mit dem Ziel der weiteren Beschleunigung des wissenschaftlich-technischen Fortschritts vereinigt. Gegenwärtig werden etwa 80 Prozent der komplexen Aufgaben des Staatsplanes Wissenschaft und Technik in Zusammenarbeit mit der Sowjetunion realisiert. 380 Institutionen der DDR arbeiten mit 450 wissenschaftlichen Einrichtungen der UdSSR zusammen.

Betrachten wir das bisher noch keinesfalls voll erschlossene Wirkungsfeld der internationalen Zusammenarbeit, so ist unschwer zu erkennen, daß alle Kräfte für eine höhere Wirksamkeit auf diesem Gebiet angespannt werden müssen.

Auf der 2. Tagung des Zentralkomitees unserer Partei verwies der Generalsekretär, Genosse Erich Honecker, mit aller Eindringlichkeit darauf, daß die Einführung wissenschaftlich-technischer Ergebnisse in die Produktion in jedem Falle zum entscheidenden Ausgangspunkt für die Vergrößerung unseres Nationaleinkommens wird. Es kommt darauf an, das Qualitätsniveau der Erzeugnisse generell zu erhöhen. Den wissenschaftlich-technischen Fortschritt zu beschleunigen und stärker wirksam werden zu lassen, ist zur Schlüsselfrage des weiteren volkswirtschaftlichen Leistungsanstiegs geworden. Gute Ergebnisse der wissenschaftlich-technischen Zusammenarbeit müssen schneller in der Produktion nutzbar gemacht werden. Besonders wichtige Exportgüter müssen den fortgeschrittenen internationalen Stand mitbestimmen.

Die Zusammenarbeit in der Planung hat sich als Hauptmethode der sozialistischen ökonomischen Integration weiter bestätigt. Wie die XXX. Tagung des RGW feststellte, verläuft der Prozeß der Erfüllung des Komplexprogramms bereits in Richtung der allmählichen Herausbildung eines geschlossenen Systems der Zusammenarbeit auf dem Gebiet der Planungstätigkeit.

Neben den im Komplexprogramm verankerten Formen der Planungszusammenarbeit wurden in den zurückliegenden Jahren neue Formen entwickelt, die wir mit Recht als eine Weiterführung des Komplexprogramms ansehen können. Dazu zählt der erstmalig gemeinsam erarbeitete und angenommene abgestimmte Plan mehrseitiger Integrationsmaßnahmen. Das wird weiter gefördert durch spezielle Planteile „sozialistische ökonomische Integration" in den nationalen Plänen der Länder. Mit der Ausarbeitung langfristiger Zielprogramme der Zusammenarbeit erfährt die gesamte Perspektivplanung in den Mitgliedsländern neue Impulse.

Das sozialistische Valuta- und Finanzsystem hat den Prozeß der sozialistischen ökonomischen Integration wirksam unterstützt. Insgesamt gesehen hat dieses System dazu beigetragen, unsere Gemeinschaft von den Auswirkungen der kapitalistischen Krise weitgehend abzuschirmen.

Es ist bekannt, daß im kapitalistischen Wirtschaftsgebiet sich nicht nur eine Inflation großen Ausmaßes vollzieht, sondern auch entscheidende Veränderungen in den Relationen der Weltmarktpreise, vor allem bei Rohstoffen und Energieträgern, eingetreten sind. Für die komplizierte Problematik im Bereich der Außenhandelspreise zwischen den RGW-Ländern wurden Lösungen gefunden. Mit der gleitenden Preisbasis wurde eine mehrseitige Regelung getroffen, die von den Interessen aller Partner ausgeht und objektive Faktoren in Rechnung stellt. Sie hat Störungen der Volkswirtschaften der einzelnen Länder verhindert.

Bei einer Einschätzung des Standes der Erfüllung des Komplexprogramms darf auch nicht unerwähnt bleiben, daß weitere wichtige Schritte bei der allmählichen Annäherung und Angleichung des ökonomischen Entwicklungsniveaus der Mitgliedsländer des RGW getan wurden. Durch ein beständig höheres Entwicklungstempo ehemals rückständiger Länder haben sich im pro-Kopf-Niveau des Nationaleinkommens, der Konsumtion, der Akkumulation, der Investitionen und der Industrieproduktion die Abstände zwischen den RGW-Ländern in der Regel relativ und absolut verringert. Diese Tatsache ist angesichts der Verstärkung der Unterschiede im ökonomischen Entwicklungsniveau in der kapitalistischen Welt als eine große Errungenschaft der sozialistischen Staatengemeinschaft zu werten.

Das erste Jahr des neuen Planjahrfünfts geht zu Ende. Wir haben die Erfüllung großer Aufgaben in Angriff genommen, die uns ein weiteres dynamisches Wachstum garantieren. Mit der Koordinierung der Planaufgaben bis 1980 wurden hohe Ziele gesteckt. Sie sind verankert im abgestimmten Plan mehrseitiger Integrationsmaßnahmen, in den langfristigen Handelsabkommen, sie sind untrennbarer Bestandteil unserer Wirtschaftspläne. Die Realisierung dieser Vorhaben ist die reale Basis, auf der sich die sozialistische ökonomische Integration weiter vollzieht.

Daraus ergibt sich für uns die entscheidende Aufgabe: Wie können wir die Arbeit am zweckmäßigsten konzentrieren, um die gesteckten Ziele zu erreichen?

Bei der Realisierung der vereinbarten Aufgaben muß der Planteil „Sozialistische ökonomische Integration" eine wichtige Rolle spielen. Es kommt darauf an – wie auf dem IX. Parteitag gefordert wurde – diesen Planteil zu einem wirksamen Leitungs- und Kontrollinstrument zu entwickeln.

Im Prozeß der Spezialisierung und Kooperation der Produktion wurden wichtige Volkswirtschaftszweige der RGW-Länder durch vielfältige arbeitsteilige Beziehungen miteinander verknüpft und Grundlagen geschaffen, auf denen sich die ökonomische Entwicklung und der gegenseitige Warenaustausch vollziehen.

Produktionsspezialisierung – unabhängig ob von nur zweiglicher oder von gesamtwirtschaftlicher Bedeutung – führt zu strukturpolitischen Konsequenzen in der Produktion und hat Einfluß auf die Deckung des volkswirtschaftlichen Bedarfs. Es versteht sich von selbst, daß jede Spezialisierungsmaßnahme gründlich vorbereitet werden muß, um die Komplexität der volkswirtschaftlichen Auswirkungen – das heißt auf alle Bereiche – sorgfältig zu berechnen und allseitig abzustimmen.

Die Wissenschaft hat sich verstärkt damit befaßt, wie der ökonomische Nutzen und die ökonomischen Konsequenzen von Maßnahmen der Spezialisierung und Kooperation besser nachgewiesen werden können. Mit dem Beschluß des Ministerrates vom 17. 6. 1976 wurde der Nutzen zur zentralen Frage der Vorbereitung und Realisierung internationaler Spezialisierungs- und Kooperationsvorhaben erhoben.

Es ist wohl für jeden Ökonomen selbstverständlich, daß das Grundanliegen internationaler sozialistischer Arbeitsteilung in der besseren Bedarfsdeckung liegen und deshalb dieser Aspekt Ausgangspunkt und zugleich Zielfunktion aller Maßnahmen auf diesem Gebiet sein muß.

In der Vergangenheit wurde jedoch vielfach gegen diese elementaren Anforderungen verstoßen. Es gibt immer wieder Erscheinungen, daß einzelne Produktionen auf Grund von Spezialisierungsvereinbarungen eingestellt wurden, ohne daß anderweitig eine entsprechende Bedarfsdeckung gewährleistet werden konnte. Die Deckung des Bedarfs ist also immer der grundsätzliche Ausgangspunkt, von dem aus andere ökonomische Effekte, wie Produktionskonzentration und damit auch Konzentration des Forschungs- und Entwicklungspotentials eingeordnet werden müssen.

Zielstellung der Spezialisierung und Kooperation muß es sein, das ökonomische Leistungsvermögen in allen Ländern zu erhöhen und somit auch ihre Exportkraft insgesamt zu stärken. Wir alle kennen die komplizierten Aufgaben in den Außenwirtschaftsbeziehungen zu Drittländern.

Zu ihrer Lösung muß auch die sozialistische ökonomische Integration beitragen. Die auf der Grundlage der Plankoordinierung geschaffenen Produktionsvoraussetzungen gilt es so auszubauen, daß damit auch die erforderlichen Exporte in Entwicklungsländer und kapitalistische Industrieländer erbracht werden können. Das heißt stabile Exportlinien müssen den Anforderungen unserer Außenwirtschaft insgesamt gerecht werden.

Das ist eine wichtige Aufgabe der Planung der Volkswirtschaften, die auch für die Ausarbeitung der langfristigen Zielprogramme ein entscheidendes Kriterium sein muß.

Im RGW wurde mit der Ausarbeitung langfristiger Zielprogramme begonnen. Erste Vorstellungen der Länder über Entwicklungsziele und Schwerpunkte der Zusammenarbeit bis 1990 für die Gebiete Brennstoffe, Rohstoffe und Energie, Maschinenbau, Landwirtschaft und industrielle Konsumgüter liegen vor, für den Bereich des Transports werden sie gegenwärtig vorbereitet.

Schwerpunkte sind die Brennstoff-, Rohstoff- und Energiefragen. Wir gehen davon aus, diese Aufgaben auch nach 1980 im Rahmen unserer Staatengemeinschaft zu lösen.

Dabei werden solche Probleme zu meistern sein, wie die bessere Nutzung des Erdöls, die Beförderung von Erdgas über große Entfernungen, die Deckung des steigenden Bedarfs an Ausrüstungen für Kernkraftwerke, die Sicherung des Aufkommens an Walzstahl, seiner Qualitäts- und Sortimentsstruktur und anderes mehr.

Hohe Anforderungen werden an den Maschinenbau gestellt, insbesondere bei der Bereitstellung schwerer Ausrüstungen für die Grundstoffindustrie.

Eine zentrale Frage ist auch die Bedarfsdeckung bei Getreide und Eiweiß.

Mit der Ausarbeitung langfristiger Zielprogramme werden Grundfragen der perspektivischen Entwicklung der Volkswirtschaften der Mitgliedsländer des RGW aufgeworfen. Jeder ist sich über die Kompliziertheit einer solchen Aufgabenstellung im klaren.

Wenn der erteilte Auftrag erfolgreich gelöst werden soll, so müssen wir uns von vornherein auf einige wenige Schlüsselfragen konzentrieren. Dabei kommt es darauf an, nicht nur Zielfunktionen zu bestimmen, sondern vielmehr die konkreten Lösungswege aufzuzeigen. Mit anderen Worten: Es geht um den Beitrag jedes Landes zum Ausbau der materiell-technischen Basis für das dynamische Wirtschaftswachstum auch in kommenden Jahrzehnten.

Die Ausarbeitung der langfristigen Zielprogramme, die einhergehen muß mit einer höheren Qualität der langfristigen Planung in den Ländern, muß uns in die Lage versetzen, rechtzeitig die erforderlichen materiellen und finanziellen Voraussetzungen zu bestimmen und sie in die Pläne einzuordnen. Die Erfahrungen bei der Realisierung einer Reihe von Integrationsvorhaben zeigen, daß es nur auf diese Weise möglich ist, planmäßig die notwendigen Kräfte und Mittel im Rahmen unserer Gemeinschaft aufzubringen.

Ich wollte mit meinen Ausführungen über Stand und Probleme der Zusammenarbeit zugleich auch Anregungen für die wirtschaftswissenschaftliche Forschung auf dem Gebiet der sozialistischen ökonomischen Integration geben.

Meines Erachtens kommt es darauf an, auch in der Forschungsarbeit die Frage der Erhöhung der Effektivität der Zusammenarbeit, der besseren Nutzung der sozialistischen internationalen Arbeitsteilung als Wachstumsfaktor der Volkswirtschaft, der rationelleren Gestaltung der internationalen Spezialisierung und Kooperation in Produktion, Forschung und Entwicklung in den Mittelpunkt zu stellen.

Es geht auch um die Planungszusammenarbeit im Rahmen internationaler Wirtschaftsorganisationen, worin ich eine der wichtigsten Funktionen solcher Einrichtungen sehe und wovon aus auch die anderen sie betreffenden Fragen abgeleitet werden müssen, zum Beispiel auch die Einführung der wirtschaftlichen Rechnungsführung. Hierzu müssen nicht nur tiefgründiger die notwendigen Voraussetzungen erforscht und die Gesamtrolle dieser Institutionen – die ja in den einzelnen Zweigen unterschiedlich ist – bestimmt werden. Es muß vielmehr auch untersucht werden, was mit der Einführung einer derartigen Methode im internationalen Maßstab tatsächlich erreichbar ist, welche Stimuli davon für die Vertiefung der Integration im jeweiligen Bereich und in der Gesamtheit ausgehen.

Es kann nicht darum gehen, Formen und Methoden der Zusammenarbeit – ganz gleich auf welchem Gebiet – losgelöst von den ökonomischen Schwerpunktaufgaben zu entwickeln. Wir sollten uns davor hüten, mit neuen Begriffen zu argumentieren, ohne daß ausreichend ihr qualitativ neuer Inhalt definiert und erkennbar ist.

Ich möchte abschließend die Aufmerksamkeit auch auf die intensivere Erforschung der Entwicklungsprozesse auf den internationalen Märkten und ihre gegenseitigen Beziehungen lenken. Auch bei weiterem Fortschritt der sozialistischen ökonomischen Integration vertiefen sich die arbeitsteiligen Beziehungen zwischen Ländern unterschiedlicher Gesellschaftsordnung. Das Streben der Entwicklungsländer nach neuen, gleichberechtigten Beziehungen im Verhältnis zu den imperialistischen Ländern darf uns nicht gleichgültig sein. Hier sollten wir die Entwicklungstendenzen und die sich auch für die Zusammenarbeit der sozialistischen Länder ergebenden Zusammenhänge noch gründlicher analysieren. Ich denke also, der Bereich der Forschung auf dem Gebiet der sozialistischen ökonomischen Integration ist außerordentlich vielfältig, und jede gute und neue Idee sowie das Aufzeigen der Wege zu ihrer Verwirklichung sind für uns alle außerordentlich wertvoll.

Und ganz in diesem Sinne möchte ich mich – quasi als einer der Nutznießer in der Praxis – für die bisherige Unterstützung bedanken, die von der Arbeit der hier anwesenden Genossen ausgeht, und der Gewißheit Ausdruck geben, daß die enge und fruchtbare Zusammenarbeit zum allseitigen Nutzen fortgesetzt wird.

K.-H. Stiemerling

Zu den Wechselbeziehungen zwischen Internationalem und Nationalem in der sozialistischen ökonomischen Integration der Mitgliedsländer des RGW

Entsprechend den Beschlüssen des IX. Parteitages der SED gestalten die Werktätigen der DDR unter Führung der Partei weiterhin die entwickelte sozialistische Gesellschaft und schaffen so grundlegende Voraussetzungen für den allmählichen Übergang zum Kommunismus. Das sichere Fundament des Voranschreitens der DDR ist unser unzerstörbarer Bruderbund mit der Sowjetunion, die feste Verankerung unserer Republik in der Gemeinschaft der sozialistischen Staaten.

In den Dokumenten des IX. Parteitages der SED wird überzeugend herausgearbeitet, wie wichtig die richtige Berücksichtigung der Wechselbeziehungen von Internationalem und Nationalem, die Anwendung der allgemeingültigen Gesetzmäßigkeiten des sozialistischen Aufbaus und die Einbeziehung aller objektiven Tendenzen für die Entwicklung und den Zusammenschluß sozialistischer Staaten und Nationen sind.

Entscheidende Bedingungen für die Entwicklung und Vertiefung der sozialistischen ökonomischen Integration der Mitgliedsländer des RGW sind die gleichartigen politischen, ökonomischen und ideologischen Grundlagen, die gemeinsamen Ziele und die sich daraus ergebenden gleichartigen Aufgaben.

Die Jahre seit der Annahme des Komplexprogramms sind hinsichtlich des Zuwachses an Nationaleinkommen, an Industrieproduktion und in bezug auf das Wachstum des gegenseitigen Handels der RGW-Länder die erfolgreichste Periode der RGW-Gemeinschaft. Viele Länder, so die UdSSR und die DDR, konnten in diesen Jahren bedeutende sozialpolitische Maßnahmen beschließen und durchführen.

Die feste unerschütterliche Verbundenheit der um die UdSSR gescharten sozialistischen Staaten half, in den RGW-Ländern ein hohes Tempo des gesellschaftlichen Fortschritts zu erreichen, dessen Quelle der bisher größte Zuwachs an ökonomischer Kraft ist. Überall erregt das ökonomische Wachstum der RGW-Länder große Aufmerksamkeit. Es findet Anerkennung bei den einen, den Freunden, es weckt Neid und Verleumdung bei den Feinden des Sozialismus. Das ist keine Überraschung, denn alle wissen: das kontinuierliche Wirtschaftswachstum ist die Quelle ökonomischer Kraft und des wachsenden politischen Einflusses der Gemeinschaft sozialistischer Staaten. Die Fortschritte in der Ökonomie, im Gesundheits- und Sozialwesen, in der Volksbildung und Kultur, sind wichtige Faktoren, um die Beispielwirkung und Anziehungskraft der neuen Welt des Sozialismus weiter zu erhöhen. Noch nie war der Unterschied im industriellen Wachstumstempo zwischen den RGW-Ländern und den kapitalistischen Industrieländern so deutlich wie in den letzten Jahren (vgl. Tabelle 1).

Die sozialistische Planwirtschaft beweist überzeugend ihre Überlegenheit gegenüber der sogenannten kapitalistischen Marktwirtschaft, vor allem aber ihre Fähigkeit, steten ökonomischen Fortschritt als Grundlage für die Vorwärtsbewegung in allen Bereichen des gesellschaftlichen Lebens auch bei sich verändernden Reproduktionsbedingungen zu sichern.

In den RGW-Ländern vollzieht sich eine für alle sichtbare Verlagerung von den

Tabelle 1

Jahresdurchschnittliche Zuwachsraten der Industrieproduktion der RGW-Länder und entwickelter kapitalistischer Länder

Zeitraum	RGW-Länder	entwickelte kapitalistische Länder	Verhältnis Sp. 2 : 3
1	2	3	4
1951–1955	13,6	6,0	2,3
1956–1960	10,6	4,1	2,6
1961–1965	8,3	6,1	1,4
1966–1970	8,3	5,4	1,5.
1971–1975	7,8	1,8	4,3

Quelle: Errechnet nach: Izvestija Akademii Nauk SSSR, Serija ėkonomičeskaja, 4/1976, S. 21.

extensiven zu den intensiven Wachstumsfaktoren. Die Erhöhung der Produktion und der Effektivität der gesellschaftlichen Arbeit im umfassenden Sinne, die Erhöhung der Qualität der Erzeugnisse und die Senkung der Kosten – das bestimmt die Richtung der wirtschaftlichen Tätigkeit. Der wissenschaftlich-technische Fortschritt wird zum bedeutenden Faktor der Intensivierung. Die ständig bessere Befriedigung der produktiven und konsumtiven Bedürfnisse erfordert viele neue Initiativen und rationelle Lösungen. Sie führt zu neuen Dimensionen der Roh- und Brennstoffversorgung, des Ex- und Imports. Sie stellt neue qualitative Anforderungen an die Spezialisierung und Kooperation.

Die positiven Wirkungen, die von der dynamischen Entwicklung der Wirtschaft ausgehen, bewirken eine hohe soziale Aktivität und helfen das sozialistische Bewußtsein der Werktätigen zu entwickeln und zu festigen. Entsprechend dem Grundsatz, daß nicht mehr verbraucht werden kann, als erarbeitet wurde, daß zwischen Produktion, Akkumulation und Konsumtion richtige, das heißt wachstums- und leistungsorientierte Proportionen bestehen müssen, hat der IX. Parteitag der SED auf einen starken ökonomischen Leistungsanstieg, auf eine bedeutende Steigerung der Arbeitsproduktivität und der Effektivität orientiert.

„Der Sozialismus hat sich", wie Kurt Hager auf der Konferenz der Gesellschaftswissenschaftler der DDR feststellte, „in dem kurzen Zeitraum seiner Entwicklung eindeutig als die Gesellschaftsordnung erwiesen, die allein imstande ist, die grundlegenden sozialen Probleme zu lösen. Gewiß, es gibt im täglichen Leben noch genug Mängel und Schwierigkeiten, die überwunden werden müssen und, wie die erfolgreiche Entwicklung der DDR in den vergangenen Jahren zeigt, auch in gemeinsamer Arbeit gemeistert werden können. Doch es ist unbestreitbar, daß der Sozialismus die immer bessere Befriedigung einer Reihe von lebenswichtigen Bedürfnissen der Werktätigen gewährleistet: Vollbeschäftigung und Arbeitsschutz, Sorge der Gesellschaft für Erholung, Bildung und Gesundheit, Mutter- und Kinderschutz. Er garantiert die Gleichberechtigung der Frau, die volle Verwirklichung der Rechte der Jugend und die soziale Sicherstellung der älteren Bürger. Der Sozialismus gewährleistet den Werktätigen den Zugang zu den Schätzen der nationalen und Weltkultur und garantiert ihnen wahre Demokratie und Freiheit. Er gewährt der Persönlichkeit umfassende Rechte und Freiheiten, deren Grenzen nur dort gezogen sind, wo ihre Überschreitung die Interessen der sozialistischen Gesellschaft schädigt."[1]

[1] K. Hager, Der IX. Parteitag und die Gesellschaftswissenschaften, Berlin 1976, S. 26.

Die erfolgreiche Entwicklung der sozialistischen Gesellschaft ist das Ergebnis der schöpferischen Anwendung der allgemeingültigen Gesetzmäßigkeiten des sozialistischen Aufbaus in den Mitgliedsländern des RGW. Diese Erfahrung gilt es meines Erachtens noch stärker bei der Lösung der Aufgaben zu berücksichtigen, die der IX. Parteitag für die Gestaltung des entwickelten Sozialismus und die Entwicklung der sozialistischen ökonomischen Integration gestellt hat.

Die Lösung der interessanten Aufgaben, die in den vorliegenden Thesen und im Einführungsreferat herausgearbeitet wurden, erfordern theoretische Klarheit zu drei wichtigen Fragen.

Erstens ist es notwendig, das Verhältnis zwischen der Gestaltung des entwickelten Sozialismus und der sozialistischen ökonomischen Integration zu klären und die ökonomische Integration sozialistischer Staaten als ein Merkmal der entwickelten sozialistischen Gesellschaft zu verstehen.

Zweitens ist es erforderlich, die Wechselbeziehungen zwischen Internationalem und Nationalem beim sozialistischen und kommunistischen Aufbau gründlich zu analysieren und Schlußfolgerungen für die wirksamere Verknüpfung gemeinsamer und spezifischer Interessen sozialistischer Staaten auf ökonomischem Gebiet zu ziehen.

Drittens ist es unerläßlich, die Orientierung auf höchste Effektivität auch bei allen Maßnahmen und Aufgaben zur Vertiefung der wirtschaftlichen und wissenschaftlich-technischen Zusammenarbeit der RGW-Länder zu verstärken, weil das der einzige Weg ist, die gegenwärtigen objektiven Widersprüche im Integrationsprozeß zu überwinden.

Was die erste Frage betrifft, so ist das Verhältnis von entwickeltem Sozialismus und sozialistischer ökonomischer Integration in den Beschlüssen des IX. Parteitages der SED definiert worden.

Im Programm der SED heißt es:

„Entwickelte sozialistische Gesellschaft – das heißt die ständige Festigung und Vertiefung des Bruderbundes mit der Sowjetunion und den anderen Ländern der sozialistischen Gemeinschaft. Die entwickelte sozialistische Gesellschaft ist das gemeinsame revolutionäre Werk der Arbeiterklasse und aller Werktätigen in den Ländern der sozialistischen Gemeinschaft. Die sozialistische ökonomische Integration der Mitgliedsländer des Rates für Gegenseitige Wirtschaftshilfe ist die feste Grundlage für die ständige Vervollkommnung der Zusammenarbeit und systematische Annäherung der sozialistischen Nationen auf allen Gebieten des gesellschaftlichen Lebens."[2]

Die im Wissenschaftlichen Rat für Fragen der sozialistischen ökonomischen Integration geführten Diskussionen haben die These bekräftigt, daß die sozialistische ökonomische Integration ein objektiver Prozeß ist, der bei einem bestimmten Reifegrad der sozialistischen Produktionsweise und der politischen, ökonomischen und wissenschaftlich-technischen Zusammenarbeit sozialistischer Staaten zu einer allgemeinen Gesetzmäßigkeit der Entwicklung des Sozialismus wird. Doch gibt es auch einseitige Betrachtungen dieses Problems. In Theorie und Praxis findet man nicht selten Beispiele für eine Überbetonung einer der beiden Seiten. Oft wird das „Nationale", werden die Interessen eines Landes überbewertet oder werden dem Internationalen und den gemeinsamen Interessen gegenübergestellt. Andererseits findet man auch nicht selten eine Unterschätzung der spezifischen Gegebenheiten.

Berücksichtigt man den erreichten Reifegrad der sozialistischen Produktionsverhältnisse in den sozialistischen Ländern und in den Beziehungen zwischen ihnen nicht

[2] Programm der Sozialistischen Einheitspartei Deutschlands, Berlin 1976, S. 21/22.

gründlich genug, dann kann man leicht zur Ignorierung der Allgemeingültigkeit der Merkmale des entwickelten Sozialismus und zu einer Überbetonung eines Merkmals kommen, was in der praktischen und ideologischen Arbeit zu Fehlorientierungen führen muß.

Völlig ungerechtfertigt ist es, wenn in einer Broschüre, die in diesen Tagen erschienen ist, Bemühungen angestellt werden, „einen nationalen Charakter des Sozialismus" zu konstatieren.[3] Die Allgemeingültigkeit der Wesensmerkmale des Sozialismus gestattet es meines Erachtens nicht, von einem internationalen und zugleich nationalen Charakter des Sozialismus zu sprechen. Bei einem solchen Herangehen wird das dialektische Wechselverhältnis von Internationalem und Nationalem im Sozialismus aufgelöst, wird das einheitliche Wesen des Sozialismus liquidiert.

Die Internationalisierung des wirtschaftlichen und des gesamten gesellschaftlichen Lebens hat ihre objektiven Grundlagen in der sozialistischen Produktionsweise, dem gleichartigen Staatsaufbau und der gleichen Klassenstruktur sowie in dem gemeinsamen Ziel der sozialistischen Länder – der Errichtung des Kommunismus. In diesem Prozeß entstehen immer günstigere Voraussetzungen, um die gemeinsamen und spezifischen Interessen der sozialistischen Länder planmäßig in Übereinstimmung zu bringen und zu realisieren.

Wenn zum Beispiel in dieser Broschüre weiter gesagt wird, daß der entwickelte Sozialismus nur verwirklicht werden könne, wenn das sozialistische Weltsystem als Ganzes seine Merkmale und Vorzüge voll ausgebildet habe und man dann sogar von einem entwickelten sozialistischen Weltsystem sprechen könne[4], so bleibt der Reifegrad der sozialistischen Produktionsweise in den einzelnen sozialistischen Staaten ohne gebührende Beachtung. Die Geschichte hat schon längst darüber entschieden, daß der entwickelte Sozialismus in einem Land errichtet werden kann, „ohne daß die Merkmale des entwickelten sozialistischen Weltsystems bereits realisiert werden".[5] Die in dieser Broschüre anzutreffende enge Betrachtungsweise von Internationalem und Nationalem und die unrealistische Einschätzung des Standes der Produktionsverhältnisse und der Produktivkräfte führen zu einer Geringschätzung der bereits erreichten Ergebnisse der Mitgliedsländer des RGW. Ganz deutlich wird dies bei der Darlegung des Zusammenhangs zwischen dem entwickelten Sozialismus und der sozialistischen ökonomischen Integration und der Rolle der UdSSR beim sozialistischen und kommunistischen Aufbau. So heißt es in dieser Broschüre auf Seite 22:

„Zwar wurde in der UdSSR bereits Anfang der sechziger Jahre die entwickelte sozialistische Gesellschaft aufgebaut, aber es ist natürlich schwierig, aus den Bedingungen *eines Landes* (mit einer Vielzahl von konkret-historischen Besonderheiten, wie seiner Rolle in der weltweiten Auseinandersetzung zwischen Sozialismus und Kapitalismus, der Größe des Landes, seiner historischen Entwicklung) bereits das Wesen der Gesellschaft ableiten zu wollen."[6]

Wo und wann sollte das Wesen des Sozialismus charakterisiert werden, wenn nicht am Beispiel der UdSSR und der um sie gescharten sozialistischen Staaten?

Wie kann man in der Dialektik von Allgemeinem und Besonderem gerade am Beispiel der UdSSR das Besondere, das „historisch Zufällige oder Störende" herausstellen, wenn Revisionisten aller Schattierungen über die einseitige Betonung des

[3] Vgl. Weltanschauung heute, Sozialistische ökonomische Integration, Berlin 1976, S. 32.
[4] Vgl. Ebenda, S. 60.
[5] Ebenda, S. 63.
[6] Ebenda, S. 22.

Besonderen die allgemeingültigen Gesetzmäßigkeiten der sozialistischen Revolution und des sozialistischen Aufbaus verleumden?

Die zweite Frage zielt darauf ab, das Wechselverhältnis von Internationalem und Nationalem für die effektive Verwirklichung des Komplexprogramms zu erschließen. In den vorliegenden Thesen heißt es richtig, daß sich die Zusammenarbeit und gegenseitige Hilfe nach den bewährten Prinzipien des sozialistischen Internationalismus vollzieht.

Auf dem IX. Parteitag sagte Genosse Erich Honecker: „Unser neues Programm geht aus von der Anerkennung der allgemeingültigen Gesetzmäßigkeiten beim Aufbau der sozialistischen Gesellschaft. Es ist durchdrungen von den für jeden Kommunisten heiligen Ideen des proletarischen Internationalismus. In unserer Politik sind Nationales und Internationales, sozialistischer Patriotismus und proletarischer Internationalismus unlösbar miteinander verbunden. Stets ist sich unsere Partei ihrer Verantwortung vor dem eigenen Volk ebenso wie vor der internationalen Arbeiterklasse bewußt. Alles, was wir für den Aufbau der sozialistischen Gesellschaft in der DDR tun, das tun wir zugleich für die weitere Stärkung der sozialistischen Gemeinschaft und der revolutionären Weltbewegung."[7]

Diese Worte bringen nicht nur Erreichtes zum Ausdruck, sondern enthalten auch gleichzeitig eine Aufgabenstellung für Gegenwart und Zukunft. Geht es doch um die konkrete Lösung vieler Fragen auf dem Boden der Einheit und der Dialektik gemeinsamer und spezifischer Interessen sozialistischer Staaten. Das bedeutet, die hin und wieder in der theoretischen Arbeit anzutreffende Überbetonung einer der beiden Seiten zu überwinden.

W. I. Lenin lehrt, beim Aufbau und bei der Verteidigung des Sozialismus stets die Einheit der gemeinsamen und der spezifischen Interessen der sozialistischen Staaten und Nationen zu berücksichtigen.

Der proletarische Internationalismus erlegt der Arbeiterklasse aller Länder die historische Verpflichtung auf, ihre Anstrengungen im Kampf gegen den Imperialismus, gegen die Ausbeuterklassen zu vereinen. Er sagte: „Ohne das freiwillige Streben des Proletariats, und dann auch aller werktätigen Massen aller Länder und der Nationen der ganzen Welt, nach einem Bund und nach Einheit kann das Werk des Sieges über den Kapitalismus nicht mit Erfolg vollendet werden."[8]

Dies zu betonen ist wichtig, da es immer wieder Versuche gibt, die Rolle des proletarischen Internationalismus abzuwerten oder verzerrt darzustellen und dem sozialistischen Patriotismus gegenüberzustellen.

Die Erfahrungen der DDR bestätigen überzeugend, daß proletarischer Internationalismus nicht auf die gegenseitige Solidarität der verschiedenen Abteilungen der internationalen kommunistischen Bewegung reduziert werden kann. Der proletarische Internationalismus, hervorgegangen aus der internationalen Solidarität, entwickelte sich zu einem der wichtigsten Merkmale des Marxismus-Leninismus.

Der proletarische Internationalismus ist auf die Aktionseinheit im Kampf gegen Imperialismus und Krieg und jede Form der Ausbeutung und Unterdrückung gerichtet. Er erfordert die kameradschaftliche Zusammenarbeit und gegenseitige Unterstützung im Kampf für Frieden, Demokratie und sozialen Fortschritt und erreicht beim sozialistischen und kommunistischen Aufbau eine neue Qualität.

[7] E. Honecker, Bericht des Zentralkomitees der Sozialistischen Einheitspartei Deutschlands an den IX. Parteitag der SED, Berlin 1976, S. 139.

[8] W. I. Lenin, Entwurf der Thesen zur nationalen und kolonialen Frage, in: Werke, Bd. 31, Berlin 1959, S. 139.

Der proletarische Internationalismus schließt nicht nur die Anerkennung der allgemeingültigen Gesetzmäßigkeiten der sozialistischen Revolution und des sozialistischen Aufbaus ein, sondern verlangt ihre schöpferische Anwendung entsprechend den spezifischen Gegebenheiten des Landes, worunter historische Bedingungen, Traditionen und auch nationale Besonderheiten zu verstehen sind. Deshalb ist die wirksame Verbindung von Internationalem und Nationalem in der sozialistischen Revolution und beim sozialistischen Aufbau eine Bedingung für den Erfolg der Sache der Arbeiterklasse. „Wenn wir jetzt für die sozialistische Gesellschaftsordnung in Rußland kämpfen," sagte W. I. Lenin im August 1918, „so kämpfen wir für den Sozialismus in der ganzen Welt."[9]

Vor allem ist der richtig verstandene proletarische Internationalismus mit der Anerkennung der historischen Rolle der KPdSU im revolutionären Weltprozeß, mit der Würdigung der historischen Verdienste und gewaltigen Leistungen der UdSSR als Pionier des Menschheitsfortschritts im Kampf für den Frieden und den sozialen Fortschritt verbunden. Für uns resultiert aus dieser Auffassung des proletarischen Internationalismus die unabänderliche Konsequenz, daß die Stellung zur KPdSU und zur UdSSR der Prüfstein für die Treue zum Marxismus-Leninismus, zur revolutionären Mission der Arbeiterklasse ist. Diese internationalistische Grundhaltung ist notwendig, um den Kampf gegen den Imperialismus erfolgreich zu führen und die konkreten Aufgaben des sozialistischen und kommunistischen Aufbaus mit hoher Effektivität zu lösen. Das gilt auch insbesondere für die Aufgaben auf ökonomischem Gebiet, für die Entwicklung der sozialistischen ökonomischen Integration.

Eine völlige Verkennung des Wechselverhältnisses von Internationalem und Nationalem liegt dann vor, wenn behauptet wird, die Internationalisierung des Wirtschaftslebens würde im Sozialismus das Nationale verdrängen. Das Gegenteil ist der Fall. Die sozialistische Internationalisierung des Wirtschafts- und des gesellschaftlichen Lebens ermöglicht die volle Entfaltung der in den sozialistischen Staaten und Nationen vorhandenen materiellen und geistigen Kräfte.

Die objektiven Tendenzen des Aufblühens und der Annäherung sozialistischer Staaten und Nationen werden mit der höchstmöglichen ökonomischen Effektivität und der höchsten sozialen Wirksamkeit und zum Nutzen jedes beteiligten Landes nur durch die bewußte Verwirklichung der sozialistischen ökonomischen Integration und die Vertiefung der allseitigen Zusammenarbeit realisiert werden.

Die sozialistische Internationalisierung des gesellschaftlichen Lebens führt nicht zum Abbau der souveränen Rechte der Staaten, sondern ist die materielle Grundlage für die volle Realisierung der Prinzipien, die in den gemeinsamen Dokumenten der kommunistischen und Arbeiterparteien und insbesondere auch im Statut und im Komplexprogramm des RGW formuliert sind.

Die Entwicklung der sozialistischen ökonomischen Integration der Mitgliedsländer des RGW erfolgt entsprechend den Prinzipien des sozialistischen Internationalismus auf der Grundlage der Achtung der staatlichen Souveränität. Wir heben von diesen Prinzipien besonders die völlige Gleichberechtigung, den gegenseitigen Vorteil und die kameradschaftliche Hilfe hervor, weil sie nicht nur Grundlagen für die Lösung der gemeinsamen Aufgaben sind, sondern auch die gemeinsame Verantwortung für die Geschicke des Weltsozialismus zum Inhalt haben.

Theorie und Praxis des realen Sozialismus zeigen, wie wichtig die Beachtung dieser

[9] W. I. Lenin, Rede auf einer Kundgebung im Polytechnischen Museum in Moskau, 23. August 1918, in: Werke, Bd. 28, Berlin 1959, S. 69.

Prinzipien ist. Die imperialistischen Kräfte versuchen, über die Heraushebung und Popularisierung der Besonderheiten in der Entwicklung sozialistischer Länder, die sozialistischen Staaten voneinander zu isolieren, die Einheit der marxistisch-leninistischen Parteien zu untergraben und die Theorie von den allgemeingültigen Gesetzmäßigkeiten des sozialistischen Aufbaus als überholt und lebensfremd zu diskreditieren.

Zugleich ist das schöpferische Denken und Handeln zur Ausnutzung der allgemeingültigen und in der Praxis erprobten Grundsätze der sozialistischen Umgestaltung der Gesellschaft zu fördern, weil sonst die spezifischen Gegebenheiten in den Ländern nicht mit größter Effektivität genutzt werden können. Deshalb wird in den Beschlüssen des IX. Parteitages der untrennbare Zusammenhang von Internationalem und Nationalem, von sozialistischem Patriotismus und proletarischem Internationalismus hervorgehoben.

Es darf niemanden überraschen, wenn der Imperialismus, seine Handlanger und Anwälte, das Wechselverhältnis von Internationalem und Nationalem zum Gegenstand ihrer verleumderischen Angriffe nehmen. Dabei setzten sie vor allem auf den Nationalismus, um die Einheit und Geschlossenheit der sozialistischen Gemeinschaft zu untergraben.

Die zielgerichteten und differenzierten Versuche, den Nationalismus und Antisowjetismus in den RGW-Ländern zu schüren und die massierten Hinweise auf die angebliche ökonomische Unzweckmäßigkeit der Zusammenarbeit der – wie sie sagen – „kleinen" RGW-Länder mit der UdSSR, dienen dem Zweck, die weitere Annäherung und den noch engeren Zusammenschluß der sozialistischen Staaten um die UdSSR zu erschweren und schließlich das Bündnissystem innerhalb der sozialistischen Staatengemeinschaft zu zerstören.

Bei der dritten Frage geht es vor allem um das Bemühen, alle objektiven Widersprüche und Probleme zu erkennen und die effektivsten Varianten zu ihrer Lösung zu finden. Ein Schlüsselproblem ist die Erhöhung der Effektivität aller ökonomischen Integrationsmaßnahmen, die Verbindung der sozialistischen ökonomischen Integration mit dem Hauptweg der wirtschaftlichen Entwicklung der DDR, der Intensivierung der gesellschaftlichen Produktion, wie dies z. B. in der These 9 dargelegt wird.

Auf der 2. Tagung des ZK wurde herausgestellt, daß es gilt, dem Nutzeffekt der internationalen Spezialisierung und Kooperation noch wesentlich mehr Aufmerksamkeit zu schenken.[10] Damit wird noch einmal deutlich, daß die ökonomische Integration Mittel zum Zweck, nämlich Mittel zur allseitigen Stärkung des Sozialismus, ist. Der Gegner versucht, den Nutzen der ökonomischen Integration für die DDR herunterzuspielen. Wahr ist dagegen, daß die ökonomische Integration allen daran beteiligten sozialistischen Staaten großen Nutzen bringt, der sich unmittelbar aus ihren Leistungen ergibt und entsprechend dem Äquivalenzprinzip verteilt wird.

Klarheit in diesen wichtigen Fragen ist unerläßlich. Es ist nicht nur falsch, sondern auch schädlich, wenn das Leistungs- und Äquivalenzprinzip im Sozialismus als etwas „noch Vorhandenes", „Überholtes" hingestellt wird. Wenn die Autoren der schon zitierten Broschüre schreiben, daß die Angleichung des ökonomischen Entwicklungsniveaus auf dem ‚nationalen' Eigentum an den Mitteln und Resultaten der Produktion der damit noch verbundenen „Isoliertheit" der Bilanzen der Nationaleinkommen der Länder beruhe, woraus die noch beschränkte Möglichkeit für die unentgeltliche Umverteilung der Akkumulationsmittel zwischen den Ländern, im Unterschied zur innerhalb der

[10] E. Honecker, 2. Tagung des ZK der SED, Zu aktuellen Fragen unserer Innen- und Außenpolitik nach dem IX. Parteitag, Berlin 1976, S. 33.

Länder existierenden Praxis, erwächst, so ist das nicht nur auf die einseitige Betrachtung des Wechselverhältnisses von Internationalem und Nationalem zurückzuführen, sondern läuft auch auf eine Geringschätzung des Leistungs- und Äquivalenzprinzips hinaus.

Die sozialistische ökonomische Integration wird zum objektiven Interesse der sozialistischen Staaten, weil die Lösung der Aufgaben, die die entwickelte sozialistische Gesellschaft für die sozialistische Wirtschaft stellt, ohne weitere Vergesellschaftung der sozialistischen Produktion nicht möglich ist.

Ausgehend von der prinzipiellen Übereinstimmung, lösen die Bruderparteien und Regierungen der Mitgliedsländer des RGW auftretende Widersprüche im Geiste des sozialistischen Internationalismus. Die in der RGW-Arbeit geltenden Prinzipien und vereinbarten Regeln gewährleisten, daß die sozialistischen Länder, ausgehend von ihren gemeinsamen Interessen, die sozialistische ökonomische Integration zum Nutzen des Volkes und zur Stärkung der gesamten Gemeinschaft entwickeln und vertiefen können.

Für die weitere Erhöhung des Tempos und der Effektivität der sozialistischen ökonomischen Integration besteht ein Grundanliegen darin, die spezifischen ökonomischen Interessen der einzelnen Mitgliedsländer des RGW mit den gemeinsamen Interessen der sozialistischen Gemeinschaft in jedem konkreten Vorhaben in Übereinstimmung zu bringen und dem wohlverstandenen Primat der gemeinsamen Interessen zu entsprechen. Dabei kommt es darauf an, eine hohe Effektivität für jedes Mitgliedsland und für die Gemeinschaft insgesamt zu erreichen. Das trägt zur weiteren schrittweisen Annäherung auf allen Gebieten und zur Angleichung des ökonomischen Entwicklungsniveaus der Mitgliedsländer des RGW bei.

Entsprechend den konkreten Bedingungen in den einzelnen Ländern treten mitunter bei allgemein anerkannter Notwendigkeit der sozialistischen ökonomischen Integration zum Teil unterschiedliche Aufgaben in den Vordergrund der Interessen. Durch die gemeinsame Herausarbeitung der Schlüsselprobleme – die Steigerung des Nutzeffekts der sozialistischen Produktion durch die Hebung der Arbeitsproduktivität und die Beschleunigung des wissenschaftlich-technischen Fortschritts – sind jene Aufgaben in den Mittelpunkt des Integrationsprozesses zu stellen, die im gemeinsamen und im langfristigen Interesse der Gemeinschaft der Länder liegen. Das schließt ein die Ergebnisse aus der Realisierung dieser Aufgaben entsprechend dem Leistungsprinzip zu verteilen. Damit rücken die Vervollkommnung der Planungstätigkeit der sozialistischen Länder, die Entfaltung der Ware-Geld-Beziehungen auf dieser Grundlage und die Herausbildung effektiver Organisationsformen der ökonomischen Zusammenarbeit in den Mittelpunkt der gesellschaftswissenschaftlichen Forschung.

W. I. Lenin betrachtete die Annäherung und den Zusammenschluß aller Nationen der sozialistischen Gesellschaft als eine allgemeine Gesetzmäßigkeit in dem historischen Prozeß der Herausbildung der kommunistischen Gesellschaftsformation. Mit der Entwicklung der sozialistischen ökonomischen Integration werden materielle Bedingungen für die Lösung dieser langfristigen Aufgaben geschaffen. Die bewußte und planmäßige Lösung aller damit zusammenhängenden Aufgaben und Probleme legt allen sozialistischen Ländern eine große Verantwortung auf. Dabei sollten hinsichtlich der Fristen, der Kompliziertheit, der wechselseitigen Bedingtheit von sozialistischer ökonomischer Integration mit anderen Formen der Zusammenarbeit zwischen sozialistischen Ländern keine Illusionen entstehen. Das bedeutet, stets zu beachten, daß wir – unter dem Blickwinkel des historischen Prozesses – am Beginn der Entwicklung der sozialistischen ökonomischen Integration stehen.

Für die Lösung der interessanten und mitunter komplizierten Aufgaben ist es nicht nützlich, wenn anstelle praktikabler Vorschläge für die Beschleunigung der ökonomischen Integration bestimmte subjektive Hemmnisse zu objektiven Widersprüchen entwickelt werden oder gar ein „Grundwiderspruch des sozialistischen Weltwirtschaftssystems"[11] konstatiert wird. In der Literatur wird mitunter auch von einem „Grundwiderspruch zwischen der Internationalisierung der Produktivkräfte und der sogenannten nationalstaatlichen Organisationen der Produktion und des gesellschaftlichen Lebens" gesprochen. Damit kann ich nicht einverstanden sein.

Unter einem Grundwiderspruch verstanden die Klassiker vor allem einen Widerspruch, der charakteristisch für die gesamte Produktionsweise ist. Welchen Sinn sollte es haben, nicht nur für die Integration, sondern auch für die Intensivierung und viele andere Prozesse und Bereiche einen Grundwiderspruch zu entdecken? Zum anderen erfordert die Konstatierung eines Grundwiderspruchs der Integration natürlich Konsequenzen für seine Überwindung. Es wäre notwendig – im Gegensatz zu den Realitäten – die staatliche Leitung und Planung sowie das staatlich-sozialistische Eigentum an den Produktionsmitteln zu Fesseln der gesellschaftlichen Entwicklung zu erklären.

Alle grundlegenden Widersprüche, die in der ersten Phase der kommunistischen Gesellschaftsformation, im Sozialismus, in den einzelnen Ländern zu lösen sind, gelten mehr oder weniger – lediglich erweitert um die Dialektik von Internationalem und Nationalem – auch für die Integrationsprozesse. Ob wir den Widerspruch nehmen zwischen den wachsenden Bedürfnissen und den begrenzten Möglichkeiten der Produktion, oder den Widerspruch zwischen Akkumulation und Konsumtion, oder die Probleme beim Erkennen und bei der Ausnutzung ökonomischer Gesetze des Sozialismus – all das sind Aufgaben in den Ländern wie in der RGW-Gemeinschaft als Ganzes.

Das Problem für die gesellschaftswissenschaftliche Forschung besteht darin, ausgehend von der realistischen Einschätzung der Lage, konkrete Lösungsvorschläge unter Beachtung der Dialektik von Internationalem und Nationalem auszuarbeiten.

Eine erstrangige Aufgabe ist die wirksamere Ausnutzung der ökonomischen Gesetze des Sozialismus durch die Leitung, Planung und ökonomische Stimulierung in den Mitgliedsländern. Ökonomische Gesetze sind stets Gesetze einer Gesellschaftsformation. Ihr allgemeingültiger Charakter kommt darin zum Ausdruck, daß sie sowohl in den Ländern, die zu einer Gesellschaftsformation gehören, als auch in den ökonomischen Beziehungen zwischen ihnen wirksam sind.

In der gegenwärtigen Entwicklungsetappe der sozialistischen Staaten, da die UdSSR die entwickelte sozialistische Gesellschaft errichtet hat und die materiell-technische Basis des Kommunismus schafft und andere sozialistische Länder die entwickelte sozialistische Gesellschaft gestalten, beruht die Entwicklung des Sozialismus auf der Einheit und den Wechselbeziehungen des Nationalen und des Internationalen im Leben der Völker. Solange staatliche und nationale Unterschiede zwischen Völkern existieren, kommt es darauf an, die allgemeingültigen Gesetzmäßigkeiten des sozialistischen Aufbaus entsprechend den spezifischen Gegebenheiten in jedem Land richtig anzuwenden, sozialistischen Patriotismus und proletarischen Internationalismus in ihrer unlöslichen Verbindung zu festigen.

Gelegentlich wird die Frage gestellt, welche Bedeutung die Klärung solcher theoreti-

[11] G. Kohlmey, Vergesellschaftung und Integration im Sozialismus, Berlin 1973, S. 215. (Akademie der Wissenschaften der DDR, Schriften des Zentralinstituts für Wirtschaftswissenschaften, Nr. 8).

schen Grundfragen für die Praxis hat. Der Aufbau des Sozialismus und des Kommunismus ist ohne revolutionäre Theorie als Grundlage der bewußten Tätigkeit der Massen, als Grundlage der Leitung, Planung und Stimulierung der gesellschaftlichen Prozesse nicht möglich. Eine wirksame Politik, die erfolgreiche Umsetzung der Beschlüsse der Partei, erfordert Klarheit in der Theorie. Das ist nicht nur für die Lösung der ideologischen Aufgaben und für die Ausbildungstätigkeit wichtig. Klarheit über die Stellung der sozialistischen ökonomischen Integration unter den Merkmalen des entwickelten Sozialismus, über die Dialektik von Allgemeinem und Besonderem, von Internationalem und Nationalem, Klarheit über die Wege zur Lösung objektiver Widersprüche usw. ist notwendig, um die wirksame Verknüpfung gemeinsamer und spezifischer Interessen der sozialistischen Staaten und Nationen beim sozialistischen und kommunistischen Aufbau zu erreichen. Zugleich zeigt das Beispiel der hier mehrfach zitierten Broschüre, daß es weder für die theoretische noch für die praktische Arbeit nützlich ist, wenn Publikationen dieser Art – unter Ignorierung der Diskussionen in den zuständigen wissenschaftlichen Räten – erscheinen, wenn wissenschaftliche Leistungen nicht rechtzeitig verteidigt werden.

Die Durchführung der Beschlüsse des IX. Parteitages der SED und die Erfüllung der gesellschaftswissenschaftlichen Forschungsaufgaben erfordern Klarheit in den theoretischen Grundfragen, zu denen die Dialektik von Sozialismus und Kommunismus, von Internationalem und Nationalem gehören.

G. Grüner

Wachsende Anforderungen an die Effektivität der Integrationsprozesse

Unter den Bedingungen der entwickelten sozialistischen Gesellschaft wird die sozialistische ökonomische Integration immer mehr zur entscheidenden Grundbedingung der stabilen planmäßigen Entwicklung in unserem Land wie in allen sozialistischen Ländern. Damit wachsen zugleich die Anforderungen, die an die ökonomische Effektivität der Integrationsprozesse gestellt werden. „Dem Nutzeffekt der internationalen Spezialisierung und Kooperation gilt es", wie der Generalsekretär des ZK der SED, Genosse Erich Honecker, auf der 2. Tagung des Zentralkomitees unterstrich, „noch wesentlich mehr Aufmerksamkeit zu schenken".[1]

Die vorgelegten Thesen befinden sich in voller Übereinstimmung mit der auf eine hohe Effektivität des volkswirtschaftlichen Reproduktionsprozesses gerichteten Politik der zielstrebigen Vertiefung der sozialistischen ökonomischen Integration mit der UdSSR und den anderen RGW-Ländern. Auf dieser Grundlage werden eine Reihe von Ansatzpunkten für die weitere wissenschaftliche Forschung herausgearbeitet. Hervorzuheben ist vor allem das Bemühen der Autoren, die Entwicklungsprozesse der sozialistischen ökonomischen Integration unter dem Gesichtspunkt der vom IX. Parteitag der SED gestellten Aufgaben für die weitere Intensivierung der Volkswirtschaft der DDR zu untersuchen. Die wachsenden Anforderungen an eine hohe Effektivität der Integrationsprozesse entspringen den objektiven Gesetzmäßigkeiten der erreichten Entwicklungsstufe des Sozialismus in unserem Land wie auch in den anderen Mitgliedsländern des RGW. Wie die Beschlüsse des XXV. Parteitages der KPdSU und der jüngsten Parteitage der anderen Bruderparteien deutlich zeigen, werden in der Mehrheit der RGW-Länder höhere Anforderungen an die Effektivität der gesellschaftlichen Produktion, an ihre durchgreifende Intensivierung und Rationalisierung gestellt. Nur auf dieser Grundlage kann die in der ersten Hälfte der 70er Jahre erreichte Einheit von ökonomischer und sozialer Aufwärtsentwicklung auf lange Sicht fortgesetzt werden. Das um so mehr angesichts einer Reihe neuer Bedingungen, insbesondere des weltweiten Problems hinreichender Versorgung mit Rohstoffen, deren Verknappung bzw. Verteuerung. „Effektivität und Qualität . . .", so stellte der Generalsekretär des ZK der KPdSU, Genosse L. I. Breshnew, auf dem Oktoberplenum (1976) des ZK der KPdSU fest, „sind jetzt zur Devise der gesamten wirtschaftlichen Tätigkeit geworden".[2]

Die auf Erhöhung der Effektivität der Produktion gerichtete Wirtschaftsstrategie der RGW-Länder prägt auch die objektiven Erfordernisse, die den Prozessen der sozialistischen ökonomischen Integration zugrunde liegen. Es wachsen die Maßstäbe, die an

[1] E. Honecker, 2. Tagung des ZK der SED, Zu aktuellen Fragen unserer Innen- und Außenpolitik nach dem IX. Parteitag, Berlin 1976, S. 33.

[2] Zu aktuellen Fragen der Innen- und Außenpolitik der Sowjetunion, Rede Leonid Breshnews auf der Tagung des ZK der KPdSU, in: Neues Deutschland vom 26. 10. 1976, S. 3.

die ökonomische Wirksamkeit der internationalen Arbeitsteilung und Kooperation gestellt werden. Die Vorzüge der sozialistischen ökonomischen Integration werden immer mehr daran gemessen, wie sie dazu beiträgt, durch Konzentration und rationellere Nutzung des wissenschaftlich-technischen und ökonomischen Potentials, zusätzliche Reserven für die Erhöhung der Effektivität des gesellschaftlichen Reproduktionsprozesses zu erschließen. Dabei ist und bleibt die höhere Effektivität niemals Selbstzweck, sondern Voraussetzung für eine ständig bessere Deckung des Bedarfs der Volkswirtschaft und letztlich für die weitere Verbesserung des Lebensniveaus des Volkes als dem Hauptziel des Sozialismus.

Auf der Grundlage des gesellschaftlichen Eigentums an den Produktionsmitteln und dem dadurch bedingten Charakter der zwischenstaatlichen Beziehungen der Länder des Sozialismus, ist das Streben nach einer höheren Effektivität der Integrationsbeziehungen zugleich eine zutiefst internationalistische Aufgabenstellung. Eine Erhöhung der Effektivität der Integrationsbeziehungen auf Kosten der anderen beteiligten Länder ist unvereinbar mit den vom Geist des sozialistischen Internationalismus durchdrungenen Grundsätzen der Zusammenarbeit sozialistischer Länder. Die höhere Effektivität kann nur das Ergebnis einer rationelleren gemeinsamen Nutzung der vorhandenen materiellen und geistigen Ressourcen zum gegenseitigen Vorteil aller beteiligten Länder sein. Dadurch wird die höhere nationale Effektivität der Integration zugleich zu einer höheren Effektivität der gesellschaftlichen Produktion im Maßstab der gesamten Staatengemeinschaft.

Die Orientierung der Bruderparteien auf eine höhere Effektivität der Integrationsbeziehungen hat bereits zahlreiche neue Impulse für die wissenschaftliche Forschungsarbeit ausgelöst. Die vorliegenden Thesen zeigen jedoch auch, daß die Hauptarbeit auf diesem Gebiet noch vor uns liegt. Dabei geht es nicht in erster Linie um die Vorbereitung von Methodiken für die Nutzeffektsermittlung. Ausgehend von den Bedürfnissen der Praxis, gibt es hierfür bereits ein brauchbares Instrumentarium. Als eine vorrangige Aufgabe ist vielmehr die wissenschaftliche Analyse der Ergebnisse und Erfahrungen zu betrachten, die bei der konkreten Gestaltung der Integrationsbeziehungen bisher erreicht bzw. gesammelt werden konnten. Dabei denke ich vor allem an die Fragen der Spezialisierung und Kooperation der Produktion als die Seite der Integrationsbeziehungen, die am unmittelbarsten mit der Leistungsentwicklung unserer Betriebe und Kombinate verbunden ist. Ziel dieser analytischen Arbeit sollte es sein, die Wege und Richtungen herauszuarbeiten, die zu einer weiteren Erhöhung der Effektivität der internationalen Arbeitsteilung und Kooperation führen.

Die Praxis der Spezialisierung und Kooperation ist vielgestaltig. Es gibt bedeutende Unterschiede zwischen den einzelnen Industriezweigen. Im Schienenfahrzeugbau zum Beispiel entstand eine Spezialisierung vorwiegend nach Erzeugnisgruppen, im Textilmaschinenbau herrscht die Spezialisierung nach einzelnen Erzeugnisarten vor. Die Baugruppenkooperation im Chemieanlagenbau ist auf die Errichtung von Finalprodukten (Chemieanlagen) in allen beteiligten Ländern gerichtet, im Landmaschinenbau dominiert bei der Baugruppenkooperation die Konzentration der Finalproduktion in einem Land. Die Vorzüge und Probleme der verschiedenen Wege der Spezialisierung und Kooperation unter dem Gesichtspunkt einer hohen Effektivität, bei Sicherung der Deckung des Bedarfs der Volkswirtschaft (wozu auch die Entwicklung unserer Exportkraft gehört), gründlich zu analysieren, darin sehe ich einen wichtigen Beitrag der Wirtschaftswissenschaft zur weiteren Vertiefung der sozialistischen ökonomischen Integration im Lichte der auf dem IX. Parteitag und den Plenartagungen des Zentralkomitees der SED gegebenen Orientierung.

Die wissenschaftliche Analyse der Integrationsprozesse erfordert ein komplexes Herangehen an die zu untersuchenden Probleme. Der vorliegende Thesenentwurf trägt meines Erachtens diesem Erfordernis noch nicht genügend Rechnung. Die verschiedenen Seiten des Integrationsprozesses werden noch zu sehr nebeneinander und zu wenig in ihrem komplexen Zusammenwirken betrachtet. Vor allem ist eine isolierte Betrachtungsweise der Wertkategorien, insbesondere der Preise, nicht vertretbar. Wünschenswert ist auch ein sorgsamerer Umgang mit den Begriffen. In den Thesen wird zum Beispiel eine „zielgerichtete ökonomische Stimulierung der arbeitsteiligen Beziehungen durch die Vervollkommnung der wirtschaftlichen Rechnungsführung in den Ländern und die aktive Ausnutzung der Ware-Geld-Kategorien im ökonomischen Mechanismus der sozialistischen ökonomischen Integration" (These 22) gefordert. Der Sinn dieser Forderung bleibt mir unklar. Von der Klarheit der Sprache und Begriffe hängt jedoch der Wirkungsgrad jeder Wissenschaft ab.

Einige Gedanken zu den Fragen der Planungszusammenarbeit im Rahmen des RGW. In den Thesen werden in richtiger Weise die engen Wechselbeziehungen zwischen nationaler Planung und internationaler Planungszusammenarbeit herausgearbeitet. Ich möchte hier vor allem das Primat der nationalen Planung in diesen Wechselbeziehungen unterstreichen. Das ergibt sich letztlich aus dem im nationalen Maßstab existierenden Eigentum an den Produktionsmitteln als der Hauptform der Produktions- und Aneignungsverhältnisse des Sozialismus in der gegenwärtigen Etappe seiner Entwicklung. Unter diesen Bedingungen ist die internationale Planungszusammenarbeit darauf gerichtet, die nationale Planung entsprechend den Erfordernissen und Möglichkeiten der sozialistischen ökonomischen Integration zu vervollkommnen. Es geht also nicht darum – wie das mitunter von einigen bürgerlichen Ideologen in Verfälschung der Grundsätze der Zusammenarbeit im RGW behauptet wird –, die nationale Planung durch die internationale Planungszusammenarbeit einzuschränken oder gar zu ersetzen. Die Hauptfunktion der internationalen Planungszusammenarbeit ist auf die Ausarbeitung allseitig mit den RGW-Ländern abgestimmter nationaler Pläne gerichtet. Das gilt auch für die jüngste Form der Planungszusammenarbeit im RGW, für die Ausarbeitung langfristiger Zielprogramme der Zusammenarbeit bis 1990.

In den Thesen werden die Aufgabenstellungen der langfristigen Zielprogramme im RGW sowie ihr Charakter nach meiner Meinung im wesentlichen richtig herausgearbeitet. Ich übersehe dabei nicht, daß die Ausarbeitung langfristiger Zielprogramme in ihrer praktischen, konkreten Bewältigung eine anspruchsvolle und komplizierte Aufgabe ist. Die ökonomischen Interessen der einzelnen Länder müssen ebenso wie die Gesamtinteressen der Gemeinschaft umfassend berücksichtigt werden. Hinzu kommt die spezifische Problematik einer Planung, die mehrere Fünfjahrplanzeiträume umfaßt. Nicht außer acht gelassen werden kann die Tatsache, daß mit der Ausarbeitung der Zielprogramme zu einem Zeitpunkt begonnen wird, da sich die Arbeiten an der langfristigen Planung bis 1990 erst in ihrem Anfangsstadium befinden.

Eine wertvolle Hilfe bei der Ausarbeitung der langfristigen Zielprogramme für die Zusammenarbeit im RGW wird dabei die gründliche Auswertung der Erfahrungen sein, die bei der Ausarbeitung nationaler langfristiger Zielprogramme in einigen RGW-Ländern gesammelt werden konnten. Bekanntlich ist die Ausarbeitung langfristiger Zielprogramme für die komplexe Lösung wichtiger ökonomischer Aufgaben bereits seit einigen Jahren fester Bestandteil der nationalen Planungspraxis in der UdSSR und einer Reihe anderer RGW-Länder.

Gleichzeitig müssen wir uns meines Erachtens davor hüten, bewährte nationale Planungspraktiken schematisch auf die internationale Planungszusammenarbeit zu übertragen. Deshalb bedarf es auch einer gründlichen Erforschung der Besonderheiten internationaler langfristiger Zielprogramme. Wir müssen von Anfang an der Tatsache Rechnung tragen, daß die Ergebnisse der Ausarbeitung internationaler langfristiger Zielprogramme nicht den Charakter einer direkten Aufgabenstellung haben können, wie das bei den nationalen Zielprogrammen der Fall ist, sondern ihren Niederschlag in langfristigen Vereinbarungen der interessierten Länder finden, die mit Hilfe der nationalen Planung und der Außenhandelsbeziehungen realisiert werden. Diese Besonderheit der internationalen langfristigen Zielprogramme entspricht den Prinzipien der Gleichberechtigung und Souveränität zwischen sozialistischen Staaten.

Es ist auch zu begrüßen, daß in den Thesen darauf verzichtet wurde, eine Hierarchie zwischen den verschiedenen Formen der Planungszusammenarbeit zu entwikkeln. Die Versuche zum Beispiel, die gemeinsame Planung einzelner Erzeugnisse als eine progressivere Form der Planungszusammenarbeit zu betrachten als die Koordinierung der Fünfjahrpläne, haben uns weder in der Theorie noch in der Praxis weitergebracht. Im Mittelpunkt der Planungszusammenarbeit stand und steht die Koordinierung der Fünfjahrpläne. Das ergibt sich aus der Rolle der Fünfjahrpläne als Hauptinstrument zur planmäßigen Umsetzung der von den Parteitagen der Bruderparteien beschlossenen ökonomischen Entwicklungsziele. Daraus folgt, daß durch die Koordinierung der Fünfjahrpläne die entscheidenden Verflechtungspunkte der nationalen Reproduktionsprozesse kollektiv abgestimmt und angefangen von der Sicherung des perspektivischen Rohstoffbedarfs, der wissenschaftlich-technischen Zusammenarbeit, der Spezialisierung und Kooperation der Produktion bis hin zu Umfang und Struktur gegenseitiger Warenlieferungen geplant werden. Die Ausarbeitung langfristiger Zielprogramme ändert nichts an dieser zentralen Stellung der Koordinierung der Fünfjahrpläne im Gesamtsystem der Planungszusammenarbeit. Im Gegenteil: Indem die Ausarbeitung langfristiger Zielprogramme dazu beiträgt, die Ausgangsbasis für die Koordinierung der Fünfjahrpläne unter Berücksichtigung der Erfordernisse einer längerfristigen Perspektive zu qualifizieren, wird die Koordinierung der Fünfjahrpläne künftig noch besser ihre Funktion als Hauptform der Planungszusammenarbeit gerecht werden können. Ich sehe deshalb eine wichtige Aufgabe der wirtschaftswissenschaftlichen Forschung vor allem darin, zur weiteren Vervollkommnung der Koordinierung der Fünfjahrpläne beizutragen.

Abschließend noch eine Bemerkung zu den internationalen ökonomischen Organisationen. Die in den vergangenen Jahren gebildeten internationalen ökonomischen Organisationen der RGW-Länder haben ihren festen Platz im Integrationsprozeß gefunden. Die gebildeten Wirtschaftsorganisationen sind für uns kein Experiment, wie das im Thesenentwurf behauptet wird. Es geht darum, ihre Wirksamkeit zu erhöhen. Das setzt die volle Einordnung ihrer Tätigkeit in die nach den Prinzipien des demokratischen Zentralismus geleiteten und geplanten Volkswirtschaften der RGW-Länder voraus. Die internationalen Organisationen können keine sich selbst verwaltenden und planenden Einheiten bilden. Daher bin ich nicht mit der im Thesenentwurf enthaltenen Forderung einverstanden, daß „die Systeme der Leitung, Planung und ökonomischen Stimulierung in den RGW-Ländern . . . auf die Bedingungen der Tätigkeit von internationalen ökonomischen Organisationen auszurichten sind". In Wirklichkeit haben sich nicht die Bedingungen der nationalen Leitung und Planung der Volkswirtschaften an die Tätigkeit internationaler ökonomischer Organisationen anzupassen, sondern es ist meines Erachtens umgekehrt. Die Tätigkeit internationaler ökonomischer Organisationen vollzieht sich auf der Grundlage des Reproduktionsprozesses sowie der Leitung und Planung der Volkswirtschaft der beteiligten Länder.

W. Schmieder

Einheit von materiellen und finanziellen Integrationsprozessen

Bei der Erforschung der Prozesse der sozialistischen ökonomischen Integration stellen die Ware-Geld-Beziehungen, das internationale sozialistische Währungssystem und die wirtschaftliche Rechnungsführung auf der erreichten Stufe der internationalen wissenschaftlich-technischen und Produktionszusammenarbeit einen ganzen Komplex von noch zu lösenden Forschungsaufgaben dar.

Geht man davon aus, daß die Ausnutzung dieser ökonomischen Kategorien dazu beitragen muß, zusammen mit den Fragen und Problemen der Leitung, Planung und Organisierung von Integrationsprozessen die Erhöhung der Effektivität der gesellschaftlichen Arbeit auf internationaler wie auf nationaler Ebene zu fördern, so ist forschungsseitig noch viel zu tun. Die in den vorliegenden Schlußfolgerungen für die Forschungsarbeit gegebene Orientierung zur Erforschung der wirksameren Gestaltung und Anwendung der Ware-Geld-Beziehungen, der Finanz- und Kreditbeziehungen sowie der wirtschaftlichen Rechnungsführung halte ich darum für grundlegend richtig und für unbedingt notwendig. Man muß auch die Feststellung in den Thesen unterstützen, daß das zum Teil recht komplizierte Fragen sind. Unsere Erfahrungen der praktischen Arbeit bestätigen das. Auf Grund der engen Verbindung zwischen den materiellen und finanziellen Prozessen in den ökonomischen Integrationsbeziehungen halten wir die Erforschung dieser Seite der sozialistischen ökonomischen Integration vor allem für vier Anwendungsgebiete von immanent praktischer und aktueller Bedeutung:

1. für die Durchführung von Effektivitätsberechnungen für Maßnahmen der Spezialisierung und Kooperation;
2. für die Ermittlung des Aufwandes und der Beteiligungen der RGW-Länder bei gemeinsamen Integrationsvorhaben;
3. für die Sicherung der Äquivalenz der zwischenstaatlichen ökonomischen und wissenschaftlich-technischen Zusammenarbeit;
4. für die Anwendung der wirtschaftlichen Rechnungsführung in internationalen Wirtschaftsorganisationen.

Was das letztere – die Anwendung der wirtschaftlichen Rechnungsführung in internationalen Wirtschaftsorganisationen – betrifft, so ist den Thesen in Punkt 35 beizupflichten, daß die Anwendung der wirtschaftlichen Rechnungsführung in den internationalen ökonomischen Organisationen schrittweise vor sich gehen muß, und zwar immer im Zusammenhang damit, daß sich echte gemeinsame Wirtschaftstätigkeit entwickelt, die über den Rahmen bloßer Koordinierungstätigkeit hinausgeht.

Die Verfasser der Thesen gehen davon aus, daß man die Wirkung der wirtschaftlichen Rechnungsführung nicht überbewerten darf. Primär sind die materiellen Bedingungen und Interessen sowie die Fragen der koordinierten Leitung und Planung gemeinschaftlicher Produktionsprozesse. Das ist auch unser Standpunkt im Ministerium der Finanzen.

Aber ebenso treten wir dafür ein, schneller und tiefgründiger die wissenschaftlichen Grundlagen der Prinzipien der wirtschaftlichen Rechnungsführung und insbesondere der Bedingungen ihrer Anwendung in internationalen Wirtschaftsorganisationen zu schaffen und sie noch umfassender zu erforschen.

Gegenwärtig reicht der wissenschaftliche Erkenntnisstand und Vorlauf für die Beantwortung einiger grundlegender Fragen der ökonomischen Beziehungen, die sowohl den gemeinschaftlichen Interessen wie auch den speziellen nationalen ökonomischen Interessen der Länder des RGW Rechnung tragen müssen, noch nicht aus. Es ist unseres Erachtens notwendig, die Erforschung der Bedingungen und Faktoren für die weitgehende Übereinstimmung von gemeinschaftlichen und nationalen ökonomischen Interessen zu vertiefen.

Die weitere Forschung sollte sich ganz besonders auf diejenigen Fragen und Probleme konzentrieren, zu denen es einer wissenschaftlich fundierten Antwort bedarf. Das wären aus heutiger Sicht insbesondere folgende zwei Fragen bzw. Probleme:

1. Die Bestimmung der objektiven Kriterien, nach denen sich die ökonomischen Wechselbeziehungen zwischen internationalen Wirtschaftsorganisationen und den Produktionseinheiten in den einzelnen Ländern des RGW herausbilden. Das Schwergewicht ist hierbei auf die Berücksichtigung ihrer Wirkung auf das Nationaleinkommen der beteiligten Länder durch effektives Wirtschaften und rationelle Verteilung des ökonomischen Ergebnisses zu legen.

2. Die Bestimmung der objektiven Faktoren für die ökonomischen Interessen und Ansprüche der Standortländer von Wirtschaftsorganisationen und von Produktionseinheiten am erwirtschafteten Gewinn als wachsende Quelle des Staates für die Dekkung und Befriedigung nationaler gesamtgesellschaftlicher Bedürfnisse.

Das schließt die Beantwortung einer solchen fundamentalen Frage ein wie, „was sind Kosten, was ist Reineinkommen", um solch bedeutende ökonomische Kategorien wie Kosten und Gewinn einheitlich in der internationalen Sphäre der Wirtschaftstätigkeit anzuwenden.

Die Klärung dieser Fragen und Probleme ist von gleicher Bedeutung für die Gründung und die Tätigkeit gemeinsamer Betriebe.

Ein genereller Schwerpunkt in der Forschungsarbeit, den wir auch in der RGW-Kommissionsarbeit vertreten, muß die Stärkung der Rolle des transferablen Rubels als kollektive Währung der RGW-Länder sein. Das ist unter den Bedingungen der Vertiefung der sozialistischen ökonomischen Integration nicht mehr nur für den Warenaustausch von Bedeutung, wo der transferable Rubel die Funktion als Zahlungsmittel und als Maßstab der Außenhandelspreise erfüllt. In zunehmendem Maße gewinnt seine Funktion als Maß der Werte an Bedeutung, besonders für Effektivitätsberechnungen, den Aufwand und Nutzen von Integrationsmaßnahmen der Spezialisierung und Kooperation, gemeinschaftlicher Investitionsvorhaben, wissenschaftlich-technischer Maßnahmen und gemeinschaftlicher Produktion. Ganz aktuell hierfür ist beispielsweise die einheitliche Umrechnung der nationalen Währungen in die kollektive Währung transferabler Rubel wie umgekehrt und untereinander als ein nächster Schritt. Dabei erweist sich die Bestimmung der Äquivalenz als das Komplizierteste.

Wie Genosse Dr. Weiss schon ausführte, können wir die Einschätzung treffen – und darin stimmen die Länder des RGW überein –, daß das internationale sozialistische Währungssystem im wesentlichen den gegenwätrigen Anforderungen der sozialistischen ökonomischen Integration entspricht. Für die Verwirklichung der strategischen Zielstellung im Komplexprogramm muß es ständig weiter vervollkommnet werden, wobei die Erhöhung der Rolle des transferablen Rubels den Schwerpunkt bildet. Auch auf diesem Gebiet besteht die Notwendigkeit weiterer intensiver Vorlaufforschung.

Wir treten dafür ein, daß der Schwerpunkt bei der Vervollkommnung der kollektiven Währung transferabler Rubel in ihrer aktiven Ausnutzung zur weiteren Festigung der Einheit von materiellen und finanziellen Prozessen liegt. Die uns vorliegenden Thesen bekräftigen diesen Standpunkt. Wir lassen uns davon leiten, daß es darauf ankommt, den transferablen Rubel und die anderen Elemente des Währungssystems, wie das Kreditsystem, in der Richtung zu stärken, daß sie die Entwicklung der Integrationsformen wissenschaftlich-technischer und Produktionszusammenarbeit wirksam unterstützen. Das unterstreicht die Bedeutung der wissenschaftlichen Lösung dieser Fragen und Probleme, zu denen in den Schlußfolgerungen der Thesen ein ganzer Abschnitt entscheidender Forschungsaufgaben festgelegt ist. Meine Bemerkungen und Gedanken sollen diese bedeutungsvollen Aufgaben voll und ganz unterstützen. Die offenen Fragen und Probleme der Gegenwart, wie sie aus den Integrationsprozessen erwachsen, müssen daher vom Standpunkt des Marxismus-Leninismus, der in dem vorgelegten Material klar und deutlich zutage tritt, eine wissenschaftliche Lösung erfahren.

H. Emmerich

Qualitätsentwicklung und internationale Standardisierung im RGW – wichtige Faktoren der Intensivierung der gesellschaftlichen Produktion und der sozialistischen ökonomischen Integration

Ich möchte zunächst begrüßen, daß der Wissenschaftliche Rat den Versuch unternommen hat, die bisher vorliegende Fülle von Wissen und Erkenntnissen, von ersten Ergebnissen der sozialistischen ökonomischen Integration in Thesen zusammenzufassen und sie zur Diskussion zu stellen. Das ist nützlich sowohl für die weitere Erforschung der Gesetzmäßigkeiten und für die Lehre als auch für praktische Schritte zur Leitung und Planung der vielschichtigen Integrationsprozesse.

Besonders zu begrüßen ist der Ausgangspunkt der Betrachtungen, nämlich jene Entwicklungsprozesse im Zusammenhang mit der sozialistischen ökonomischen Integration zu untersuchen, die von aktueller Bedeutung für die Intensivierung der Volkswirtschaft der DDR sind. Dieses Herangehen ist deshalb zu unterstützen, weil die Wechselwirkungen zwischen der Intensivierung der gesellschaftlichen Produktion einerseits und der Annäherung des ökonomischen Entwicklungsniveaus und der weiteren Vereinigung der Kräfte des Forschungs- und Produktionspotentials, also des Zusammenwirkens in der Sphäre der materiellen Produktion andererseits nicht zu übersehen sind.

Wir müssen bekanntlich davon ausgehen, daß die Intensivierung mehr als nur eine ökonomische Aufgabenstellung ist, nämlich ein Faktor unseres gesamten gesellschaftlichen Voranschreitens[1], denn bei der Intensivierung handelt es sich nicht um eine zeitweilige Maßnahme, sondern um eine Aufgabe mit langfristigem strategischem Charakter. Die Erfordernisse und Ziele der Intensivierung der gesellschaftlichen Produktion prägen die Entscheidungen sowohl für die unzähligen notwendigen Einzelaktivitäten als auch für die weitere Entwicklung der Gesellschaft als Ganzes. Bei diesen Entscheidungen handelt es sich meist um die Verknüpfung der Gegenwart mit der Zukunft. Einerseits sind kurzfristig wirkende Entscheidungen zu fällen, die in der Regel qualitative Ergänzungen und Korrekturen in Anwendung befindlicher Erzeugnisse und Verfahren betreffen, das Vorhandene verbessern und vervollständigen. Andererseits sind bei diesen Schritten zur Erhöhung der Effektivität der gesellschaftlichen Produktion – wo immer möglich – Entscheidungen und Entschlüsse aus der Sicht künftiger Erfordernisse der entwickelten sozialistischen Gesellschaft und des allmählichen Übergangs zum Kommunismus zu fällen.

Auch die sozialistische ökonomische Integration ist keine zeitweilige und keine technisch-organisatorische Maßnahme, sondern eine langfristige Erscheinung, die entsprechend dem internationalistischen Wesen der sozialistischen Gesellschaftsordnung zu einem Wesensmerkmal, zu einer Gesetzmäßigkeit der Gestaltung der entwickelten sozialistischen Gesellschaft wird. Ich unterstütze deshalb besonders die These 1, die diese Gesetzmäßigkeit enthält und deren Bedeutung für die gesellschaftliche Ent-

[1] E. Honecker, Bericht des Zentralkomitees der Sozialistischen Einheitspartei Deutschlands an den IX. Parteitag, Berlin 1976, S. 70.

wicklung in der DDR durch Bezugnahme auf das vom IX. Parteitag beschlossene Programm der SED unterstreicht sowie hervorhebt, daß die Arbeiterklasse sozialer Träger der ökonomischen Integration sozialistischer Länder ist. Das heißt, der Integrationsprozeß ist eindeutig klassenbezogen, was sich aus den Grundinteressen des Sozialismus ergibt.

Die Arbeiterklasse, die die politische Macht in den Mitgliedsländern des RGW ausübt, führt im Bündnis mit den anderen Werktätigen bewußt und planmäßig den Prozeß der allmählichen Annäherung und des internationalen Zusammenschlusses. Dabei lassen sich die kommunistischen und Arbeiterparteien, die die politische Führung der Gesellschaft in diesen Ländern ausüben, von der historischen Mission der Arbeiterklasse leiten, denn „. . . die Kommunisten (vertreten) . . . in den verschiedenen Entwicklungsstufen, welche der Kampf zwischen Proletariat und Bourgeoisie durchläuft, stets das Interesse der Gesamtbewegung. Die Kommunisten sind . . . praktisch der entschiedenste, immer weiter treibende Teil der Arbeiterparteien aller Länder; sie haben theoretisch vor der übrigen Masse des Proletariats die Einsicht in die Bedingungen, den Gang und die allgemeinen Resultate der proletarischen Bewegung voraus."[2]

Diese Darlegungen belegen, daß es unvollständig und sogar falsch wäre, wollte man die Notwendigkeit der sozialistischen ökonomischen Integration lediglich aus der Entwicklung der Produktivkräfte, aus der wissenschaftlich-technischen Revolution oder aus Erfordernissen der Konzentration der Produktion mit dem Ziel höherer Effektivität ableiten. Weder die Wirtschaftsintegration noch die Internationalisierung des Wirtschaftslebens verlaufen systemneutral.

Die Strategie der Länder des Sozialismus, im Verlaufe der sozialistischen ökonomischen Integration Schritt für Schritt auf dem von Lenin wissenschaftlich vorgezeichneten Weg voranzugehen, „. . . alle Länder der Welt zu einem einheitlichen wirtschaftlichen Ganzen . . ."[3] zu vereinen, hat großes Gewicht für die Entwicklung der sozialistischen Gemeinschaft und bei der Veränderung des Kräfteverhältnisses im Weltmaßstab zugunsten des Friedens und des Sozialismus. Sie ist auf die Schaffung günstiger äußerer, qualitativ neuer Bedingungen für die Erweiterung des ökonomischen Potentials jedes einzelnen sozialistischen Landes gerichtet und zielt auf die Entwicklung einer leistungsfähigen ökonomischen Basis für die Politik der friedlichen Koexistenz von Staaten mit unterschiedlichen Gesellschaftssystemen ab. Deshalb müssen aktuelle innerstaatliche Aufgaben und Entscheidungen sowie die Gestaltung und Veränderung äußerer Entwicklungsbedingungen zunehmend aus der Sicht dieser strategischen Zielstellung der sozialistischen Gemeinschaft abgeleitet werden, und die gewollten Fernwirkungen der sozialistischen ökonomischen Integration müssen mehr und mehr Ausgangspunkte nationaler Wirtschaftspolitik und internationaler Zusammenarbeit werden.

Hinsichtlich des engen Zusammenhangs zwischen der Intensivierung der Produktion und der sozialistischen ökonomischen Integration sollte noch besonders hervorgehoben werden, daß die Beschleunigung des wissenschaftlich-technischen Fortschritts der Hauptfaktor der Intensivierung ist, der die Lösung aller anderen Aufgaben entscheidend beeinflußt.

[2] K. Marx/F. Engels, Manifest der Kommunistischen Partei, in: Marx-Engels-Werke (im folgenden MEW), Bd. 4, Berlin 1959, S. 474.

[3] W. I. Lenin, Die Entwicklung des Kapitalismus in Rußland, in: Werke, Bd. 3, Berlin 1956, S. 55.

Auch in der multilateralen Zusammenarbeit der RGW-Länder geht es darum – wie Genosse Hager auf der Konferenz der Gesellschaftswissenschaftler der DDR ausführte –, „... das Niveau der wissenschaftlich-technischen Leistungen weiter zu erhöhen und die Ergebnisse für die Volkswirtschaft und die gesellschaftliche Praxis rasch und mit höchster Effektivität wirksam zu machen".[4]

Aus dem bisherigen Verlauf und aus den Aufgabenstellungen der Intensivierung und der sozialistischen ökonomischen Integration ergibt sich eindeutig, daß die qualitativen Faktoren der wirtschaftlichen Entwicklung in nächster Zukunft schneller zu entwickeln sind, weil sie wesentliche Elemente beider Entwicklungsprozesse, also sowohl der Intensivierung als auch der sozialistischen ökonomischen Integration darstellen.

Allgemein betrachtet, geht es bei allen wissenschaftlich-technischen Arbeiten letzten Endes um die Erreichung einer höheren Qualität: Es geht um Gebrauchseigenschaften für Erzeugnisse, die zum Zeitpunkt ihrer Produktionsaufnahme den fortgeschrittenen internationalen Stand mitbestimmen und für die in der DDR das Gütezeichen „Q" erteilt wird sowie um Erzeugnisse, die zum Zeitpunkt ihrer Produktionsaufnahme dem fortgeschrittenen internationalen Stand entsprechen und dafür das Gütezeichen „1" erhalten. Insbesondere geht es um die Verbesserung der Zuverlässigkeit von Erzeugnissen, ihrer Funktionsfähigkeit und ihrer Lebensdauer.

Das sind Kriterien der Qualität von Erzeugnissen, die für die Erfüllung der Hauptaufgabe bei der weiteren Gestaltung der entwickelten sozialistischen Gesellschaft und für die Intensivierung wichtige Faktoren darstellen. Sie sind für die Erhöhung der Grundfondsökonomie, für die Materialökonomie sowie für die Steigerung der Arbeitsproduktivität und Effektivität in der Volkswirtschaft der DDR und für gleichlautende Ziele in den anderen Mitgliedsländern des RGW und damit für die sozialistische Gemeinschaft als Ganzes von ausschlaggebender Bedeutung. Anders betrachtet, sollten dann keine wissenschaftlich-technischen Arbeiten begonnen werden, wenn die Zielstellung nicht nachweisbar zu höherer Qualität von Erzeugnissen und Verfahren führt und der ökonomische Fortschritt beschleunigt wird, denn der ökonomische Fortschritt gerät in immer stärkere Abhängigkeit vom wissenschaftlich-technischen Fortschritt. Das gilt national und international.

Die Erhöhung der Qualität der Erzeugnisse und Verfahren sowie der Effektivität der Volkswirtschaft ist deshalb als Aufgabenstellung für den nächsten Abschnitt unserer Entwicklung vom IX. Parteitag der SED beschlossen worden. Aus diesem Grunde bezeichnen wir auch den Plan 1976 bis 1980 als einen Fünfjahrplan der weiteren kontinuierlichen Verwirklichung der Hauptaufgabe, einen Plan der allseitigen Intensivierung, der weiteren Erhöhung der Effektivität und Qualität der Produktion.[5] Auch der XXV. Parteitag der KPdSU widmet der qualitativen Seite der gesellschaftlichen Produktion größte Aufmerksamkeit. Dort wird der Plan 1976 bis 1980 ebenfalls als Plan der Effektivität und Qualität bezeichnet.

Genosse Kossygin hat in diesem Zusammenhang hervorgehoben, daß das Problem der Qualität in sehr weitem Sinne verstanden werden sollte, weil die „Erhöhung der Effektivität und Qualität ... nicht nur eine technische und ökonomische Aufgabe (ist), sie ist auch eine soziale, eine ideologische Aufgabe, die gleichfalls im Prozeß der weiteren Entwicklung der sowjetischen Gesellschaft gelöst werden soll. Die Lösung dieser Aufgabe wird zur Festigung und Vervollkommnung der sozialistischen gesell-

[4] K. Hager, Der IX. Parteitag und die Gesellschaftswissenschaften, Berlin 1976, S. 34.

[5] Vgl. E. Honecker, Bericht des Zentralkomitees der Sozialistischen Einheitspartei Deutschlands an den IX. Parteitag, Berlin 1976, S. 84.

schaftlichen Beziehungen, der kommunistischen Normen des Zusammenlebens beitragen."[6]

Es wäre auch richtig, an dieser Stelle hervorzuheben, daß, der Bedeutung der Qualität entsprechend, die Hauptaufgabe des 10. Fünfjahrplanes der UdSSR einen entsprechenden Passus enthält. Bekanntlich wird zu den Wegen, die zur Hebung des materiellen und kulturellen Lebensniveaus des Volkes führen sollen, „die größtmögliche Verbesserung der Qualität der Arbeit in allen Bereichen der Volkswirtschaft"[7] gezählt.

Die grundlegenden Interessen und Ziele in der Wirtschafts- und Sozialpolitik der DDR stimmen mit denen der UdSSR überein, also auch in den Fragen der Effektivität und Qualität und des wissenschaftlich-technischen Fortschritts, der zu einer Schlüsselfrage des weiteren wirtschaftlichen Leistungsanstiegs geworden ist. Effektivität und Qualität gehören demnach zu den Voraussetzungen für den weiteren erfolgreichen Verlauf der Intensivierung und der sozialistischen ökonomischen Integration.

Bei diesen Betrachtungen über die Qualität der Erzeugnisse und Verfahren und deren Einfluß auf die gesellschaftliche Entwicklung möchte ich noch auf den engen Zusammenhang verweisen, der zwischen Qualitätsentwicklung und Standardisierung sowohl national als auch international besteht.

Auf Grund der zentralen Bedeutung, die die staatlichen Standards als Rechtsmittel des sozialistischen Staates für die Erhöhung des qualitativen Niveaus der Industrieproduktion, für die Intensivierung der gesellschaftlichen Produktion und für die qualitativen Vorgänge in der Wirtschaft haben, hat die Regierung der DDR festgelegt, daß die Produktion grundsätzlich nach staatlichen Standards und anderen staatlichen Vorschriften erfolgen muß, staatliche Standards eine Grundlage der Qualitätsbewertung sowie ein Mittel der Preisbildung sind und daß durch Kennwerte und andere Festlegungen der Standards die Qualität der jetzigen und künftigen Produktionen zu bestimmen ist.

Diese Grundsätze sind im Ergebnis enger Zusammenarbeit zwischen den Organen der DDR und der UdSSR vereinbart worden, die für die Leitung und Planung der Qualitätsentwicklung und Qualitätssicherung, der Standardisierung und des Meßwesens verantwortlich sind, und die Grundsätze liegen der nationalen und internationalen Standardisierung beider Länder zugrunde. In den anderen Ländern des RGW gelten ähnliche Leitsätze.

Ich würde die Bedeutung der internationalen Zusammenarbeit bei der Qualitätsentwicklung und Qualitätssicherung und auf dem Gebiet der Standardisierung zu den effektivitätserhöhenden Wirkungen zählen, die in der These 21 aufgeführt sind und insbesondere mit der internationalen Spezialisierung in Wissenschaft und Produktion in Zusammenhang bringen. Dafür sind vielfältige Voraussetzungen erforderlich, die in der wirtschaftlichen und wissenschaftlich-technischen Zusammenarbeit der RGW-Länder, in der Leitung, Planung und ökonomischen Stimulierung auf volkswirtschaftlicher und zweiglicher Ebene sowie in den Wirtschaftseinheiten zu schaffen sind – wie es in der These 22 heißt. Wenn hier auch die internationale Standardisierung lediglich in Klammern mit erwähnt ist – sicher soll das keine Wertung der Funktion der

[6] A. N. Kossygin, Die Hauptrichtungen der Entwicklung der Volkswirtschaft der UdSSR von 1976 bis 1980, Berlin 1976, S. 58.

[7] L. I. Breshnew, XXV. Parteitag der KPdSU, Rechenschaftsbericht des Zentralkomitees der KPdSU und die nächsten Aufgaben der Partei in der Innen- und Außenpolitik, Berlin 1976, S. 50.

internationalen Standardisierung sein – so möchte ich hier einige Gedanken zur zwei- und mehrseitigen internationalen Standardisierung im RGW äußern.

Geleitet von der oben genannten Übereinstimmung in den Grundfragen, wurde und wird die Zusammenarbeit zwischen der DDR und der UdSSR in der Standardisierung mit dem Ziel der ökonomisch und technisch zweckmäßigen Vereinheitlichung staatlicher Standards verstärkt, und zwar weil

1. der Warenaustausch zwischen beiden Ländern von 1950 = 1,5 Mrd. Mark bis 1975 auf über 20 Mrd. Mark gewachsen ist und 1980 28 Mrd. Mark erreichen wird. Die Übereinstimmung wichtiger Standards ist eine Voraussetzung dafür, daß der Anteil spezialisierter Erzeugnisse am Warenaustausch auf 35 Prozent steigt, darunter für die metallverarbeitende Industrie auf 50 Prozent, wie es das langfristige Handelsabkommen der DDR mit der UdSSR bis 1980 vorsieht;
2. die Kooperationsbeziehungen zwischen Instituten, Projektierungsbüros und Betrieben beider Länder planmäßig erweitert und in Gemeinschaftsarbeit neue Erzeugnisse und Verfahren entwickelt werden;
3. der Anteil des Warenaustausches erhöht werden muß, der auf der Basis vereinheitlichter staatlicher Standards erfolgt und gegenwärtig in der Metallurgie 40 Prozent und in der Elektrotechnik/Elektronik ca 15 Prozent beträgt.

Im Verlauf der Zusammenarbeit sind Auswahlkriterien vereinbart worden, die für die Gestaltung der Jahrespläne zur zweiseitigen Vereinheitlichung normativ-technischer Dokumente anzuwenden sind. Die gewonnenen Erkenntnisse, insbesondere die Tatsache, daß die Standardisierung Teil wissenschaftlich-technischer Arbeit ist, führten mehr und mehr dazu, daß die Vereinheitlichung der nationalen Standards nicht länger nur Aufgabe von Standardisierungsorganen sein kann. Deshalb werden auch Ministerien der Industrie und wissenschaftlich-technischen Einrichtungen beider Länder in diese wichtigen gemeinsamen Arbeiten einbezogen. Es ist bereits erkennbar, daß die Übereinstimmung von TGL und GOST Gegenstand, Ziel und Ergebnis gemeinsamer Forschungs- und Entwicklungsarbeiten werden und aus Regierungsabkommen und Ministervereinbarungen zur Spezialisierung und Kooperation abgeleitet werden muß.

Es hat sich erwiesen, daß die mit der Vereinheitlichung verbundenen wissenschaftlich-technischen Arbeiten langfristig erfolgen müssen. Durch die Änderung lediglich einzelner Kennziffern in nationalen Standards einer Seite konnten die historisch entstandenen Unterschiede in den Standardwerken beider Länder nicht beseitigt werden. Deshalb wurde am 2. 2. 1973 ein entsprechendes Regierungsabkommen abgeschlossen, und die Arbeiten erfolgen auf der Basis von Plänen, die gemeinsam ausgearbeitet werden.

Die planmäßige Vereinheitlichung von Standards, wie sie seit über drei Jahren zwischen der DDR und der UdSSR mit Erfolg verläuft, stellt in diesem Ausmaß etwas Neues in der bilateralen Zusammenarbeit zweier Länder dar und ist eine wichtige Form der wissenschaftlich-technischen Zusammenarbeit zwischen der DDR und der UdSSR.

Hinsichtlich der Leitung und Koordinierung, insbesondere der Planung der Vereinheitlichungsarbeiten, wurden dabei wertvolle Erkenntnisse und Erfahrungen für die Vervollkommnung des Instrumentariums gesammelt, das gegenwärtig für die Leitung und Planung der sozialistischen ökonomischen Integration geschaffen wird.

Beide Länder lassen sich davon leiten, daß

– das wissenschaftlich-technische Niveau, das heißt die qualitativen Kennwerte der Standards zu heben und ihre Rolle bei der Verbesserung der Qualität der Erzeugnisse zu stärken sind, daß geltende Standards zu erneuern sind, um ein hohes technisches Niveau und eine hohe Qualität der Erzeugnisse zu gewährleisten;

- Baugruppen, Einzelteile und Mechanismen, die in mehreren Zweigen Anwendung finden, zu vereinheitlichen und zu standardisieren sind und die vollständige Austauschbarkeit der Baugruppen und Einzelteile im Nutzungsprozeß zu gewährleisten ist.

Das Regierungsabkommen zur Vereinheitlichung von Standards leitete eine neue Etappe der zweiseitigen wissenschaftlich-technischen Zusammenarbeit ein. Diese Etappe ist besonders dadurch gekennzeichnet, daß die gemeinsam zu lösenden Aufgaben in den staatlichen Plänen beider Länder enthalten sind – in der DDR im Staatsplan Wissenschaft und Technik und in der UdSSR im staatlichen Plan der Standardisierungsarbeiten. Damit unterliegt ihre Lösung der Kontrolle der jeweiligen staatlichen Organe.

Die vereinbarte Ordnung der Zusammenarbeit von staatlichen Organen beider Länder und die Planung der Vereinheitlichungsarbeiten entsprechen den im Komplexprogramm der sozialistischen ökonomischen Integration vorgesehenen Maßnahmen:

- „Vertiefung der mehr- und zweiseitigen Zusammenarbeit auf dem Gebiet der Planungstätigkeit, einschließlich der Zusammenarbeit bei der Prognostizierung, der Koordinierung der Fünfjahrpläne und ... der gemeinsamen Planung ... ;
- Erweiterung der Direktbeziehungen zwischen Ministerien, Ämtern und anderen staatlichen Organen ... ;“[8]

Die Direktbeziehungen müssen auf die Zusammenarbeit in der Standardisierung und Typisierung gerichtet sein.

Das Amt für Standardisierung, Meßwesen und Warenprüfung (ASMW) der DDR und Gosstandart der UdSSR arbeiten seit der Unterzeichnung des Abkommens an der Gestaltung der planmäßigen Herbeiführung der Übereinstimmung staatlicher Standards beider Länder und führen regelmäßig Konsultationen zur Weiterentwicklung der Leitung, Planung und Organisation der Standardisierung in ihren Ländern durch.

Es werden ausgearbeitet, von den Präsidenten beider Regierungsorgane bestätigt und damit der bilateralen Zusammenarbeit verbindlich zugrunde gelegt:

1. Jahrespläne zur Vereinheitlichung staatlicher Standards beider Länder (TGL, GOST), Technischer Bedingungen und anderer technischer Regeln (Gesundheits-, Arbeits- und Brandschutz-Vorschriften beider Länder),
2. Fünfjahrplan in Form von Hauptrichtungen zur Vereinheitlichung staatlicher Standards. Die Hauptrichtungen für den Zeitraum 1976 bis 1980 wurden unter Beteiligung der Industrieministerien beider Länder vom ASMW und Gosstandart erarbeitet und von der Paritätischen Regierungskommission gebilligt, so daß der Jahresplan 1976 bereits diesen Hauptrichtungen folgte, die folgenden Jahrespläne zur Vereinheitlichung auf ihrer Grundlage entstehen und die Fünfjahrpläne in beiden Ländern diesen gemeinsamen Hauptrichtungen entsprechen.

Die planmäßige Gestaltung sowie die Aufnahme von Aufgaben der gemeinsamen Standardisierungsarbeiten in die zentralen staatlichen Pläne beider Länder stellen meines Erachtens eine wirkungsvolle Form der gemeinsamen Planung dar, die wegen des Gegenstandes, wegen der wissenschaftlich-technischen Aufgabenstellung und der damit verbundenen ökonomischen Auswirkungen auf die Intensivierung und sozialistische ökonomische Integration eine hohe Genauigkeit verlangen und sehr konkret sind. Deshalb widmen beide Länder der Ausarbeitung des Planes, an der viele wirtschafts-

[8] Dokumente RGW, Über die Vertiefung und Vervollkommnung der Zusammenarbeit und Entwicklung der sozialistischen ökonomischen Integration, Berlin 1971, S. 18.

leitende Organe und Spezialisten teilnehmen, die gleiche Aufmerksamkeit wie der exakten Erfüllung.

Die Forderung, die an die Standardisierung im Komplexprogramm der sozialistischen ökonomischen Integration in einem speziellen Abschnitt gerichtet wird, entspricht dem Grundsatz, daß der Integrationsprozeß primär in der Sphäre der materiellen Produktion verläuft und zur Steigerung der Arbeitsproduktivität in jedem der Mitgliedsländer führen muß. Gleichzeitig besagt diese Aufgabenstellung, daß eine höhere Stufe der Vereinheitlichung der nationalen Normen und Standards für kooperierte und spezialisierte Erzeugnisse angestrebt werden und deshalb der Verbindlichkeitsgrad für die genannten Dokumente und die Prinzipien ihrer direkten Anwendung bestimmt werden sollte.

Es wird hier bewußt von einer höheren Stufe der Vereinheitlichung gesprochen, weil auch die Zusammenarbeit in der Standardisierung vor der Annahme des Komplexprogramms dem Ziel diente, nationale Standards anzugleichen, zu vereinheitlichen. Die beiden hier angedeuteten Phasen der Vereinheitlichung sollten zeitlich und inhaltlich wie folgt verstanden werden:

1. *Die Etappe der Annahme von RGW-Empfehlungen zur Standardisierung (RS)*, die mit der Bildung von RGW-Fachkommissionen für die Zusammenarbeit in der Produktionssphäre (1956) begann, sollte als Zusammenarbeit der Mitgliedsländer des RGW auf dem Gebiet der Standardisierung bezeichnet werden.
2. *Die Etappe der Bestätigung von RGW-Standards (ST–RGW)*, die mit der Realisierung des Komplexprogramms der sozialistischen ökonomischen Integration begann (erste Versuchsarbeiten 1973, offiziell mit dem Inkrafttreten der Konvention zum ST–RGW am 27. 3. 1975), sollte als gemeinsame internationale Standardisierung im RGW bezeichnet werden.

Beide normativ-technischen Dokumente der Standardisierung im RGW, sowohl RS als auch ST–RGW, stellen Teile des Instrumentariums dar, das die Mitgliedsländer und die Organe des RGW für die Leitung, Planung und Organisation der Integrationsprozesse schaffen. Das Ziel der Arbeiten mit diesen beiden Dokumenten ist die Vereinheitlichung von nationalen Standards der Mitgliedsländer, ohne die die planmäßige Erweiterung der internationalen Spezialisierung und Kooperation in Wissenschaft, Technik und Produktion praktisch nicht möglich wäre.

Ohne Vereinheitlichung von Standards würden Schwierigkeiten im Außenhandel, beim Bau gemeinsamer Betriebe und bei Forschungsarbeiten entstehen, und die Entwicklung der sozialistischen ökonomischen Integration würde behindert.

Im weiteren Verlauf der sozialistischen ökonomischen Integration, in dem die mehrseitige Zusammenarbeit mit den Zielprogrammen neue Impulse und größere Planmäßigkeit erhält, wird meines Erachtens die Anzahl von RGW-Empfehlungen zur Standardisierung (RS) zurückgehen, und RGW-Standards werden bei der Produktionszusammenarbeit und beim Warenaustausch zunehmend zum „grundlegenden normativ-technischen Dokument zur Standardisierung im RGW" gestaltet.[9]

Die vorliegenden gemeinsamen Erkenntnisse und Erfahrungen zur Funktion der internationalen Standardisierung in der sozialistischen ökonomischen Integration besagen:

1. Im Ergebnis der zwei- und mehrseitigen Zusammenarbeit wurden bereits über 800 Standards, Technische Bedingungen und andere technische Regeln der nationalen

[9] Ordnung über den Standard des Rates für Gegenseitige Wirtschaftshilfe, in: GBl. II/1974, S. 512.

Standardwerke der DDR und der UdSSR vereinheitlicht, davon 580 TGL/GOST und 300 ST–RGW, die für die Austauschbarkeit und Kopplungsfähigkeit von Erzeugnissen beider Länder unerläßlich sind, wobei unter Berücksichtigung internationaler Standards das technisch und ökonomisch günstigste Niveau anzustreben ist, also auf höhere Effektivität national und international ausgerichtet sein muß.

2. Regierungsabkommen und Ministervereinbarungen, die zur Spezialisierung und Kooperation in Wissenschaft, Technik und Produktion abgeschlossen werden, sollten unbedingt die Aufgaben zur Vereinheitlichung der Standards beider Länder beinhalten, die für den Erfolg der arbeitsteiligen Maßnahmen bestimmend sind. Die technische und ökonomische Zweckmäßigkeit der Vereinheitlichung ist aus den Zielen beider Länder zur Erhöhung der Qualität und Zuverlässigkeit der Erzeugnisse und zur Intensivierung der Produktion abzuleiten. Auch bei der internationalen Standardisierung ist vom engen Zusammenhang zwischen Qualität und Standards sowie von der Einheit von Qualität und Quantität der gesellschaftlichen Produktion auszugehen.

3. Die Vereinheitlichung staatlicher Standards der DDR und der UdSSR (TGL/GOST) und die gemeinsame internationale Standardisierung im RGW (ST–RGW) können nur auf der Grundlage der gemeinsamen Planung der beteiligten Mitgliedsländer des RGW zielstrebig betrieben werden. Die Aufnahme konkreter Aufgaben zur bi- und multilateralen Standardisierung in die nationalen staatlichen Pläne ist Voraussetzung zur Erreichung der gemeinsam fixierten Ziele.

Der zu erreichende ökonomische Nutzen der Vereinheitlichung von Standards, insbesondere zur Erhöhung des Qualitätsniveaus, für die Intensivierung, ist der Planung der gemeinsam zu lösenden Aufgaben zugrunde zu legen, und der erreichte Nutzen ist im Ergebnis der Vereinheitlichung auszuweisen.

G. Grote

Sozialistische ökonomische Integration und Konsequenzen für die Außenwirtschaftsbeziehungen zwischen den RGW-Ländern und nichtsozialistischen Ländern

Die planmäßige Wirtschaftszusammenarbeit der Mitgliedsländer des RGW, insbesondere die zunehmende Kooperation in Wissenschaft, Technik und Produktion, führt in erster Linie zu langfristig stabilen Handels- und anderen Formen von Außenwirtschaftsbeziehungen *zwischen* den RGW-Ländern. So betrug der Intra-RGW-Handel im Jahre 1975 ca. 56,4 Prozent am gesamten Außenhandel dieser Länder[1], für die DDR war dieser Anteil im selben Jahr 66,2 Prozent.[2]

Zugleich haben solche Integrationsmaßnahmen wie die wissenschaftlich-technische Zusammenarbeit, die Spezialisierung und Kooperation der Produktion und Investitionsbeteiligungen zwischen RGW-Partnern aber auch starke Auswirkungen (direkte und indirekte) auf den Außenhandel und andere Formen der Wirtschaftsbeziehungen gegenüber Drittländern. Ebenso erwachsen aus den handelspolitischen und kommerziellen Bedingungen im Außenhandel mit nichtsozialistischen Ländern bestimmte Anforderungen, denen bei der Konzipierung neuer Integrationsmaßnahmen Rechnung getragen werden muß.

Wir haben es hier also mit echten Wechselbeziehungen zu tun, denen in der Planung und der operativen Durchführung von Maßnahmen der sozialistischen ökonomischen Integration ausreichend Rechnung getragen werden muß. Das gilt vor allem für solche RGW-Länder – wie zum Beispiel die DDR –, die durch eine hohe Außenhandelsintensität gekennzeichnet sind und wo die Struktur der Industrieproduktion in starkem Maße durch die Erfordernisse des Exports gegenüber sozialistischen und nichtsozialistischen Ländern beeinflußt wird.

Um welche Größenordnungen es sich dabei handelt, wird an dem Anteil ersichtlich, den Entwicklungsländer und kapitalistische Industrieländer am gesamten Außenhandel der Mitgliedsländer des RGW einnehmen. Im Außenhandel der DDR entfielen 1975 auf diese beiden Ländergruppen mehr als 30 Prozent des Gesamtumsatzes.[3] Und die hohen Wachstumsraten im intersystemaren Handel, insbesondere in den 70er Jahren, bewiesen anschaulich, daß nach der Annahme des Komplexprogramms die Wirtschaftsbeziehungen der RGW-Länder zu Drittländern nicht zurückgingen, sondern in Übereinstimmung mit der Politik der friedlichen Koexistenz und, basierend auf den Beschlüssen der Parteitage der kommunistischen und Arbeiterparteien, in den Ländern der sozialistischen Staatengemeinschaft weiter ausgebaut und vertieft wurden. Diese Fakten widerlegen zugleich nachdrücklich die Behauptungen bürgerlicher Ökonomen von angeblichen „Autarkiebestrebungen" der einzelnen RGW-Länder[4] bzw. der Ge-

[1] Errechnet nach: Statističeskij Ježegodnik Stran-Členov Sov'eta Ėkonomičeskoj Vzaimopomošči, Moskva 1976, S. 339, 341.

[2] Errechnet nach: Statistisches Jahrbuch der DDR 1976, Berlin 1976, S. 265.

[3] Ebenda, S. 265.

[4] Vgl. A. Frumkin, Zu einigen bürgerlichen Anschauungen über den sowjetischen Außenhandel, in: Außenhandel/UdSSR, 10/1974, S. 48/49.

meinschaft dieser Länder, und sie stehen auch in krassem Widerspruch zur These von Hanns-Dieter Jacobson: „Zunehmende Ost-West-Wirtschaftsbeziehungen führen zwar zu gegenseitigen Abhängigkeiten, aber nicht gleichmäßig, sondern zu Ungunsten der Mitgliedsländer des RGW."[5] Ein prinzipieller Fehler von Jacobson bei seiner Argumentation zu dieser These besteht darin, daß er die grundlegenden Vorzüge und Möglichkeiten der sozialistischen Planwirtschaft und des staatlichen Monopols auf dem Gebiet der Außenwirtschaft bei der Nutzung dieser Wirtschaftsbeziehungen für die stabile und dynamische Entwicklung der Volkswirtschaften der sozialistischen Länder ignoriert.

Bei der Untersuchung der Wechselbeziehungen von sozialistischer ökonomischer Integration und Außenwirtschaftsbeziehungen gegenüber Drittländern kann man generell von der These ausgehen, daß die Integrationsprozesse zwischen den RGW-Ländern, vor allem die internationale Planungszusammenarbeit und die sich verstärkende Produktionszusammenarbeit, positive Impulse für die Entfaltung des Außenhandels und anderer Formen der wirtschaftlichen und wissenschaftlich-technischen Zusammenarbeit mit nichtsozialistischen Ländern auslösen. Das ist durch folgende Faktoren begründet, die wechselseitig miteinander verbunden sind:

1. Der Integrationsprozeß fördert die intensiv erweiterte Reproduktion und damit das Wachstum des Wirtschaftspotentials in unseren Ländern. Das führt unmittelbar zur Stärkung der Exportkraft in quantitativer und qualitativer Hinsicht und schafft günstigere Voraussetzungen für die Entwicklung der Außenhandelsbeziehungen, auch gegenüber Drittländern.

2. Die wissenschaftlich-technische Zusammenarbeit zwischen den RGW-Ländern beschleunigt den wissenschaftlich-technischen Fortschritt in jedem Partnerland, fördert das Qualitätsniveau in Produktion und Export und verstärkt die Möglichkeiten der Lizenzvergabe an Drittländer.

3. Die stabile und dynamische Entwicklung der Volkswirtschaften der Mitgliedsländer des RGW im Prozeß der sozialistischen ökonomischen Integration erhöht die Aufnahmefähigkeit der Binnenmärkte für Importe von Produktionsmitteln und Konsumgütern aus Entwicklungsländern und kapitalistischen Industrieländern.

4. Die planmäßige Produktionszusammenarbeit zwischen RGW-Ländern ermöglicht die Realisierung großer Projekte, welche die Potenzen eines einzelnen Landes übersteigen und schafft Voraussetzungen für entsprechende Exporte, speziell nach Entwicklungsländern (zum Beispiel Aufbau eines großen Armaturenwerkes in Algerien in Zusammenarbeit von Betrieben der DDR und der ČSSR).

5. Die steigende Leistungskraft der Volkswirtschaften der RGW-Länder im Ergebnis der sozialistischen ökonomischen Integration schafft auch günstige Möglichkeiten für eine Kooperation mit Firmen kapitalistischer Länder für das gemeinsame Auftreten auf Drittmärkten, zum Beispiel in Entwicklungsländern (vgl. die Vereinbarung von Betrieben der DDR mit der VÖEST-AG, Österreich).

Aus der vorstehend genannten engen Wechselbeziehung zwischen der sozialistischen ökonomischen Integration und den Außenwirtschaftsbeziehungen zu nichtsozialistischen Ländern erwachsen jedoch auch spezifische Anforderungen an die Planung der Volkswirtschaft auf zentraler, zweiglicher und betrieblicher Ebene, und ihre nicht ausreichende Beachtung kann zu Widersprüchen und Effektivitätsverlusten führen. Folgende Probleme sind in diesem Zusammenhang besonders zu beachten:

[5] H.-D. Jacobson, Die wirtschaftlichen Beziehungen zwischen West und Ost, Reinbeck bei Hamburg 1975, S. 154.

1. Von großer Bedeutung für die Herausbildung optimaler Produktionsstrukturen in den RGW-Ländern und die Entwicklung von Volumen, Waren- und Regionalstruktur des Intra-RGW-Handels ist die weitere Vertiefung der sozialistischen internationalen Spezialisierung und Kooperation der Produktion. In Ländern mit einer hohen Außenhandelsintensität hat faktisch jede neue Spezialisierungsmaßnahme zugleich auch direkte und indirekte Auswirkungen auf den Export nach nichtsozialistischen Ländern und teilweise auch auf den Import aus diesen Ländern. Das kann sowohl beim Finalproduzenten als auch bei wichtigen Zulieferern bzw. Anwendern in Erscheinung treten. Daraus erwächst die Aufgabe, bei der Planung und operativen Vorbereitung derartiger Maßnahmen die voraussichtlichen Auswirkungen auf die Entwicklung des Außenhandels mit Drittländern umfassend zu ermitteln und in die komplexe Berechnung der ökonomischen Nutzeffekte einzubeziehen. Gleichzeitig sind solche Vorschläge zu unterbreiten, daß mögliche negative Auswirkungen auf die Zahlungsbilanz bzw. die Erfüllung der handelspolitischen Zielstellungen in den Wirtschaftsbeziehungen mit nichtsozialistischen Ländern vermieden werden.

2. Die Spezialisierung und Kooperation der Produktion im Prozeß der sozialistischen ökonomischen Integration hat unter anderem zur Folge, daß zunehmend langfristig stabile Wechselbeziehungen zwischen der Produktionsstruktur und der Exportstruktur des Landes entstehen. Das betrifft vor allem Industriezweige mit einer hohen Exportquote. Entscheidungen über Volumen und Struktur der Produktion haben in diesen Fällen entsprechende Auswirkungen auf die Entwicklung der Waren- und Regionalstruktur des Exports und umgekehrt. Das ist insgesamt eine sehr positive Entwicklung, sie fördert die Stabilität der Produktion sowie der Außenhandelsbeziehungen mit den anderen RGW-Partnern.

Entsprechend der notwendigen Einheit von Stabilität und Flexibilität muß jedoch darauf geachtet werden, daß in jedem Fall auch die notwendige Flexibilität in der Produktion und im Außenhandel gewährleistet wird, die zur Zeit für ein schnelles Reagieren auf Marktveränderungen in der kapitalistischen Weltwirtschaft notwendig ist. Hieraus ergeben sich unmittelbare Anforderungen an die Berücksichtigung ausreichender Reserven bzw. die Anwendung von Toleranzen im Prozeß der Planung.

3. Die immer noch bestehenden Handelshemmnisse seitens kapitalistischer Industrieländer und ihrer Wirtschaftsblöcke (zum Beispiel der EWG) sowie die Besonderheiten dieser Märkte haben dazu geführt, daß gegenwärtig vielfach noch eine spezielle Warenstruktur im Export nach kapitalistischen Industrieländern besteht, welche wesentlich von der Produktionsstruktur der RGW-Länder und der Exportstruktur gegenüber sozialistischen Ländern abweicht. Das zeigt sich vor allem in dem unverhältnismäßig niedrigen Anteil von Maschinen und Ausrüstungen beim Export nach diesen Ländern.

Es ist leicht erkennbar, daß aus einer solchen „doppelten" Exportstruktur negative Auswirkungen auf optimale Losgrößen der Produktion und die Herausbildung der günstigsten Produktionsstruktur im Zusammenhang mit der weiteren Vertiefung der Spezialisierung und Kooperation der Produktion mit den RGW-Partnern erwachsen.

4. Ein Ergebnis der verstärkten Produktionszusammenarbeit zwischen den RGW-Ländern besteht darin, daß komplette Sortimente von Maschinen und Ausrüstungen, welche in der Vergangenheit von einem einzigen Land produziert und exportiert wurden, nunmehr von mehreren Ländern gemeinsam hergestellt werden. Dasselbe gilt für die Produktion und den Export von kompletten Industrieanlagen, wo im Ergebnis der Spezialisierung und Kooperation der Produktion bestimmte Teile aus verschiedenen Ländern zugeliefert werden.

Diese insgesamt positive Entwicklung hat naturgemäß entsprechende Konsequenzen für den Export von Maschinen und Ausrüstungen sowie kompletten Anlagen nach Entwicklungsländern bzw. kapitalistischen Industrieländern. Es ist erforderlich, daß in diesen Fällen ein einheitliches Auftreten gegenüber potentiellen Kunden in Drittländern herbeigeführt wird und daß entsprechende Regelungen über die Verrechnung der anfallenden Devisenerlöse usw. zwischen den beteiligten Partnern herbeigeführt werden.

Neben diesen vorstehend genannten Faktoren können weitere Probleme im Zusammenhang mit der Vereinheitlichung technischer Normen bzw. der Herausbildung einheitlicher RGW-Standards, speziell auf dem Gebiet der metallverarbeitenden Industrie, im Hinblick auf den Handel mit nichtsozialistischen Ländern entstehen; umgekehrt können sich aus dem Abschluß von Abkommen und Verträgen über die wissenschaftlich-technische und Produktionszusammenarbeit zwischen Partnern aus RGW-Ländern und Firmen kapitalistischer Länder bestimmte Auswirkungen auf die Weiterführung der Spezialisierung und Kooperation der Produktion im Bereich des RGW ergeben. Es geht also darum, in allen Fällen bei der Leitung und Planung der Außenwirtschaftsbeziehungen sowie der Vorbereitung konkreter Entscheidungen immer diese Wechselbeziehungen zwischen Integrationsprozessen und den Handels- und Wirtschaftsbeziehungen gegenüber Drittländern zu beachten.

Die in den RGW-Ländern herrschenden sozialistischen Produktionsverhältnisse und der bereits erreichte Stand bei der Leitung und Planung der Volkswirtschaft sowie in der internationalen Planungszusammenarbeit bieten alle Möglichkeiten, um diese und andere auftretende Widersprüche zu lösen. In erster Linie kommt es darauf an, bei der lang,- mittel- und kurzfristigen Planung auf zentraler volkswirtschaftlicher Ebene sowie in den Bereichen, Zweigen und Betrieben die verschiedenen Prozesse stets in ihrer Komplexität zu erfassen und zugleich den Erfordernissen von Stabilität und Flexibilität in der Produktion sowie im Export weitgehend Rechnung zu tragen. Dabei geht es sowohl um die volle Ausnutzung der Möglichkeiten des bestehenden Planungssystems als auch um die ständige Vervollkommnung der Volkswirtschaftsplanung in Übereinstimmung mit den sich verändernden inneren und äußeren Bedingungen.

Eng damit verbunden ist die internationale Planungszusammenarbeit zwischen den RGW-Ländern in ihren verschiedenen Formen. Die internationale Planungszusammenarbeit trägt zunehmend den Erfordernissen der Komplexität der ökonomischen Prozesse Rechnung und erfaßt neben den gegenseitigen Austauschbeziehungen auch die wissenschaftlich-technische Zusammenarbeit, die Spezialisierung und Kooperation der Produktion sowie Investitionsbeteiligungen. Es entstehen immer günstigere Voraussetzungen, um auch die Konsequenzen aus den Wirtschaftsbeziehungen mit Drittländern immer besser im Prozeß der internationalen Planungszusammenarbeit zu berücksichtigen.

E. WALTHER

Interessenübereinstimmung – Voraussetzung und Wesensmerkmal für die sozialistische ökonomische Integration

In dem Maße, wie die kommunistische Gesellschaft in der UdSSR und die entwickelte sozialistische Gesellschaft in den anderen RGW-Ländern aufgebaut wird, wie sich die Produktivkräfte entwickeln und das ökonomische und wissenschaftlich-technische Potential der RGW-Länder wächst, vollzieht sich die immer stärkere Zusammenarbeit und Verflechtung der Mitgliedsländer des RGW. Dieser gesetzmäßige Prozeß wird zu einem immer wichtigeren Faktor für die sozialistische Entwicklung und die Intensivierung des Reproduktionsprozesses. Die sozialistische ökonomische Integration wird im Programm der Sozialistischen Einheitspartei Deutschlands als die feste Grundlage für die ständige Vervollkommnung der Zusammenarbeit und systematischen Annäherung der sozialistischen Nationen auf allen Gebieten des gesellschaftlichen Lebens bezeichnet. Sie gewinnt somit auch für die Intensivierungskonzeptionen eine immer größere Bedeutung. Sie wird für die Volkswirtschaft wie für die Betriebe zu einem bedeutsamen Intensivierungsfaktor, der dazu beiträgt, die Ziele des Fünfjahrplanes zu erreichen und zu überbieten.

Wenn der Anteil der Industriebereiche an der sozialistischen ökonomischen Integration auch recht unterschiedlich und in den Industriezweigen, die für die Beschleunigung des wissenschaftlich-technischen Fortschrittes eine bestimmende Rolle spielen, besonders groß ist, so bleibt doch kein Industriezweig davon unberührt. Die vielfältigen Beziehungen, die sich herausgebildet haben und noch herausbilden, sind Bausteine, um planmäßig und schrittweise das Wirtschaftspotential der sozialistischen Staaten zu vereinen, die Entwicklung der sozialistischen Weltwirtschaft zu fördern und den Sozialismus im ökonomischen Wettbewerb mit dem Kapitalismus zu stärken, so wie es im Programm unserer Partei beschlossen ist. Es sind Prozesse, die maßgeblich der Entfaltung allseitiger enger Beziehungen zwischen den Bruderländern dienen.

Für die Herausbildung und Entwicklung der Zusammenarbeit zwischen den Bruderländern bilden die übereinstimmenden politischen, ökonomischen und ideologischen Grundlagen das feste Fundament. Diese allgemeine Feststellung reicht jedoch für die erfolgreiche Lösung einer bestimmten Aufgabe der sozialistischen ökonomischen Integration nicht aus, sondern es muß dafür das spezifische Interesse der Partner vorhanden sein. Das trifft in besonderem Maße auch für die am Integrationsprozeß beteiligten Kombinate und Betriebe zu. Eine solche notwendige Interessenübereinstimmung ist bei den meisten konkreten Aufgaben, begründet im unterschiedlichen Entwicklungsniveau, selten von vornherein vorhanden. Sie muß und kann aber durch entsprechende Maßnahmen in jedem Falle geschaffen werden. Das soll an Beispielen der Strumpfindustrie, des VEB Strumpfkombinat Esda Thalheim, gezeigt werden.

Um die Zersplitterung im Textilmaschinenbau zu überwinden, wurden Ende der 60er Jahre im Rahmen des RGW Spezialisierungsvereinbarungen getroffen, wonach die Maschinenfabrik „Elitex" in der ČSSR auf die Produktion von Kleinrundstrickmaschinen zu spezialisieren war. Der Textilmaschinenbau der DDR, der für die

Strumpfindustrie ein langjähriger und zuverlässiger Partner war, stellte folglich die Produktion dieser Maschinentype ein.

Für die Maschinenfabrik in der ČSSR aber war diese Produktion überwiegend neu. Die Auffassungen der Partner von den qualitativen Merkmalen der Maschinen wichen voneinander ab. Dieser Widerspruch wurde durch die Beteiligung weiterer Mitgliedsländer des RGW an dieser Maßnahme teilweise noch verstärkt. An die Strumpfindustrie der DDR mußten daher sehr hohe Anforderungen gestellt werden, um das erreichte hohe Qualitäts- und Produktionsniveau zu halten und mir dem hohen Anteil im Export an Strumpfwaren auch weiterhin weltmarktfähig zu bleiben.

In einer Reihe von Konsultationen zwischen den Fachleuten beider Partner wurde beraten, wie eine solche Maschine beschaffen sein, welche Parameter sie aufweisen muß und wie sie in kürzester Zeit konstruiert werden kann. Diese Maschine sollte nicht nur schlechthin die Bedingungen der Strumpfindustrie der DDR erfüllen, sondern sie sollte Welthöchststand darstellen und in jeder Weise den Konkurrenzerzeugnissen aus den kapitalistischen Ländern gleichwertig bzw. überlegen sein.

Es wurde schließlich eine Einigung erzielt und in enger sozialistischer Gemeinschaftsarbeit die neue Maschinentype „Eva 34 E" konstruiert, und bereits 1973 konnten nach erfolgreicher Erprobung bei Esda die ersten Maschinen in Großproduktion genommen werden. Inzwischen sind im Strumpfkombinat Esda weit über 1 000 Maschinen dieses Types im Einsatz, und der Betrieb „Elitex" ist heute der Hauptlieferant von Kleinrundstrickmaschinen an Esda.

Mit der erfolgreichen Lösung dieser Aufgabe wurden die Interessen sowohl des Strumpfkombinates Esda als auch der Maschinenfabrik „Elitex" in Übereinstimmung gebracht. Jeder der Partner hatte Vorteile aus dieser Zusammenarbeit gezogen. Das Strumpfkombinat Esda konnte die Zielstellung der Staatsauflage in der Steigerung der Warenproduktion und in der Effektivität nicht nur erreichen, sondern noch beträchtlich überbieten. Unsere Freunde in der ČSSR konnten diese Maschinentype in großen Serien und damit rationell produzieren und in beträchtlichem Umfange den Export dieser Maschinen aufnehmen.

Beide Seiten haben folglich den Wunsch, ihre Zusammenarbeit noch wesentlich zu vertiefen. So vereinbarten die Partner, unverzüglich noch eine Reihe weiterer Forschungsaufgaben, bei denen Spezialisten beider Betriebe eng zusammenarbeiten, um Lösungen zu finden, in der Qualität und Leistungsfähigkeit ihrer Erzeugnisse auch perspektivisch den Welthöchststand zu sichern und den Intensivierungsprozeß auf beiden Seiten weiter zu beschleunigen.

In der Zusammenarbeit zwischen Betrieben mit gleichem Produktionsprofil, also auf horizontaler Ebene, gewinnen nicht nur Fragen der Spezialisierung und Konzentration der Produktion an Bedeutung, sondern auch der Erfahrungsaustausch, die Übernahme von Besttechnologien und die gemeinsame bzw. arbeitsteilige Lösung von Forschungs- und Entwicklungsaufgaben.

So besteht unter anderem zwischen dem VEB Strumpfkombinat Esda und einem sowjetischen Strumpfbetrieb seit über fünf Jahren eine immer enger werdende wissenschaftlich-technische Zusammenarbeit. Beide Betriebe haben prinzipiell das gleiche Produktionsprogramm. In der Herstellung der Erzeugnisse, in der Organisation der Produktion und in den Leistungskennziffern aber bestanden Unterschiede, und folglich wichen auch die Interessen der Partner voneinander ab. Es bestand Übereinstimmung darin, als erstes diese Unterschiede abzubauen. Davon ausgehend und geleitet von den Prinzipien des sozialistischen Internationalismus, vollzog sich nach einer Reihe von Leistungsvergleichen und Erfahrungsaustauschen systematisch und schrittweise eine Angleichung des wissenschaftlich-technischen Niveaus und der Organisation der Produktion. Mit dem Abbau der Niveauunterschiede trat zugleich eine immer stärkere Annäherung der Interessen ein. Mit der Vereinbarung der wissenschaftlich-technischen Aufgaben für die Jahre 1976 bis 1980 konnten die Partner mit Befriedigung völlige Interessenübereinstimmung feststellen und so zu einer arbeitsteiligen bzw. gemeinsamen Lösung von Schwerpunktaufgaben übergehen, die beiden Partnern helfen, die Produktivkräfte schneller zu entfalten, den Intensivierungsprozeß zu beschleunigen und die wissenschaftlich-technische Arbeit selbst zu intensivieren. Wir haben beide daraus Vorteile gezogen, und wenn wir auf diesem Gebiet unseren Freunden etwas mehr geben konnten, so freuen wir uns darüber. Andererseits sind wir dessen gewiß, daß wir die Erfahrungen der Sowjetunion bei der Ausarbeitung und Einführung von automatisierten Systemen der Leitung nutzen können. Die Zusammenarbeit auf diesem Gebiet ist entsprechend der langfristigen Vereinbarung beider Partner eine Schwerpunktaufgabe. Auf der Grundlage der einheitlichen Rechentechnik (ESER) haben wir konkrete Vereinbarungen über die arbeitsteilige Ausarbeitung ausgewählter Projekte getroffen, die bis zur Übergabe der Rechnerprogramme führen sollen. Dies bringt in dem vor uns liegenden Zeitabschnitt bis 1980 für beide Partner einen erheblichen Zeitgewinn und eine große Einsparung von Forschungsaufwand.

Ich kann aus den praktischen Erfahrungen im Strumpfkombinat Esda bestätigen, daß die sozialistische ökonomische Integration wesentlich dazu beiträgt, die Produktivkräfte zu entfalten, den Intensivierungsprozeß zu fördern und zu beschleunigen – wie es die Beschlüsse unserer Partei vorsehen.

O. Raus

Zur Rolle der Sowjetunion als Hauptkraft der sozialistischen ökonomischen Integration

Die vorliegenden Thesen geben in recht umfassender Weise Kenntnis von der Vielfalt der Problematik, die mit der Verwirklichung der vom XXV. Parteitag der KPdSU und vom IX. Parteitag der SED gestellten Aufgaben zur Vertiefung der sozialistischen ökonomischen Integration in Wissenschaft, Technik und Produktion zu lösen sind. Angesichts der Größe der zu lösenden Entwicklungsprobleme ist das Herangehen von den grundlegenden theoretischen Positionen nicht nur methodologisch richtig, sondern auch zur Verwirklichung der politischen und wissenschaftlichen Zielstellungen unerläßlich.

Die sozialistische ökonomische Integration, so wird in den Thesen festgestellt, wird bei einer bestimmten Reife der sozialistischen Produktionsweise und der politisch-ökonomischen und wissenschaftlich-technischen Zusammenarbeit zu einer allgemeinen Gesetzmäßigkeit des Sozialismus. In der Tat sind Gestaltung der entwickelten sozialistischen Gesellschaft und sozialistische ökonomische Integration zwei Seiten eines einheitlichen Prozesses – der Entwicklung des Sozialismus.

Die vom IX. Parteitag der SED gegebene langfristige Gesellschaftsprognose, die auf die weitere Gestaltung der entwickelten sozialistischen Gesellschaft und damit auf die Schaffung grundlegender Voraussetzungen für den allmählichen Übergang zum Kommunismus gerichtet ist, schließt die sozialistische ökonomische Integration, ihre Vertiefung insbesondere mit der UdSSR ein. Das ist ein gesetzmäßiger Prozeß, weil der entwickelte Sozialismus das revolutionäre Werk der Arbeiterklasse aller Länder der Staatengemeinschaft ist, wie es im Programm unserer Partei heißt. Die Gestaltung der entwickelten sozialistischen Gesellschaft erfordert den immer engeren Zusammenschluß der Arbeiterklasse aller Länder. Sozialistische ökonomische Integration ist somit ein auf die Erfüllung der historischen Mission der Arbeiterklasse gerichtetes objektives Erfordernis der Entwicklung des Sozialismus, ist die konkrete Form, in der sich die Völker unter Führung der Arbeiterklasse einander annähern, zu einer historischen Völkergemeinschaft heranwachsen. Die Dialektik von Nationalem und Internationalem erreicht dabei eine neue Qualität, die Ausprägung des internationalen Charakters des sozialistischen Aufbaus, der Festigung der sozialistischen Staatengemeinschaft, der Verwirklichung des Ziels sozialistischer Produktion in allen Ländern, ist zum höchsten Sinn der staatlichen Tätigkeit jedes sozialistischen Landes geworden, wie die Parteitage der Bruderparteien bewiesen.

Der proletarische oder sozialistische Internationalismus ist Grundlage jedes wahrhaft nationalen Interesses jedes Bruderlandes. Die Gesamtheit der internationalen Interessen der Mitgliedsländer des RGW sind zugleich grundlegende, lebenswichtige Interessen jedes sozialistischen Landes. Die SED hat stets die Entwicklung und Festigung des Sozialismus in unserem Lande und in der Gemeinschaft der sozialistischen Staaten in den Mittelpunkt ihrer Politik gestellt und zum Kriterium für alle grundlegenden Entscheidungen gemacht. So wird auch auf dem IX. Parteitag der SED dieser enge gesetzmäßig bestimmte Zusammenhang von erfolgreicher Entwicklung im Inneren unseres Landes und sich vertiefender sozialistischer ökonomischer Integration hervorgehoben, werden dadurch grundlegende qualitative Wachstumsfaktoren der materiell-technischen Basis in ihrer Wirksamkeit gesteigert und neue erschlossen.

In den Ländern der sozialistischen Staatengemeinschaft geht es um die planmäßige Vereinigung der Anstrengungen auf prinzipiell gleichen Grundlagen und mit gleichem Ziel. „Die Vereinigung der materiellen und geistigen Potenzen unserer Länder ist von entscheidender Bedeutung für die weitere Gestaltung der entwickelten sozialistischen Gesellschaft in unserer Republik."[1] Darum eben mißt unsere Partei den Fragen der Vertiefung der Beziehungen zu den sozialistischen Ländern, besonders zur Sowjetunion, der Festigung ihrer Einheit durch Zusammenschluß um die UdSSR im Rahmen der sozialistischen ökonomischen Integration besondere Bedeutung zu. Auf der 13. Tagung des Zentralkomitees unserer Partei sagte Genosse Erich Honecker:

„Unsere Anstrengungen für die Intensivierung der Produktion enden nicht an den Grenzen der DDR. Gerade die größten und lohnendsten Möglichkeiten schließen die enge Zusammenarbeit mit der Union der Sozialistischen Sowjetrepubliken und den anderen Ländern des Rates für Gegenseitige Wirtschaftshilfe ein."[2]

Die sozialistische ökonomische Integration ist, wie das Programm der SED hervorhebt, eine entscheidende Voraussetzung für die ökonomische und soziale Entwicklung in der DDR, wobei die Zusammenarbeit mit der Sowjetunion ausschlaggebend ist. Eine theoretisch wie politisch entscheidende Frage dabei ist die nach der Rolle der UdSSR und der Beziehungen der sozialistischen Länder zu ihr.

Die Verwirklichung der sozialistischen ökonomischen Integration und besonders die Zusammenarbeit mit der Sowjetunion in diesem historischen Prozeß sind Grundpfeiler der Politik unserer marxistisch-leninistischen Partei. Das Programm unserer Partei wie auch die Direktive verweisen auf den Zusammenhang zwischen erfolgreicher Gestaltung des entwickelten Sozialismus und immer festerer und tieferer Zusammenarbeit mit der UdSSR und den anderen sozialistischen Ländern, auf die Vertiefung der sozialistischen ökonomischen Integration. Eindeutig ist in diesen Dokumenten der marxistisch-leninistische Standpunkt unserer Partei festgehalten, daß die Gestaltung der entwickelten sozialistischen Gesellschaft in der DDR zunehmend vom Prozeß der sozialistischen ökonomischen Integration beeinflußt und gefördert wird, daß und wie sich die DDR als fester Bestandteil der sozialistischen Staatengemeinschaft entwickelt. Die Gestaltung der entwickelten sozialistischen Gesellschaft und die fortschreitende sozialistische ökonomische Integration sind also nicht zwei nebeneinanderherlaufende Prozesse, sondern sich durchdringende, in unlösbarem dialektischen Zusammenhang stehende historische Vorgänge. Diese Einheit zu betonen ist meines Erachtens von prinzipieller Bedeutung für die Klarstellung des Charakters, der Funktion und der historischen Tragweite der sozialistischen ökonomischen Integration. Die theoretisch wie praktisch bedeutsame Programmthese gibt prinzipiell Antwort auf die Frage nach dem Wesen der Wirtschaftsintegration im Sozialismus und erhellt den grundlegenden Gehalt der ökonomischen Integration im Sozialismus, ihr sozialökonomisches Wesen, das Neue, das sie von früher aufgetretenen wie auch von gegenwärtigen Erscheinungen der internationalen Arbeitsteilung im Kapitalismus prinzipiell unterscheidet.

[1] E. Honecker, Die Vorbereitung und Durchführung der Wahlen zur Volkskammer und zu den Bezirkstagen. 2. Tagung des ZK der SED, Berlin 1971, S. 11.

[2] E. Honecker, Aus dem Bericht des Politbüros an die 13. Tagung des ZK der SED, Berlin 1974, S. 46.

In der These 3 wird zu Recht die allseitige Zusammenarbeit mit der UdSSR als eine Kardinalfrage der sozialistischen ökonomischen Integration betont. Der Platz der UdSSR ist ihr durch die Geschichte und Gegenwart objektiv zugewiesen, und die Sowjetunion hat die daraus entspringende Verantwortung für die Entwicklung des Sozialismus und Kommunismus in internationalistischer Weise erfüllt und tut dies heute auf höherer Stufe. Es ist nicht mein Anliegen, das historische Verdienst der Sowjetunion – daß sie als erster den Sozialismus zur Realität machte und ihn verteidigte, den deutschen Faschismus besiegte und allen befreiten Völkern selbstlose Hilfe gewährte – darzulegen. Mir geht es um das gleiche Anliegen, welches in den Thesen formuliert ist – die objektive Begründung der Rolle der UdSSR als führende Kraft der sozialistischen ökonomischen Integration.

Auf dem IX. Parteitag der SED und in unserem neuen Parteiprogramm wird, gestützt auf unsere eigene historische Erfahrung, festgestellt: „Je weiter die Sowjetunion auf dem Wege zum Kommunismus voranschreitet, desto deutlicher tritt die Allgemeingültigkeit dieses Erfahrungsschatzes zutage."[3]

In der Tatsache, daß die Sowjetunion das Land mit den reifsten sozialökonomischen Verhältnissen ist, das Land, in dem die Arbeiterklasse am weitesten vorangekommen ist bei der Verwirklichung ihrer historischen Mission, als erstes Land den Kommunismus errichtet, liegt die Begründung ihrer Führungsrolle, die sie unter neuen Bedingungen heute verwirklicht. Und je vollkommener die kommunistische Gesellschaft wird, um so klarer prägt sich natürlich ihr internationalistischer Charakter aus – wird zugleich die Rolle der UdSSR, ihrer Arbeiterklasse immer klarer sichtbar.

In dem kürzlich in der Reihe „Weltanschauung heute" erschienenen Band „Sozialistische ökonomische Integration" wird eine Bewertung der Rolle der UdSSR bei der Entwicklung des Sozialismus gegeben, mit der man – vorsichtig ausgedrückt – schwerlich der in den Dokumenten des IX. Parteitages festgehaltenen, durch die Praxis erhärteten Wahrheit über Rolle und Platz der UdSSR gerecht werden kann. Wie soll eine solche Formulierung verstanden werden? „Zwar wurde in der UdSSR bereits Anfang der sechziger Jahre die entwickelte sozialistische Gesellschaft aufgebaut, aber es ist natürlich schwierig, aus den Bedingungen eines Landes (mit einer Vielzahl von konkrethistorischen Besonderheiten, wie seiner Rolle in der weltweiten Auseinandersetzung zwischen Sozialismus und Kapitalismus, der Größe des Landes, seiner historischen Entwicklung) bereits das Wesen der Gesellschaft ableiten zu wollen."[4]

Daß man aus den Errungenschaften des sozialistischen und kommunistischen Aufbaus der UdSSR das Wesen des Sozialismus noch nicht erkennen könne, das steht wohl ganz im Gegensatz zu der von allen Bruderparteien an Hand ihrer eigenen revolutionären Erfahrungen bekräftigten Auffassung von der Allgemeingültigkeit der Erfahrungen der UdSSR.

In der UdSSR hat der Sozialismus seine bisher höchste Reifestufe erreicht. Alle Werte und Vorzüge des Sozialismus sind hier am weitesten ausgebildet. Wachsende Kraft und Reife der Sowjetgesellschaft, dynamische Entwicklung der materiell-technischen Basis des Kommunismus, das sind die gewichtigsten Faktoren für das rasche Wachstum des Sozialismus. Immer aufs neue leistet die Sowjetunion das Schwierigste und Wesentlichste für den Fortschritt.

Der IX. Parteitag der SED stellt die Zusammenarbeit mit der UdSSR als den wichtig-

[3] E. Honecker, Bericht des Zentralkomitees der Sozialistischen Einheitspartei Deutschlands an den IX. Parteitag der SED, Berlin 1976, S. 12/13.

[4] Weltanschauung heute, Sozialistische ökonomische Integration, Berlin 1976, S. 21/22.

sten Faktor unserer Entwicklung dar und dies nicht nur des gewaltigen ökonomischen und wissenschaftlich-technischen Potentials wegen. Natürlich ist in der UdSSR die moderne, sich dynamisch entwickelnde Industrie im schnellen Aufstieg begriffen, und dies bedeutet für alle RGW-Länder stabile, dauerhafte ökonomische Beziehungen, wachsende Möglichkeiten ökonomischer und wissenschaftlich-technischer Zusammenarbeit zum Nutzen des eigenen Landes und der Gemeinschaft. Vor allem aber sind es die großen Erfahrungen der Sowjetunion, ohne die kein sozialistisches Land auskommen kann. Keineswegs mindert dies die kollektiven Erfahrungen aller Bruderparteien und Mitgliedsländer des RGW, sondern erhöht ihren Rang in der gemeinsamen, planmäßigen, den Gesetzmäßigkeiten folgenden Tätigkeit. Wesentliches Element dieser kollektiven Erfahrung ist ja gerade die Allgemeingültigkeit der sowjetischen Erfahrungen, haben sie sich doch in der erfolgreichen Politik dieser Parteien bestätigt, wie auch die SED ihre Erfolge errang in kluger Anwendung dieser Erfahrungen. Sind sie es doch, die bereits heute eine konkrete Antwort darauf ermöglichen, wie sich der entwickelte Sozialismus herausbildet und sich der Übergang zum Kommunismus vollzieht. Der IX. Parteitag der SED konnte sich bei seiner strategischen Orientierung, die entwickelte sozialistische Gesellschaft weiter auszubauen und damit zugleich die grundlegenden Voraussetzungen für den allmählichen Übergang zum Kommunismus zu schaffen, eben auf diese von der Sowjetunion gesammelten Erfahrungen stützen, und dies, weil die Erfahrungen der Sowjetunion voll und ganz das Wesen der Gesellschaft, die wir errichten, kennzeichnen. Übrigens ist das Wesen des Sozialismus, seine Werte und Vorzüge, das internationalistische Wesen aus den real existierenden gesellschaftlichen Bedingungen in jedem Land der sozialistischen Staatengemeinschaft ableitbar. Daß sie sich immer vollständiger herausbilden, steht dazu nicht im Gegensatz. Mir scheint die Einengung der Erfahrungen der Sowjetunion, wie sie in den zitierten Worten dieses Bandes zum Ausdruck kommt, unhaltbar zu sein, weil sie der Wirklichkeit widerspricht. Platz und Rolle der UdSSR im Integrationsprozeß ist gesetzmäßiges Resultat der heroischen Leistungen der Sowjetunion in Vergangenheit und Gegenwart.

Daß die Thesen dies betont haben, erhöht ihren Wert. Sie haben auf ein sehr wesentliches theoretisches und politisches Problem die Aufmerksamkeit gelenkt, daß in der zunehmend schärferen ideologischen Auseinandersetzung, den Anstrengungen des Gegners, den Charakter der sozialistischen ökonomischen Integration, die Beziehungen der sozialistischen Staaten zur UdSSR und deren Rolle zu verfälschen, an Bedeutung gewinnt. Ohne Klarheit in dieser Frage kann der politische, revolutionäre Inhalt der sozialistischen ökonomischen Integration nicht erkannt werden.

H. Bruder

Fortschritte und noch zu lösende Probleme in der Tätigkeit von internationalen ökonomischen Organisationen der Mitgliedsländer des RGW

Seit der Annahme des Komplexprogramms der sozialistischen ökonomischen Integration wurden in rascher Folge, besonders in den Jahren 1972 bis 1974 internationale ökonomische Organisationen der Mitgliedsländer des RGW gegründet, die Mehrzahl von ihnen auf dem Gebiet der Industrie. Als neuer Typ der internationalen ökonomischen Organisationen entstanden die internationalen Wirtschaftsvereinigungen. Die meisten von ihnen wurden in den Jahren 1972 bis 1973 gegründet und haben somit noch eine relativ kurze Lebensgeschichte, von der die meiste Zeit durch die Bildung der Organisation selbst, ihren organisatorischen Aufbau und die Schaffung ihrer materiellen, personellen und organisatorisch-strukturellen Arbeitsgrundlagen absorbiert wurde.

Über die inneren Potenzen der einzelnen neuen Organisationsformen, über ihr Entwicklungstempo und auch über mögliche Prioritäten bei der Wahrnehmung ihrer Funktionen mögen die Auffassungen unter Praktikern und Wissenschaftlern noch teilweise divergieren, eines dürfte unbestritten sein: Ihre Bildung entspricht dem objektiven Prozeß der Vergesellschaftung und Internationalisierung der Produktion im Rahmen von Produktionszweigen als Bestandteil des Prozesses der sozialistischen ökonomischen Integration. Sie verkörpern qualitativ neue Organisationsformen für die Leitung, Planung und ökonomische Stimulierung von Integrationsprozessen in ausgewählten Zweigen. Durch ihre Tätigkeit ist es möglich, die Langfristigkeit, Komplexität und den mehrseitigen Charakter der Zusammenarbeit in den betreffenden Zweigen zu verstärken, die Spezialisierung und Kooperation in Forschung und Produktion zu vertiefen und das gesellschaftliche Arbeitsvermögen, die materiellen und finanziellen Mittel der RGW-Länder mit einem höheren ökonomischen Nutzeffekt einzusetzen.

Ein wesentlicher Vorzug der internationalen ökonomischen Organisationen, dessen Nutzung von ihren Gründern vor allem angestrebt wurde, besteht in der ständigen direkten Zusammenarbeit der entsprechenden Regierungsorgane im Falle der zwischenstaatlichen ökonomischen Organisationen und der Zweigleitungen bzw. der großen Wirtschaftseinheiten im Falle der internationalen Wirtschaftsvereinigungen. Der damit erreichbare hohe Grad der unmittelbaren internationalen Zusammenarbeit der verantwortlichen Organe in den Ländern kann durch ein gut organisiertes System der gegenseitigen Information und der Kontrolle über die Realisierung getroffener Vereinbarungen weiter unterstützt werden.

Analysiert man die Arbeitsweise der internationalen ökonomischen Organisationen, kann man feststellen, daß sie – bei erheblichen Unterschieden zwischen den einzelnen Organisationen – durch ein zunehmend komplexes Herangehen an die Lösung von Entwicklungsproblemen in den betreffenden Zweigen charakterisiert ist. So reichen ihre Aktivitäten von der Bedarfsermittlung über die Kooperation in Forschung und Entwicklung, die koordinierte Investitionstätigkeit, Vorschläge für die abgestimmte bzw. gemeinsame Schaffung neuer Kapazitäten, für die planmäßige arbeitsteilige Entwicklung der Produktion bis zu wachsenden, planmäßigen gegenseitigen Lieferungen.

Im Einführungsreferat von Prof. Dr. Kunz wurde festgestellt, daß man bei der Bewertung der bestehenden internationalen ökonomischen Organisationen davon ausgehen muß, daß diese Organisationen eine Perspektive haben, daß ihre spezifischen Potenzen gegenwärtig aber noch nicht genügend erschlossen sind. Diese Feststellung wird durch von uns durchgeführte analytische Untersuchungen zur Tätigkeit von 7 internationalen ökonomischen Organisationen bestätigt. Man kann auf eine Reihe von Fortschritten verweisen, die bei der Vertiefung der internationalen ökonomischen Zusammenarbeit durch die Tätigkeit von internationalen ökonomischen Organisationen erreicht wurden. Es gibt Fortschritte in der Plankoordinierung, insbesondere bei ausgewählten Erzeugnisgruppen aus der Erzeugnisnomenklatur dieser Organisationen. Die Koordinierung erfaßt nicht nur die Produktion, sondern zunehmend auch andere Phasen des Reproduktionsprozesses. Koordiniert werden zum Beispiel auch die Pläne auf dem Gebiet von Wissenschaft und Technik, die Pläne für die Errichtung neuer Kapazitäten, Maßnahmen zur Erhöhung der Qualität der Erzeugnisse sowie zur Einführung neuester Technologien, die Pläne für gegenseitige technische Hilfeleistung und Unterstützung bei der Rekonstruktion und Rationalisierung der Produktion sowie die Pläne für die gegenseitigen Lieferungen.

Es gibt verschiedene Aktivitäten zur Schaffung gemeinsamer Plandokumente. Bei den bereits längere Zeit bestehenden zwischenstaatlichen ökonomischen Organisationen ist ihr Beitrag zur Beseitigung von Defiziten und zur Erhöhung der gegenseitigen Lieferungen nachweisbar (zum Beispiel für Interchim und für die Organisation für die Zusammenarbeit auf dem Gebiet der Wälzlagerindustrie).

Das gleiche gilt für die verstärkte Entwicklung einer vertraglich gebundenen Spezialisierung und Kooperation der Produktion, durch die Voraussetzungen für die Erhöhung der gegenseitigen Lieferungen geschaffen werden. Durch die Tätigkeit einzelner Organisationen wurden langfristige Spezialisierungsabkommen zum Beispiel für Chemieerzeugnisse, Wälzlager, Erzeugnisse der Elektrotechnik abgeschlossen.

Die Wirksamkeit einzelner Organisationen zeigt sich auch in der Koordinierung der Investitionstätigkeit. Durch die koordinierte Errichtung von Produktionskapazitäten können im Fünfjahrplan 1976 bis 1980 in den RGW-Ländern erhebliche Einsparungen an Investitionsmitteln zum Beispiel in der chemischen Industrie erzielt werden. Als weitere Fortschritte, die durch die Tätigkeit dieser Organisationen erreicht werden, wären auf dem Gebiet der wissenschaftlich-technischen Zusammenarbeit der Beginn der Ausarbeitung von gemeinsamen Plänen der Forschung und Entwicklung, die koordinierte Planung und Leitung der Forschungskooperation sowie der Austausch von Besttechnologien zu nennen, durch den eine höhere Produktivität und Effektivität im Produktionsprozeß der beteiligten Kombinate und Betriebe erreicht wird.

Die erzielten Fortschritte treffen für die verschiedenen Organisationen in unterschiedlichem Maße zu. Sie sind in den bereits seit längerer Zeit bestehenden zwischenstaatlichen ökonomischen Organisationen am größten und besonders vielseitig. In den zweiseitigen internationalen Wirtschaftsvereinigungen weisen sie ein schnelleres Tempo auf. Sie sind – unterschiedlich auf einzelnen der genannten Gebiete – auch in den mehrseitigen internationalen Wirtschaftsvereinigungen zu beobachten, die in den letzten Jahren gegründet wurden. Deren Entwicklung vermittelt unter anderem zwei Erkenntnisse:

1. Entscheidungen zur Bildung von internationalen ökonomischen Organisationen bedürfen einer gründlichen Vorbereitung, insbesondere hinsichtlich des Gegenstandes

der Tätigkeit der Organisationen, der Zusammensetzung ihrer Mitglieder (bei internationalen Wirtschaftsvereinigungen), der Bestimmung der Kompetenzen der Leitungs- und Exekutivorgane und der Rechte und Pflichten der Mitglieder sowie hinsichtlich der materiellen, personellen und organisatorischen Arbeitsgrundlagen.

2. Die Organisationen durchlaufen eine Periode ihrer Bildung und ihres Aufbaus, in der die Schaffung ihrer materiellen, personellen und organisatorischen Arbeitsgrundlagen den Hauptinhalt ihrer Tätigkeit bilden. In dieser Zeit wird erst schrittweise für die im Gründungsabkommen festgelegten Ziele gearbeitet. Die Dauer dieser Organisations- und Aufbauphase kann durch eine hohe Qualität der Entscheidungsvorbereitung verkürzt werden. Durch Versäumnisse oder Mängel in der Vorbereitungsphase wird sie verlängert.

Nachdem sie durch die gemeinsame Entscheidung ihrer Gründer gebildet sind, verläuft – wie die Praxis zeigt – die Entwicklung der internationalen ökonomischen Organisationen nicht problemlos.

Das Entwicklungstempo und die hohe Qualität der Arbeit der internationalen ökonomischen Organisationen werden wesentlich von der Übereinstimmung der konkreten Interessen der Mitgliedsländer bzw. der Mitgliedsorganisationen beeinflußt. Sie sind von deren Bereitschaft zur Unterstützung ihrer Arbeit und zur aktiven Mitarbeit abhängig. Von besonderer Bedeutung sind hierbei die Qualität, die Aussagefähigkeit und die Rechtzeitigkeit der von den Mitgliedern zur Verfügung gestellten Informationen. Einige Organisationen haben sich inzwischen Informationssysteme geschaffen, die die Informationsbereitstellung und die Kontrolle des Eingangs der Informationen ebenso wie die Versorgung der Mitglieder mit den von der internationalen ökonomischen Organisation ausgearbeiteten Materialien sicherstellen.

Eine derartige Regelung ist zum Beispiel für das richtige Funktionieren der gemeinsamen Planungstätigkeit im Rahmen dieser Organisationen unbedingt erforderlich.

In der Planungszusammenarbeit gibt es eine Reihe von Problemen, die aber prinzipiell lösbar sind: Bei entsprechender Klarheit und Verbindlichkeit der methodischen Grundlagen treten hier Probleme in erster Linie in bezug auf die Planinhalte auf und sind zum Teil durch noch weiter zu klärende ökonomische oder wissenschaftlich-technische Fragen bedingt. Daneben gibt es aber in einzelnen Organisationen auch ungelöste methodische Fragen, Schwierigkeiten bei der durchgängigen Erfassung des Reproduktionsprozesses in der Planungszusammenarbeit und durch Unterschiede im Ablauf der Volkswirtschaftsplanung in einzelnen Ländern bedingte Probleme. Ein grundlegendes Problem besteht meines Erachtens darin, daß gegenwärtig die Planungszusammenarbeit in diesen Organisationen fast ausschließlich auf die Verwendung von Naturalkennziffern beschränkt ist, da es noch Fragen hinsichtlich der Preisbestimmung und der Anwendung der Valutakurse gibt (sofern einer oder mehrere Partner von den geltenden RGW-Preisbildungsprinzipien und von den zwischen den Mitgliedsländern vereinbarten Valutaumrechnungskursen abweichende Vorschläge für die Bestimmung der Wertkennziffern unterbreiten).

In der Zusammenarbeit auf dem Gebiet der internationalen Spezialisierung und Kooperation sind unter anderem folgende Probleme zu lösen: Es muß die Stellung der internationalen ökonomischen Organisationen in bezug auf abzuschließende Spezialisierungs- und Kooperationsabkommen (als Vertragspartner, als Depositär oder in einer anderen Form der Mitwirkung) geklärt werden. Durch die Ausarbeitung von Prinzipien und technisch-ökonomischen Begründungen für den Abschluß von Abkommen und Verträgen über die internationale Spezialisierung und Kooperation könnte in einigen Organisationen ein Beitrag zu größerer Realität und höherer Stabilität abgeschlossener Abkommen und Verträge geleistet werden.

Es bedarf auch einer noch besseren inhaltlichen und zeitlichen Synchronisierung der Vorbereitung und des Abschlusses von Abkommen und Verträgen über die internationale Spezialisierung und Kooperation mit der Koordinierung der Fünfjahrpläne bzw. anderen Formen der gemeinsamen Planungstätigkeit. Abkommen und Verträge über die internationale Spezialisierung und Kooperation müssen systematisch und langfristig vorbereitet werden, um möglichst hohe und anhaltende ökonomische Effekte für die beteiligten Partner zu erzielen.

Ein weiteres Gebiet, auf dem die Arbeit dieser Organisationen weiter qualifiziert werden müßte, ist die Vorbereitung und Realisierung von Vorschlägen zur Schaffung gemeinsamer Produktions- und Dienstleistungskapazitäten (Filialen), wo diese für die Lösung der Aufgaben der betreffenden internationalen ökonomischen Organisationen erforderlich sind. Hier sind die Möglichkeiten und Voraussetzungen für die Tätigkeit solcher Filialen exakt zu bestimmen und aussagefähige technisch-ökonomische Begründungen als Entscheidungsgrundlagen zu erarbeiten.

Für die Bewältigung der mit ihrer Tätigkeit verbundenen Probleme haben die internationalen ökonomischen Organisationen eine wichtige Reserve in der verstärkten Entwicklung des Erfahrungsaustauschs über Arbeitsmethoden und Lösungswege für verschiedene Aufgaben, die den betreffenden Organisationen gemeinsam sind. Nicht zuletzt ist aber auch ein größerer Beitrag der ökonomischen Wissenschaft zur Weiterentwicklung der internationalen ökonomischen Organisationen erforderlich.

W. Maiwald

Zu einigen Seiten des Verhältnisses von Nationalem und Internationalem bei der Vervollkommnung der sozialistischen Produktionsverhältnisse

Die Entwicklung der sozialistischen Weltwirtschaft umfaßt drei Hauptprozesse. Erstens ist die sozialistische Weltwirtschaft die Basis des sozialistischen Weltsystems. Vom ökonomischen Potential jedes sozialistischen Staates, dem Entwicklungsstand der Produktivkräfte und der Reife der sozialistischen Produktionsverhältnisse hängt wesentlich ab, welche Möglichkeiten der Zusammenarbeit zwischen den sozialistischen Staaten bestehen, welche Tiefe die sozialistische ökonomische Integration als gegenseitige Ergänzung und beginnende Verflechtung der Volkswirtschaften der RGW-Länder erreichen kann. In diesem Zusammenhang ist die sozialistische Weltwirtschaft die Gesamtheit der sozialistischen Volkswirtschaften, im System ihrer ökonomischen Beziehungen gefaßt.

Zweitens ist die sozialistische Weltwirtschaft die Gesamtheit der wirtschaftlichen Beziehungen zwischen den sozialistischen Ländern. Die Wechselbeziehungen zwischen den sozialistischen Volkswirtschaften, ihre Entwicklung und ihre Reifestufe drücken den wachsenden Grad der Internationalisierung ihres Wirtschaftslebens aus.

Drittens ist die sozialistische Weltwirtschaft der sozialökonomische Antipode der kapitalistischen Weltwirtschaft. Die sozialistischen Länder führen gemeinsam den Klassenkampf gegen das imperialistische System, der auf ökonomischem Gebiet durch den ökonomischen Wettbewerb der beiden Wirtschaftssysteme und durch die Beziehungen auf dem Gebiet des Handels, der Industrie, der Wissenschaft und Technik zwischen Staaten unterschiedlicher Gesellschaftsordnung gekennzeichnet ist.

Eine Untersuchung des Verhältnisses von Nationalem und Internationalem bei der Vervollkommnung der sozialistischen Produktionsverhältnisse muß meines Erachtens von diesen drei Hauptprozessen ausgehen. Die theoretische und praktische Bedeutung einer solchen Fragestellung zeigt sich in den Materialien der letzten Parteitage. L. I. Breshnew hob auf dem XXV. Parteitag der KPdSU hervor, daß „immer mehr gemeinsame Elemente in ihrer Politik, Wirtschaft und ihrem sozialen Leben"[1] entstehen. Im Programm der SED heißt es: „Die entwickelte sozialistische Gesellschaft ist das gemeinsame revolutionäre Werk der Arbeiterklasse und aller Werktätigen in den Ländern der sozialistischen Gemeinschaft."[2]

Zu den gemeinsamen Elementen, die durch die gemeinsame revolutionäre Aktion geschaffen werden, gehören die sozialistischen Produktionsverhältnisse. In These 5 heißt es: „Die zwei Sphären der Entwicklung und Vervollkommnung der sozialistischen Produktionsverhältnisse, die ‚staatliche' und die ‚internationale', bilden ihrem sozialökonomischen Charakter nach eine Einheit. Die Gesetzmäßigkeiten des sozia-

[1] L. I. Breshnew, XXV. Parteitag der KPdSU, Rechenschaftsbericht des Zentralkomitees der KPdSU und die nächsten Aufgaben der Partei in der Innen- und Außenpolitik, Berlin 1976, S. 9.

[2] Programm der Sozialistischen Einheitspartei Deutschlands, Berlin 1976, S. 21.

listischen Aufbaus und die sozialistischen Produktionsverhältnisse sind allgemeingültig." Damit geben die Thesen einen sehr wichtigen Ausgangspunkt für weitere Forschungen. Nicht nur für die Gesetzmäßigkeiten des sozialistischen Aufbaus, auch für die sozialistischen Produktionsverhältnisse existiert die Beziehung zwischen dem Allgemeingültigen und nationalen Besonderheiten. Das Wesen, die sozialökonomische Charakteristik der sozialistischen Produktionsverhältnisse ist das Allgemeingültige, ist in allen sozialistischen Ländern gleich. Dieses Gemeinsame und seine wachsende Rolle ist eine wichtige Grundlage für die Annäherung der sozialistischen Länder.

Mit der Durchsetzung der von Lenin zuerst herausgearbeiteten und begründeten allgemeingültigen Gesetzmäßigkeiten des sozialistischen Aufbaus wächst die soziale Homogenität der Gesellschaft und damit die soziale Basis ihrer Internationalisierung. Die allmähliche Annäherung der Klassen und Schichten in den sozialistischen Ländern auf der Grundlage der marxistisch-leninistischen Weltanschauung der Arbeiterklasse, der sozialistischen Produktionsverhältnisse, der ständigen Verbesserung der Arbeits- und Lebensbedingungen, der verstärkten Anwendung des wissenschaftlich-technischen Fortschritts in allen gesellschaftlichen Bereichen,[3] die Formierung sozialistischer Nationen, einer sozialistischen Lebensweise verstärken das Gemeinsame, Allgemeingültige in den sozialistischen Ländern und fördern so ihre Annäherung.

Das Wesen der sozialistischen Produktionsverhältnisse, ihre sozialökonomische Charakteristik ist der entscheidende Ausgangspunkt für ihre weitere Entwicklung und Vervollkommnung. Mit der weiteren Gestaltung der entwickelten sozialistischen Gesellschaft und der Schaffung grundlegender Voraussetzungen für den allmählichen Übergang zum Kommunismus wächst die Bedeutung des Allgemeingültigen in den sozialistischen Produktionsverhältnissen, es tritt immer klarer hervor.

Die spezifischen Entwicklungsbedingungen, unter denen die sozialistischen Produktionsverhältnisse entstanden, die in den einzelnen Ländern erreichte Reife der gesellschaftlichen Entwicklung, die Größe der Volkswirtschaft, ihre innere Struktur und andere Momente führen zur Herausbildung spezifischer Erscheinungsformen sozialistischer Produktionsverhältnisse in den einzelnen Ländern, die als nationale Besonderheiten charakterisiert werden können.

Der XXIV. Parteitag der KPdSU betonte die Notwendigkeit, das Allgemeingültige und die nationalen Besonderheiten miteinander zu verknüpfen.

„Die Erfolge beim Aufbau des Sozialismus hängen weitgehend von einer richtigen Verknüpfung des Allgemeingültigen und der nationalen Besonderheiten in der gesellschaftlichen Entwicklung ab. Wir wissen heute nicht nur theoretisch, sondern wir haben uns auch in der Praxis davon überzeugt, daß der Weg zum Sozialismus, seine Hauptmerkmale von allgemeingültigen Gesetzmäßigkeiten bestimmt sind, die der Entwicklung aller sozialistischen Länder innewohnen. Wir wissen auch, daß sich die Wirkung der allgemeinen Gesetzmäßigkeiten in den verschiedenen Formen offenbart, die den konkreten historischen Bedingungen, die den nationalen Besonderheiten entsprechen. Stützt man sich nicht auf die allgemeinen Gesetzmäßigkeiten und berücksichtigt nicht die konkrete historische Spezifik eines jeden Landes, so ist es unmöglich, den Sozialismus zu errichten. Ohne Berücksichtigung dieser beiden Faktoren ist es auch unmöglich, die Beziehungen zwischen den sozialistischen Staaten richtig zu entwickeln."[4]

[3] Vgl. ebenda, S. 20/21.

[4] L. I. Breshnew, Rechenschaftsbericht des Zentralkomitees der KPdSU an den XXIV. Parteitag der KPdSU, in: L. I. Breshnew, Auf dem Wege Lenins, Bd. 3, Berlin 1973, S. 213/214.

Diese für den sozialistischen Aufbau wichtigen Beziehungen zwischen Allgemeingültigem und nationalen Besonderheiten in der gesellschaftlichen Entwicklung zeigen sich auch in den sozialistischen Produktionsverhältnissen. Während das sozialökonomische Wesen der sozialistischen Produktionsverhältnisse in allen Ländern gleich ist – zum Beispiel das genossenschaftliche Eigentum eine Form des gesellschaftlichen sozialistischen Eigentums an den Produktionsmitteln ist –, treten in den konkreten Erscheinungsformen der Produktionsverhältnisse auch spezifische Züge auf, die sich aus nationalen Besonderheiten ergeben. Sie betreffen zum Beispiel das Eigentum am Boden, die Rolle der staatlichen Landwirtschaftsbetriebe, die Typen genossenschaftlicher Betriebe, die Rolle der persönlichen Nebenwirtschaft und anderes.[5]

Mit der Gestaltung der entwickelten sozialistischen Gesellschaft treten diese spezifischen Züge zum Teil in den Hintergrund, und das Allgemeingültige erscheint in den einzelnen Ländern in gleichen Formen. In allen Ländern der sozialistischen Gemeinschaft werden gegenwärtig Formen kooperativer Beziehungen zwischen sozialistischen Landwirtschaftsbetrieben sowie zwischen ihnen und Betrieben der Industrie und des Handels (Agrar-Industrie-Vereinigungen) entwickelt.

Dementsprechend legte der IX. Parteitag der SED fest: „Die Sozialistische Einheitspartei Deutschlands ist bestrebt, dabei die landwirtschaftlichen Produktionsgenossenschaften und die volkseigenen Betriebe der Land-, Forst- und Nahrungsgüterwirtschaft weiter zu festigen und die Zusammenarbeit der sozialistischen Landwirtschaftsbetriebe, der Verarbeitungsbetriebe und des Handels ständig zu entwickeln. Die Vertiefung der Kooperationsbeziehungen ist ein Wesenszug der Agrarpolitik der Partei. Die Kooperation eröffnet ständig neue Möglichkeiten, um mehr, besser und billiger landwirtschaftliche Erzeugnisse zu produzieren, zu verarbeiten und dadurch das Niveau der Versorgung der Bevölkerung stetig zu verbessern."[6]

Diese Entwicklung bedeutet nicht, daß nationale Besonderheiten bedeutungslos würden. Da sich der Sozialismus jedoch jetzt auf eigenen sozialökonomischen Grundlagen entwickelt, tritt das Allgemeingültige stärker als in der Vergangenheit hervor. Daraus läßt sich eine wachsende Bedeutung der allgemeingültigen Gesetzmäßigkeiten beim Aufbau der entwickelten sozialistischen Gesellschaft ableiten.

Die dialektische Einheit von Internationalem und Nationalem bei der Gestaltung der entwickelten sozialistischen Gesellschaft verändert das Verhältnis von inneren und internationalen Bedingungen. „Alle Faktoren der wirtschaftlichen Entwicklung, wie zum Beispiel die Qualität der Leitung und Planung, haben unmittelbare Wirkungen auf die Wirtschaftsentwicklung der sozialistischen Staatengemeinschaft im ganzen. Alle inneren Aufgaben müssen aus der Sicht der Festigung der sozialistischen Staatengemeinschaft bestimmt und mit hohem Verantwortungsbewußtsein gelöst werden."[7] Gleichzeitig stützen sich die RGW-Länder bei der Lösung ihrer Aufgaben stärker auf die sozialistische Staatengemeinschaft.

Die dialektische Einheit von Internationalem und Nationalem führt zu einer wachsenden Rolle der sowjetischen Erfahrungen. „Die in den Dokumenten des XXV. Par-

[5] Vgl. G. Šmelev, Agrarnye otnošenija pri socializme. Obščie čerty i osobennosti proizvodstvennych otnošenij v sel'skom chozjajstve socialističeskich stran, in: Ėkonomičeskie nauki, Moskva, 7/1976, S. 125/128.

[6] Programm der Sozialistischen Einheitspartei Deutschlands, a. a. O., S. 31.

[7] Die entwickelte sozialistische Gesellschaft – Wesen und Kriterien – Kritik revisionistischer Konzeptionen, Berlin 1973, S. 71. Vgl. auch: Probleme der sozialistischen ökonomischen Integration, Berlin 1974, S. 21 (Sitzungsberichte der Akademie der Wissenschaften der DDR, 14/1973).

teitages zusammengefaßten Erfahrungen der KPdSU als der erprobtesten und erfahrensten Partei unserer kommunistischen Weltbewegung sind von grundsätzlicher Bedeutung für den Übergang vom Kapitalismus zum Sozialismus in jedem Land. Je weiter die Sowjetunion auf dem Wege zum Kommunismus voranschreitet, desto deutlicher tritt die Allgemeingültigkeit dieses Erfahrungsschatzes zutage."[8] Diese wachsende Bedeutung der sowjetischen Erfahrungen beruht einerseits darauf, daß die UdSSR unter Führung der Partei Lenins heute den Aufbau der kommunistischen Gesellschaft meistert. Andererseits kommt darin die Tendenz zum Ausdruck: Je reifer die sozialistische Gesellschaft ist, je näher der Übergang zur höheren Phase der kommunistischen Gesellschaftsformation rückt, um so stärker tritt das Allgemeingültige, auf der Basis der sozialistischen ökonomischen Beziehungen, hervor.

Aus dem bisher Ausgeführten ergibt sich eine Schlußfolgerung für die weitere Forschung auf dem Gebiet der Politischen Ökonomie des Sozialismus: Um das Allgemeingültige und das national Besondere in den sozialistischen Produktionsverhältnissen zu unterscheiden, sind mehr als bisher Vergleiche zwischen den Produktionsverhältnissen in den sozialistischen Ländern erforderlich. Dafür gibt es bisher nur bescheidene Ansätze. Diese Aufgabe kann nur in Gemeinschaftsarbeit mit den Politökonomen der UdSSR und der anderen Länder der sozialistischen Gemeinschaft gelöst werden.

Die Auseinandersetzung zwischen den beiden gesellschaftlichen Systemen in der Gegenwart ist untrennbar mit der Entwicklung der sozialistischen Weltwirtschaft verbunden. Aus diesem Grunde nimmt der ideologische Kampf um Probleme der sozialistischen Weltwirtschaft in den letzten Jahren an Schärfe zu und erfordert unsere wachsende Aufmerksamkeit.

Die Fortschritte bei der sozialistischen ökonomischen Integration und ihre Überlegenheit gegenüber imperialistischen Integrationsversuchen haben zur Folge, daß in den imperialistischen Angriffen auf das sozialistische Wirtschaftssystem die Verfälschung der sozialistischen ökonomischen Integration, ihrer einzelnen Seiten, immer stärker in den Mittelpunkt rückt. Das hat verschiedene Ursachen:

1. Eine wesentliche Ursache für das Erstarken der sozialistischen Staatengemeinschaft und damit für die Veränderung des Kräfteverhältnisses zu ihren Gunsten ist die langjährige sozialistische ökonomische Zusammenarbeit im RGW, die heute auf einer qualitativ höheren Stufe in Form der sozialistischen ökonomischen Integration fortgesetzt wird.

2. Der Imperialismus hat seine Versuche zur Schwächung und Beseitigung des Sozialismus unter anderem durch intensive ideologische Diversion auch unter den Bedingungen der fortschreitenden Entspannung verstärkt. Das Hauptinstrument dieser ideologischen Diversion ist der Antikommunismus in seinen vielfältigen Formen, wobei Antisowjetismus und Nationalismus eine exponierte Stellung einnehmen.

3. Die sozialistische ökonomische Integration, die Dynamik des wirtschaftlichen Wachstums der RGW-Länder, die Stabilität und Planmäßigkeit der Wirtschaftsbeziehungen und der darauf beruhende kontinuierliche Aufschwung des materiellen und kulturellen Lebensniveaus der Werktätigen beeinflussen das Denken der Werktätigen im Kapitalismus. Die bürgerliche Ideologie muß dieser immer größeren Ausstrahlungskraft der sozialistischen ökonomischen Integration entgegentreten.

4. Die bürgerlichen Ökonomen versuchen, die Erfahrungen der RGW-Mitgliedsländer bei der Realisierung der sozialistischen ökonomischen Integration für die Ge-

[8] E. Honecker, Bericht des Zentralkomitees der Sozialistischen Einheitspartei Deutschlands an den IX. Parteitag der SED, Berlin 1976, S. 12/13.

staltung der imperialistischen Integrationsprozesse zu nutzen. So spielt bei den Angriffen auf die sozialistische ökonomische Integration zum Beispiel das Verhältnis von Plan und Markt eine bedeutende Rolle. Ungeachtet ihrer Grundpositionen wird dabei deutlich,[9] daß diese Auseinandersetzung nicht mehr ausschließlich unter dem Aspekt des „Entweder-Oder" geführt wird, sondern auch die Relevanz der Planung im gesellschaftlichen Maßstab zum Teil eingestanden wird und deshalb gerade die Fragen der Planung, insbesondere der Plankoordinierung in der sozialistischen ökonomischen Integration großes Interesse finden.

Die genannten Ursachen zeugen von der widersprüchlichen Rolle der bürgerlichen politischen Ökonomie. Zweifellos werden die Angriffe der bürgerlichen Ökonomen auf die Vorbereitung, Entstehung und die zielstrebige Gestaltung der sozialistischen ökonomischen Integration in erster Linie durch die ideologische Rolle der bürgerlichen politischen Ökonomie determiniert.

Die Angriffe der bürgerlichen Ökonomen auf die sozialistische ökonomische Integration werden in breitester Front vorgetragen und umfassen alle wesentlichen Seiten dieses Prozesses. Sie sind durch folgende Hauptrichtungen gekennzeichnet:

1. Diffamierung und Verfälschung der politischen und ökonomischen Rolle der Sowjetunion bei der sozialistischen ökonomischen Integration mit dem Ziel, einen tiefen Keil zwischen die Sowjetunion und die anderen Länder der sozialistischen Staatengemeinschaft zu treiben;
2. Entstellung des sozialistischen Internationalismus und der Dialektik von Nationalem und Internationalem im Prozeß der sozialistischen ökonomischen Integration, Verbreitung des bürgerlichen Nationalismus;
3. Angriffe auf die Zusammenarbeit auf dem Gebiet der Planungstätigkeit und der Versuch, die Planung, insbesondere die Plankoordinierung, als unwirksam und uneffektiv zu diffamieren;[10]
4. Angriffe auf das Außenhandelsmonopol des sozialistischen Staates und seine Rolle in der sozialistischen ökonomischen Integration;
5. Versuche der bürgerlichen Ökonomen, die Ware-Geld-Beziehungen in der sozialistischen Gesellschaft und das Verhältnis von Plan und Ware-Geld-Beziehungen zu entstellen. In diesem Zusammenhang wird über die Bedeutung der Wirtschaftsreformen in den sozialistischen Ländern für die Weiterentwicklung der sozialistischen ökonomischen Integration spekuliert.

Die verschiedenen Schulen und Richtungen der bürgerlichen politischen Ökonomie vertreten bei ihrer Kritik an der sozialistischen ökonomischen Integration, in der Auswahl der Probleme und in der Argumentation relativ einheitliche Positionen. Der Revisionismus beteiligt sich intensiv an der Verleumdung des sozialistischen Wirtschaftssystems, hat jedoch meines Erachtens bisher die Fragen der sozialistischen ökonomischen Integration noch nicht direkt und umfassend in seine Konzeption aufgenommen.

Mit der Annahme des Komplexprogramms für die weitere Vertiefung und Vervollkommnung der Zusammenarbeit und Entwicklung der sozialistischen ökonomischen Integration der Mitgliedsländer des RGW traten die Länder der sozialistischen Staatengemeinschaft in eine qualitativ neue Etappe ihrer ökonomischen Zusammenarbeit. Die

[9] Vgl. G. Harberler, J. P. Hardt, Diskussionsbeitrag auf dem IV. Weltkongreß der Ökonomen in Budapest 1974 (Konferenzmaterial).

[10] Vgl. F. Göhring, W. Maiwald, Zur bürgerlichen Verfälschung der Planung im Prozeß der sozialistischen ökonomischen Integration, Beiträge für das marxistisch-leninistische Grundlagenstudium, Leipzig, 1/1976, S. 111 ff.

bürgerlichen Ökonomen greifen bei ihren Angriffen auf die sozialistische ökonomische Integration häufig auf eine Vielzahl „standardisierter" Argumente zurück, die vor der Annahme des Komplexprogrammes des RGW ausgearbeitet wurden und jetzt lediglich etwas modifiziert werden. Den bürgerlichen Ökonomen passen gegenüber der vorangegangenen Etappe die erfolgten qualitativen Veränderungen in der ökonomischen Zusammenarbeit zwischen den RGW-Ländern nicht in ihr Konzept.

Daraus ergibt sich eine Schlußfolgerung für die Forschung auf dem Gebiet der Politischen Ökonomie des Sozialismus: Der offensiven Auseinandersetzung mit den bürgerlichen und revisionistischen Angriffen auf die sozialistische ökonomische Integration, besonders mit dem bürgerlichen Nationalismus, ist generell größere Aufmerksamkeit zu widmen.

P. Sydow

Die Entwicklung der sozialistischen ökonomischen Integration und der Ausbau der materiell-technischen Basis unserer Volkswirtschaft

Wenn das Programm der Sozialistischen Einheitspartei Deutschlands die Aufgabe stellt, die sozialistische ökonomische Integration als eine entscheidende Bedingung für die stabile ökonomische und soziale Entwicklung weiter zu entwickeln[1], so bedeutet das insbesondere, diesen komplexen Prozeß für den Ausbau der materiell-technischen Basis unserer Volkswirtschaft wirksamer zu nutzen. In den Thesen vom Dezember 1973 haben die Autoren bereits auf diese Probleme hingewiesen. Sie stellten fest, daß die sozialistische ökonomische Integration günstige Voraussetzungen für die Entwicklung der Produktivkräfte schafft und das stabile, intensive Wachstum des ökonomischen und wissenschaftlich-technischen Potentials der RGW-Länder im Interesse einer weiteren Erhöhung des Lebensniveaus der Werktätigen fördert.[2]

Mit der Entfaltung der ökonomischen Integration verstärkt sich ihr Einfluß auf Volumen, Struktur und wissenschaftlich-technisches Niveau der Arbeitsmittel, eines wesentlichen Teils der materiell-technischen Basis. Ihre Wirkungen auf Konzentration, Spezialisierung und Kooperation der Produktion verbessern tendentiell die Bedingungen, um diese Arbeitsmittel mit einem höheren Nutzeffekt anzuwenden. Die gemeinsame und koordinierte Lösung wissenschaftlich-technischer Probleme durch die Integrationspartner schafft Voraussetzungen, um die grundlegenden Reproduktionsprozesse in den RGW-Ländern rationeller zu gestalten. Durch das komplexe Zusammenwirken mit der Sowjetunion und den anderen RGW-Ländern ergeben sich also vielfältige Möglichkeiten, um die materiellen, die technisch-ökonomischen Grundlagen unserer volkswirtschaftlichen Reproduktion mit einer höheren Effektivität planmäßig und proportional auszubauen.

Analysiert man einige wirtschaftliche Prozesse im Zeitraum von 1970 bis 1975, so sind die engeren Wechselbeziehungen zwischen der ökonomischen Integration und der Vervollkommnung unserer materiell-technischen Basis unverkennbar. Von 1970 bis 1975 erhöhten sich die gesamten Ausrüstungsinvestitionen in unserer Volkswirtschaft auf über 118 Prozent,[3] jene in die Bereiche der Industrie auf rund 116 Prozent. Doch allein bis 1973 stiegen unsere Importe an Maschinen und Ausrüstungen auf rund 135 Prozent, darunter jene aus den RGW-Ländern, die ca. 80 Prozent der gesamten Einfuhren an Maschinen und Ausrüstungen ausmachen, auf über 136 Prozent. Diese dynamische Entwicklung der Importe an Maschinen, Ausrüstungen und Geräten, an Automatisierungs- und Rationalisierungsmitteln, wurde in den vergangenen drei Jahren fortgesetzt. Setzen wir nun die Ausrüstungsimporte zu den gesamten Ausrüstungs-

[1] Vgl. Programm der Sozialistischen Einheitspartei Deutschlands, Berlin 1976, S. 32/33.

[2] Vgl. Probleme der sozialistischen ökonomischen Integration, Berlin 1974 S. 37/38. (Sitzungsberichte der Akademie der Wissenschaften der DDR, 14/1973).

[3] Berechnet (wie auch alle folgenden Angaben) nach dem Statistischen Jahrbuch der DDR 1976, Berlin 1976.

investitionen ins Verhältnis, so zeigt sich: Ein tendentiell steigender Anteil der Investitionen wird auf der Grundlage stabiler Handels- und Kooperationsbeziehungen mit unseren Integrationspartnern realisiert.

Ähnliche, an Intensität zunehmende Zusammenhänge erhalten wir auch, wenn wir diese Ausrüstungsimporte zum Zuwachs ausgewählter Grundmittelarten (vor allem der Kraftmaschinen, der Arbeits- und Werkzeugmaschinen sowie der Hebe- und Förderzeuge) in Beziehung setzen. Die genannten Grundmittelarten stiegen von 1970 bis 1974 auf 132 Prozent. Entsprechende Einfuhren, deren Anteil an der Erneuerung und Erweiterung der Grundfonds zugenommen hat, wuchsen noch schneller.

Daß das Wachstum der Grundmittel auf Grund steigender Importe an Mechanisierungs- und Automatisierungsmitteln nicht automatisch zu effektiveren Fertigungsarten führt, geht aus folgenden Angaben hervor: Im Maschinen- und Fahrzeugbau der DDR erhöhte sich bei einer Produktionssteigerung von 1970 bis 1975 um rund ein Drittel der Anteil automatisierter Ausrüstungen am Gesamtbestand der klassifizierbaren Ausrüstungen von 25,0 Prozent (1970) auf 33,6 Prozent (1974). Im gleichen Zeitraum erfuhr jedoch das Verhältnis zwischen der Einzel-, der Serien- und der Massenfertigung nur eine sehr geringe Veränderung, die sich in den Grenzen von 1 Prozent bewegt. Vergleichbare Relationen zwischen der Produktionsentwicklung, dem Anteil automatisierter Ausrüstungen sowie den verschiedenen Fertigungsarten erhalten wir in den Jahren 1970 bis 1974 auch für den Bereich der Elektrotechnik, der Elektronik und des Gerätebaus.

Die tendentiell engeren Zusammenhänge zwischen der ökonomischen Integration und den materiell-technischen Grundlagen entwickeln sich nicht nur im Maßstab der gesamten Volkswirtschaft oder einzelner Industriebetriebe, sondern auch für einzelne Erzeugnisse. Der hohe Anteil der Einfuhr von Energieausrüstungen aus der Sowjetunion am Kapazitätszuwachs unserer Produktion von Elektroenergie ist gut bekannt. Hoch ist zugleich auch der Anteil sowjetischer Lieferungen an den Materialmengen, die in den vergangenen fünf Jahren für den gesamten Inlandverbrauch bereitgestellt wurden. Er beträgt bei Roheisen und Hochofenlegierungen ca. 30 Prozent sowie bei Schnittholz und Schwellen über 50 Prozent. Weitere Beispiele ließen sich anführen, so für Erdöl, Erdgas, Maschinen und Ausrüstungen verschiedener Bestimmung sowie PKW.

Derartige Beziehungen haben sich jedoch nicht nur importseitig entwickelt, sondern zum Teil noch stärker auch exportseitig. Verwiesen sei insbesondere auf beachtlich hohe Exportquoten bei einer Reihe von Industrieerzeugnissen. Wie groß die Verantwortung der Betriebe unserer metallverarbeitenden Industrie für den effektiven Ausbau der materiell-technischen Basis in den RGW-Ländern ist, kann man daran ermessen, daß von 1970 bis 1975 der Anteil der DDR an den gesamten Maschinen- und Ausrüstungsimporten der anderen RGW-Länder aus dem RGW-Bereich beständig über 20 Prozent lag.

Auf der Grundlage dieser Tatsachen und Prozesse bin ich der Auffassung, daß das koordinierte wirtschaftliche Wachstum der RGW-Länder zur stärkeren gegenseitigen Verbindung der materiell-technischen Basis der Integrationspartner führt. Angesichts des wachsenden Einflusses der sozialistischen ökonomischen Integration auf die materiellen Grundlagen der weiteren Gestaltung der entwickelten sozialistischen Gesellschaft wird es notwendig, diese Zusammenhänge für den Zeitraum der nächsten Planjahrfünfte eingehend zu analysieren und theoretisch zu verallgemeinern. Als Politökonomen haben wir vor allem zu beantworten, welche Einflüsse vom gegenwärtigen Entwicklungsstand der materiell-technischen Basis in den RGW-Ländern auf die Entfaltung der Produktionsverhältnisse zwischen den Integrationspartnern ausgehen und wie wir diese gesellschaftlichen, arbeitsteiligen Beziehungen entwickeln müssen, damit die materiellen Grundlagen in den einzelnen Ländern mit hoher Effektivität und Zeitgewinn erweitert werden können.

Dabei gilt es, der komplizierten Dialektik des Ausbaus der materiell-technischen Basis und der gleichzeitigen Vertiefung der sozialistischen ökonomischen Integration der Mitgliedsländer des RGW gerecht zu werden. Ohne Zweifel ergeben sich aus dem Entwicklungsniveau und dem Wachstum des ökonomischen Potentials der RGW-Länder erweiterte Möglichkeiten für die sozialistische ökonomische Integration. Dazu trägt maßgeblich der Aufbau der materiell-technischen Basis des Kommunismus in der Sowjetunion bei. Das ist jedoch nur eine Seite der Wechselbeziehungen. Zugleich kommt es darauf an, die beginnende internationale Verflechtung der Reproduktionsprozesse maximal für den Ausbau unserer materiell-technischen Basis auszunutzen. Dabei ist jede Gegenüberstellung von volkswirtschaftlichen und internationalen Reproduktionsbedingungen zu vermeiden. Grundlegende Tendenzen, Besonderheiten und auch zeitweilige Probleme der ökonomischen Entwicklung in den RGW-Ländern sind zu untersuchen und daraus Schlußfolgerungen abzuleiten, welche Integrationsprozesse in Wirtschaft, Wissenschaft und Technik es erlauben, das System unserer Produktivkräfte mit einem höheren Nutzeffekt auszubauen.

Im Zeitraum bis 1980 werden Hauptrichtungen des Ausbaus unserer materiell-technischen Basis verstärkt mit der sozialistischen ökonomischen Integration enger verbunden.[4] Der Reifegrad der arbeitsteiligen Beziehungen in den einzelnen Bereichen der Produktion weist noch größere Unterschiede auf. Indem wir diese verringern, können wir wesentliche Effektivitätsreserven erschließen. Bei diesen Bemühungen haben wir der großen Verantwortung gerecht zu werden, die wir mit den Exportverpflichtungen für die weitere Stärkung der materiell-technischen Basis in der Sowjetunion und in den anderen RGW-Ländern übernommen haben.

Unter den Entwicklungsprozessen der materiell-technischen Basis im RGW-Bereich gibt es eine größere Zahl gleichartiger Aufgaben, die die Integrationspartner zum Teil unter spezifischen volkswirtschaftlichen und internationalen Bedingungen verwirklichen. Folglich werden die Vorhaben der sozialistischen ökonomischen Integration um so wirksamer zu ihrer Lösung beitragen, je komplexer, langfristiger und stabiler sie vereinbart und realisiert werden. Die auf der XXX. RGW-Tagung beschlossene Ausarbeitung von langfristigen Zielprogrammen bietet in dieser Hinsicht viele Möglichkeiten, um den Einfluß der sozialistischen ökonomischen Integration auf die weitere Vervollkommnung der materiell-technischen Basis in den RGW-Ländern zu verstärken.

Mit den 70er Jahren hat also offensichtlich ein sehr langfristiger Prozeß begonnen, in dem sich die planmäßige, proportionale Entwicklung des ökonomischen Gesamtpotentials der sozialistischen Staatengemeinschaft wesentlich verstärken wird. In einem längeren Zeitraum werden dadurch nach meiner Auffassung allmählich auch Elemente einer einheitlichen materiell-technischen Basis im RGW entstehen.[5]

So weist auch unser Parteiprogramm darauf hin, schrittweise eine integrierte Brennstoff- und Energiewirtschaft herauszubilden, die den Interessen der sozialistischen

[4] Vgl. W. Stoph, Konsequent und dynamisch auf dem Kurs der Hauptaufgabe, in: Neues Deutschland vom 16. Dezember 1976, S. 3/4.

[5] Vgl. O. Reinhold, Gestaltung der entwickelten sozialistischen Gesellschaft im Lichte des Programmentwurfs, in: Einheit, 3/1976, S. 292.

Staatengemeinschaft entspricht und die effektivste Deckung des wachsenden Bedarfs der RGW-Länder gewährleistet.[6]

Gegenwärtig wäre es allerdings *verfrüht,* gleichartige Tendenzen des Ausbaus von Hauptproduktionszweigen, selbst wenn die internationale Verflechtung Fortschritte gemacht hat, bereits als Elemente einer einheitlichen, gemeinsamen materiell-technischen Basis der sozialistischen Gemeinschaft zu charakterisieren. Erstens weist das Produktivitätsniveau zwischen den RGW-Ländern bei vielen Zweigen größere Unterschiede auf. Zweitens ist der volkswirtschaftliche und internationale Spezialisierungsgrad der Fertigung bei zahlreichen Erzeugnisgruppen noch niedrig. Man kann gegenwärtig kaum Aussagen darüber treffen, wie hoch er sein wird, wenn interessierte Integrationspartner zu einer gemeinsamen Entwicklung der betreffenden Produktionen übergehen werden. Drittens gehen von der internationalen Koordinierung durchaus starke Impulse für eine kontinuierliche, gleichartige Entwicklung der Produktionszweige aus. Doch das dürfen wir nicht mit ihrem gemeinsamen Wachstum gleichsetzen, weil das eine einheitliche Orientierung der Integrationspartner vor allem auf solchen Gebieten, wie Wissenschaft und Technik, der Produktion, der Arbeitskräfteentwicklung und der Investitionen zur Voraussetzung haben müßte. Es ist zu erwarten, daß die Entwicklung einer Wirtschaftstätigkeit in internationalen Wirtschaftsvereinigungen der RGW-Länder die Entstehung solcher Bedingungen fördern wird.

Ein ganz wesentlicher Aspekt der weiteren theoretischen Analyse dieser Fragen betrifft die strukturellen Wechselbeziehungen zwischen der sozialistischen ökonomischen Integration und der intensiven volkswirtschaftlichen Reproduktion. In unserem Forschungskollektiv versuchen wir, Zusammenhänge zwischen dem Ausmaß von Strukturveränderungen und dem Entwicklungstempo von Produktion und Außenhandel unter dem Einfluß der ökonomischen Integration im RGW aufzudecken. Nach den bisher absehbaren Aufgaben bei der Ausarbeitung von langfristigen Zielprogrammen ergeben sich durchaus Möglichkeiten, die Zweigstrukturen unserer Industrieproduktion weiter zu differenzieren und die Hauptlinien von Export und Import zu vervollkommnen. Derartige Strukturveränderungen bieten nur dann größere Reserven für die Intensivierung, wenn die Befriedigung des Bedarfs unserer Volkswirtschaft und der Integrationspartner zugleich mit einer Steigerung des ökonomischen Nutzeffekts und der Exportfähigkeit der Erzeugnisse verbunden wird. Strukturkonzepte nach diesen wesentlichen Kriterien für künftige Planungszeiträume vorzubereiten schafft günstige Voraussetzungen, um die ökonomische Integration im Interesse einer steigenden Arbeitsproduktivität und der Beschleunigung des wissenschaftlich-technischen Fortschritts zu nutzen. Allerdings ist das auch keine einfache Aufgabe; denn mitunter bedarf es umfangreicher Untersuchungen, um diese Kriterien in Übereinstimmung zu bringen.

Daher ist es von Interesse, wenn Širjaev in einem neueren Artikel[7] die Ziele für die Intensivierung der Außenwirtschaftsbeziehungen sozialistischer Länder diskutiert. Ausgehend von der Maximierung des Nationaleinkommens, sieht er es als Aufgabe der außenwirtschaftlichen Beziehungen an, zur Rationalisierung der wirtschaftlichen Tätigkeit im Maßstab volkswirtschaftlicher Komplexe beizutragen. Dem kann man nur zustimmen.

Nach Širjaevs Ansicht gewinnt dabei die Importpolitik gegenüber der Exportpolitik

[6] Vgl. Programm der Sozialistischen Einheitspartei Deutschlands, a. a. O., S. 33.

[7] Vgl. Ju. Širjaev, Razvitie meždunarodnogo socialističeskogo razdelenija truda, in: Voprosy ėkonomiki, 10/1976, S. 3.

die Priorität: Die Maximierung des Exports habe auf ihrer Grundlage den Sinn, das Volumen der Mittel zu vergrößern, die ein gegebener volkswirtschaftlicher Komplex für die praktische Realisierung der langfristigen Importstrategie aufwenden kann. Eine relativ selbständige Rolle erhalte der Export als Mittel zur Bildung von Valutareserven.[8]

Diese Thesen regen an, über folgendes nachzudenken: Besitzt der Import in den RGW-Ländern tatsächlich eine Priorität gegenüber dem Export? Kann man den Export auf ein Mittel zur Bildung von Valutareserven reduzieren? Würden dabei nicht die Wachstumsimpulse effektiver Exporte für die eigene Volkswirtschaft wie für die der Integrationspartner unberücksichtigt bleiben?

In seinen weiteren Überlegungen räumt Širjaev ein, die Erweiterung des Exports müsse dem Wachstum bezahlter Importe vorausgehen. Die Exportpolitik sei ein Mechanismus zur Verwirklichung der Importpolitik und gewinne ihr gegenüber deshalb zeitweilig die Priorität. Dafür sei ein bestimmtes Niveau der Exportfähigkeit der Produktion zu erreichen. Die Anerkennung des Primats der Importpolitik sei nicht gleichbedeutend mit einer verringerten Rolle der dynamischen und effektiven Exportpolitik![9] Wird damit nicht die These von einer Priorität der Importe stark eingeschränkt?

Da es hier nicht möglich ist, auf diese interessanten Gedanken im einzelnen näher einzugehen, sei hier zumindest auf folgende Zusammenhänge verwiesen:

Die planmäßige Entwicklung effektiver Exportfonds ist in allen RGW-Ländern eine notwendige Voraussetzung für die Befriedigung des Bedarfs der Integrationspartner. Der Ausbau stabiler Exportlinien reduziert sich nicht auf die Vergrößerung von Valutareserven, sondern hat in vielen Zweigen eine entscheidende Bedeutung für den hohen Nutzeffekt der Produktion. Es ist meines Erachtens notwendig, die engen Wechselbeziehungen zwischen der planmäßigen, proportionalen Entwicklung effektiver Exporte *und* Importe zu analysieren und sie entsprechend den sozialökonomischen Aufgaben der RGW-Länder in den einzelnen Entwicklungsabschnitten zu nutzen.

[8] Ebenda, S. 5.

[9] Ebenda, S. 5/6.

G. Proft

Zu einigen neuen Aspekten der Kategorie des Bedarfs im Zusammenhang mit der Ausarbeitung von langfristigen Zielprogrammen der Mitgliedsländer des RGW

Die Kategorie des Bedarfs erhält im Zusammenhang mit der Ausarbeitung der langfristigen Zielprogramme Keime einer neuen Qualität. Mit diesen Zielprogrammen wird – für die davon erfaßten Erzeugnis- und Leistungsarten – erstmalig der *Bedarf der RGW-Gemeinschaft* gemeinsam und planmäßig bis 1990 ermittelt. Dabei geht der gemeinsame Bedarf bei den betreffenden Erzeugnis- und Leistungsarten – gemäß dem gegenwärtigen Stand von Leitung und Planung einschließlich des dazu gehörigen Instrumentariums in den RGW-Ländern – in der Regel als Summe aus der Addition der Länderbedarfsangaben für die jeweiligen Erzeugnisse hervor.

Diese neue Funktion der Bedarfsberechnung erhöht die Anforderungen an die entsprechenden Aktivitäten in den Ländern. Die Länder ermitteln in der ersten Phase dieser Arbeiten in eigener Verantwortung ihren Bedarf und machen die so erhaltenen Bedarfsvorstellungen zum Gegenstand ihres Vorschlages für die gemeinsame Bestimmung des Bedarfs der RGW-Gemeinschaft.

Bei einer solchen Verfahrensweise ist es nicht ungewöhnlich, wenn in dieser ersten Phase der Bedarfsermittlung die Summe des Bedarfs für die Gemeinschaft nicht immer real ist. Das resultiert insbesondere daraus, daß auf einer frühen Stufe der gemeinsamen Bedarfsermittlung noch keine exakte Gegenüberstellung mit den Ressourcen der Länder – im einzelnen wie insgesamt – erfolgt und die bisher vorherrschende Methode des Schließens der Bilanzlücken auf Konto des Außenhandels sich für die neuen Anforderungen der Bedarfsrechnung als nicht ausreichend erweist. Dabei ist weiterhin zu berücksichtigen, daß eine Reihe von Faktoren wesentlichen Einfluß auf die Bedarfsermittlung der Länder haben. Dazu gehören die vorhandenen Dokumente zur langfristigen Entwicklung der Volkswirtschaft bis 1990, prognostische und konzeptionelle Arbeiten zur Bedarfsermittlung und Ausschöpfung aller nationalen Ressourcen zur vollen oder teilweisen Bedarfsdeckung, der Berücksichtigung des Standes von Wissenschaft und Technik einschließlich des Trends ihrer Entwicklung bis 1990. Selbst unter Beachtung des derzeit Möglichen bei der Ermittlung des gemeinsamen Bedarfs der RGW-Länder im Zusammenhang mit den langfristigen Zielprogrammen stellen die bis jetzt erarbeiteten gemeinsamen Bedarfsangaben einen echten Fortschritt dar und beinhalten – wie schon festgestellt – Keime einer neuen Qualität.

In diesem Zusammenhang ist es aber notwendig darauf hinzuweisen, daß die Ermittlung des gemeinsamen Bedarfs bei einzelnen Zielprogrammen teilweise kompliziert ist. Relativ sicher wird die Ermittlung des gemeinsamen Bedarfs auf dem Gebiet der Energie, Roh- und Brennstoffe beherrscht, wogegen bei den Erzeugnissen der verarbeitenden Industrie die gemeinsame Bedarfsermittlung relativ schwierig ist und weiter an ihrer besseren Beherrschung gearbeitet werden muß.

Wie die Erfahrungen zeigen, die bisher auf diesem Gebiet gesammelt wurden, ist das eine komplizierte Aufgabe. Ihre Lösung erfordert unter anderem die gemeinsame

Erarbeitung von einheitlichen Standpunkten und Grundlagen im RGW in einer Reihe theoretischer und methodologischer Fragen, wie zum Beispiel

- die Bestimmung des Begriffs „ökonomisch begründeter Bedarf",
- die Bestimmung (Auswahl) der Kriterien für die Einschätzung des ermittelten Bedarfs vom Standpunkt der Gesamtinteressen der Staatengemeinschaft bzw. der beteiligten Länder,
- die Nutzung progressiver, wissenschaftlich-begründeter Normative und Verbrauchsnormen als Grundlage für die Ermittlung des Bedarfs und anderes mehr.

Die meines Erachtens noch nicht ausreichende Vereinheitlichung dieser Begriffe und methodischer Grundlagen kann die Vergleichbarkeit und Begründetheit der von den einzelnen Ländern vorgelegten Bedarfsangaben erschweren.

Eine wichtige Aufgabe, die vor den RGW-Ländern im Zusammenhang mit der neuen Qualität der Kategorie des Bedarfs steht, ist die Notwendigkeit, das programmäßige Herangehen mit den langfristigen Zielprogrammen gerade bei dieser Kategorie zu sichern. Dabei kommt es insbesondere darauf an, daß dem Bedarf die für seine Deckung verfügbaren Ressourcen gegenübergestellt werden. Vereinfacht gesagt war es bisher so, daß der Bedarf, der nicht durch eigene Aufkommen abgedeckt werden konnte, dem Außenhandel – sprich: Import – zur Realisierung übertragen wurde. Damit war der Bedarfsträger in bestimmtem Maße aus der Verantwortung für die volle Sicherung der Deckung seines Bedarfs entlassen. In der in Zusammenhang mit den Zielprogrammen begonnenen Arbeitsweise zur Ermittlung des Bedarfs spielt der Außenhandel in der ersten Etappe noch keine Rolle. Vielmehr ist es dem Bedarfsträger übertragen, – ausgehend von den eigenen nationalen und den Ressourcen anderer RGW-Länder – Lösungsvorschläge für die Deckung des Bedarfs auszuarbeiten.

Die Erfahrungen in der DDR und anderen RGW-Ländern zeigen, daß insbesondere auf den Gebieten der volkswirtschaftlichen Entwicklung, die seit vielen Jahren kontinuierlich im Rahmen der langfristigen Planung bearbeitet und international im RGW abgestimmt wurden – wie zum Beispiel bei Energie und Brennstoffen –, schon in der ersten Phase der Arbeiten am entsprechenden Zielprogramm in den internationalen und innerstaatlichen Arbeitsgruppen an die Ermittlung des ökonomisch begründeten Bedarfs herangegangen werden konnte. Hierbei ging es nicht mehr um das erstmalige Zusammenstellen von Angaben der einzelnen Länder zum perspektivischen Bedarf und seine Deckung in gleichfalls erstmaliger Gegenüberstellung zu den anderen RGW-Ländern. Vielmehr konnte man sich auf die Erkenntnisse der in den Vorjahren gemeinsam erarbeiteten Konzeption der RGW-Länder über die Entwicklung der Brennstoff-Energie-Wirtschaft bis 1990 und die Ergebnisse der Ständigen Arbeitsgruppe Brennstoff-Energie des RGW stützen und direkt mit den notwendigen Arbeiten zur Präzisierung der Bedarfsangaben, zur Untersuchung von ihn beeinflussenden Faktoren und damit zur Ermittlung des ökonomisch begründeten Bedarfs bei wesentlichen Erzeugnisarten aus diesem Programm beginnen.

Die Ermittlung des ökonomisch begründeten Bedarfs erfordert als Grundvoraussetzung, von der Realisierung der von den kommunistischen und Arbeiterparteien der RGW-Länder geplanten sozial-ökonomischen Entwicklung auszugehen und diese Zielstellung bei der gemeinsamen Ermittlung dieses Bedarfs zu berücksichtigen. Ökonomisch begründeter Bedarf ist nach den heutigen Erfahrungen der gemeinsame Bedarf der RGW-Länder, dem Ressourcen und Potentiale weitgehend gegenübergestellt sein müssen, der in komplexe volkswirtschaftliche Untersuchungen und Überlegungen eingebunden und damit volkswirtschaftlich und international verflochten ist. In den ökonomisch begründeten Bedarf münden auch die Trends der wissenschaftlich-technischen Entwicklung ein, die für den Zeitraum der Ermittlung dieses Bedarfs zu berücksichtigen sind.

In diesem Sinne stellt die Ermittlung des ökonomisch begründeten Bedarfs im Rahmen der Ausarbeitung der langfristigen Zielprogramme den Ausgangspunkt für die gemeinsam festzulegenden Wege und Richtungen der Bedarfsdeckung dar, von denen aus wiederum die gemeinsam zu lösenden Aufgaben in Form von Integrationsmaßnahmen abgeleitet werden. Aufgrund dieser zentralen Stellung sollte die Bedarfsermittlung einem Höchstmaß an Begründetheit und Zuverlässigkeit genügen. Zugleich spielen gerade hierbei subjektive Faktoren eine große Rolle. Der Abstand zwischen dem Erfordernis und den gegebenen Möglichkeiten, ihm gerecht zu werden, wird in dem Maße überbrückt werden, wie es gelingt, die Bedarfsermittlung zu objektivieren. Erste wichtige Schritte erfolgen entsprechend dem derzeitigen Stand volkswirtschaftlicher Planung und internationaler Zusammenarbeit der RGW-Länder, wenn die fundierte Ermittlung des langfristigen Bedarfs als Einheit staatlicher und internationaler Arbeiten in einem mehrjährigen Stufenprozeß verstanden und praktiziert wird.

Der fundierten objektiven Bestimmung des ökonomisch begründeten Bedarfs im Zusammenhang mit der Ausarbeitung langfristiger Zielprogramme durch die RGW-Länder könnte die breitere Anwendung der gemeinsamen konzeptionellen und prognostischen Arbeit dienen. Die so gewonnenen Aussagen zur Bestimmung des ökonomisch begründeten Bedarfs müssen in ihrer Wechselbeziehung zu den Ressourcen der beteiligten Länder gesehen und, wo das möglich ist, in mehreren Varianten erarbeitet werden, um eine Auswahl der für die RGW-Länder günstigsten Variante zu ermöglichen. Die Notwendigkeit der Entfaltung der nationalen und gemeinsamen Prognosearbeit der RGW-Länder im Zusammenhang mit der Ausarbeitung der Zielprogramme darf in keinem Fall nur quantitativ verstanden werden, sondern diese Arbeiten müssen insbesondere den neuen hohen Anforderungen an ihre Qualität gerecht werden.

Eine weitere Aufgabe besteht darin, daß bereits in der ersten Etappe der Bestimmung des ökonomisch begründeten Bedarfs der Gemeinschaft ein komplexes Herangehen praktiziert werden muß, denn es geht nicht nur um die Ermittlung des Bedarfs am jeweiligen Endprodukt, sondern auch an den entsprechenden Rohstoffen und Materialien sowie Maschinen und Ausrüstungen.

Sowjetische Wirtschaftswissenschaftler, mit denen wir die Probleme der Ermittlung des ökonomisch begründeten Bedarfs bei der Erarbeitung der langfristigen Zielprogramme besprochen haben, vertraten ebenfalls die Auffassung, daß diese Arbeit ein ressourcenmäßiges, langfristiges, komplexes und wissenschaftliches Herangehen erfordert. Insbesondere verwiesen sie auf die Notwendigkeit, durch eine solche Methode Bedarfsangaben für einen Perspektivzeitraum zu erhalten, deren Deckung im Rahmen der Staatengemeinschaft des RGW überschaubar und auf der Grundlage von festgelegten arbeitsteiligen Beiträgen auch real ist. Die Ermittlung des ökonomisch begründeten Bedarfs kann deshalb auch kein einmaliger Akt sein, sie muß als iterativer Prozeß betrachtet und gestaltet werden.

Für die Wirtschaftswissenschaft und die Praxis ergeben sich im Zusammenhang mit der Ausarbeitung der langfristigen Zielprogramme eine Vielzahl von neuen Aufgaben, die in der nächsten Zeit gelöst werden müssen. Mit meinen Ausführungen wollte ich darauf aufmerksam machen, daß eine dieser Aufgaben die Lösung der Probleme ist, die mit der neuen Qualität der Kategorie des Bedarfs im Zusammenhang stehen. Dieses vielschichtige Problem erfordert zweifelsohne ein interdisziplinäres Herangehen von Wissenschaftlern verschiedener wirtschafts- und naturwissenschaftlicher Disziplinen.

CHR. LUFT

Die planmäßige Beherrschung der Wechselbeziehungen zwischen den international verflochtenen Reproduktionsphasen – eine Schlüsselfrage für die Effektivitätserhöhung im Integrationsprozeß

In den Thesen nimmt der Zusammenhang von sozialistischer ökonomischer Integration und Intensivierung zu Recht eine entscheidende Stellung ein.

Bei der immer umfassenderen Nutzung der Vorzüge der sozialistischen ökonomischen Integration für die Intensivierung der gesellschaftlichen Reproduktion in den RGW-Ländern gewinnt meines Erachtens nachstehendes Problem in Theorie und Praxis weiter an Gewicht: *die planmäßige Herstellung und bewußte Aufrechterhaltung inhaltlich bilanzierter und zeitlich abgestimmter Wechselbeziehungen zwischen den international verflochtenen Phasen des Reproduktionsprozesses* auf gesamtvolkswirtschaftlicher bzw. zweiglicher und betrieblicher Ebene. Mit der zunehmenden Einbeziehung der sozialistischen Volkswirtschaft in die internationale sozialistische Arbeitsteilung liegt hier ein Schlüssel für die Aufdeckung von Effektivitätsreserven, insbesondere für die Beschleunigung des wissenschaftlich-technischen Fortschritts und die Erzielung von Konzentrationseffekten bei Gewährleistung der Bedarfsbefriedigung.

Bereits an folgenden wenigen Fakten werden die in der internationalen sozialistischen Arbeitsteilung bisher erreichten Dimensionen und die sich unter den Bedingungen der sozialistischen ökonomischen Integration abzeichnende neue Qualität in der internationalen Verflechtung der Volkswirtschaft der DDR deutlich:

– Seit mehr als 15 Jahren entwickelte sich die durchschnittliche jährliche Zuwachsrate des Außenhandelsumsatzes der DDR mit den RGW-Ländern fast um das Doppelte schneller als die ihres Nationaleinkommens. Beide Faktoren ins Verhältnis gesetzt, ergab sich für 1961 bis 1965 eine Größe von 1,9, für 1966 bis 1970 und 1971 bis 1975 jeweils eine Größe von 1,8.[1]

– Der Außenhandelsumsatz der DDR mit den RGW-Ländern erhöhte sich von 1971 bis 1975 auf 173 Prozent.[2] „Dabei ist es für die Qualität dieser Beziehungen charakteristisch, daß der Export spezialisierter Erzeugnisse seit 1971 auf 274 Prozent und der Import solcher Erzeugnisse auf 256 Prozent angestiegen ist."[3]

– Der Anteil spezialisierter Erzeugnisse am Gesamtexport der DDR in die UdSSR erhöhte sich auf der Basis staatlicher Abkommen von 0,7 Prozent im Jahre 1970 auf rund 27 Prozent im Jahre 1975. Er wird bis 1980 mindestens 35 Prozent erreichen.[4]

– Im Jahre 1976 werden vier Fünftel der im Staatsplan Wissenschaft und Technik der DDR enthaltenen Aufgaben in enger Zusammenarbeit mit der UdSSR und den

[1] Berechnet nach Angaben in den Statistischen Jahrbüchern der DDR.

[2] Berechnet nach Angaben im Statistischen Jahrbuch der DDR 1976, S. 265.

[3] E. Honecker, Bericht des Zentralkomitees der Sozialistischen Einheitspartei Deutschlands an den IX. Parteitag der SED, Berlin 1976, S. 77.

[4] K. Grünheid, Verflechtung mit der Volkswirtschaft der UdSSR – ein Grundpfeiler unserer Entwicklung, in: Einheit, 11/1975, S. 1239 und 1243.

anderen RGW-Ländern auf multilateraler und bilateraler Ebene gelöst.[5] Für den Zeitraum 1976 bis 1980 konnten auf der Ebene der zuständigen Ministerien und zentralen staatlichen Organe der DDR und der UdSSR rund 500 wissenschaftlich-technische Aufgaben zu einer gemeinsamen Lösung vereinbart werden.[6]

Zwei Problemkreise erfordern unter den genannten Entwicklungstendenzen besondere Aufmerksamkeit, um die enger werdenden Wechselbeziehungen zwischen den international verflochtenen Reproduktionsphasen planmäßig herzustellen und ständig zu sichern: Der *erste* betrifft die „wachsende Verschmelzung von Forschungs- und Produktionskooperation zu einem einheitlichen, sich wechselseitig ergänzenden Prozeß"[7] als eine entscheidende Grundlage für die langfristig effektive Entwicklung der Produktionsstruktur der sozialistischen Volkswirtschaft. *Zweitens* geht es um die Wechselwirkungen zwischen Produktion und äußerer Zirkulation, wie sie unter den Bedingungen der sozialistischen ökonomischen Integration planmäßig zu berücksichtigen sind.

Es lassen sich zwei grundlegende Richtungen der planmäßigen und stabilen Verbindung zwischen Forschungskooperation und Produktionsspezialisierung unterscheiden:

1. Die Produktionszusammenarbeit wird zum Ausgangspunkt der wissenschaftlich-technischen Kooperation, insbesondere der Weiterentwicklung der technischen und ökonomischen Parameter der spezialisierten bzw. kooperierten Erzeugnisse, der Vervollkommnung der Technologie, der Verbesserung der Prüf- und Meßbedingungen usw.

2. Die auf dem Wege der internationalen Forschungskooperation entwickelten Erzeugnisse bilden den Gegenstand der Produktionsspezialisierung, bzw. mit den in diesem Rahmen gelösten Aufgaben werden wesentliche Grundlagen für die Produktionszusammenarbeit, vor allem bei neuen Erzeugnissen, geschaffen.

Bei der Vorbereitung und Durchführung der beiden Richtungen sind unter inhaltlichem und zeitlichem Aspekt jeweils spezifische Wechselbeziehungen zwischen internationaler Forschungskooperation und Produktionsspezialisierung zu beachten.[8]

Unter dem inhaltlichen Aspekt dieser Wechselbeziehungen soll die Bestimmung der Art, des Umfangs und der Struktur aller Auswirkungen des einen Prozesses auf die ihm vor- bzw. nachgelagerten Prozesse verstanden werden.

Gemeint sind zum Beispiel die Folgen, die aus einer Überführung der Ergebnisse der Forschungskooperation in die Produktion entstehen für die Bereitstellung der

5 G. Schürer, Hauptrichtungen der weiteren Vervollkommnung unserer materiell-technischen Basis in den Jahren 1976 bis 1980, in: Einheit, 9/1976, S. 1020.

6 K. Grünheid, Verflechtung mit der Volkswirtschaft der UdSSR – ein Grundpfeiler unserer Entwicklung. a. a. O., S. 1242.

7 H. Sindermann, Direktive des IX. Parteitages der SED zum Fünfjahrplan für die Entwicklung der Volkswirtschaft der DDR in den Jahren 1976–1980, Berlin 1976, S. 48.

8 Ausnahmen von dieser generellen Orientierung bilden spezialisierte oder kooperierte Produktionen, die keine Forschungsleistungen mehr erfordern und Kooperation und Spezialisierung in solchen Forschungszweigen, die relativ unabhängig von der Produktion sind (zum Beispiel Erforschung von Methoden zur Versuchsdurchführung).
Spezialisierung und Kooperation in der Forschung wird auch dann ohne Produktionskooperation oder -spezialisierung bleiben, wenn das herzustellende Erzeugnis beispielsweise schwer zu transportieren ist und sich auf Grund dessen eine Eigenproduktion als günstiger erweist.

erforderlichen Produktionskapazitäten und des Materials, die Investitionstätigkeit, das Transportvolumen, die Zuliefer- und Anwenderindustrie, die notwendige Qualifikation der Arbeitskräfte, die erforderlichen Aufwendungen auf dem Gebiet der Arbeits- und Lebensbedingungen, usw.

Obwohl die zweitgenannte Richtung wesentliche Effektivitätsvorteile erschließen hilft, ist sie in der Mehrzahl der Zweige bislang weniger verbreitet als die erste. Noch überwiegen solche in die Forschungskooperation einbezogenen Aufgaben, die nicht in eine internationale Produktionsspezialisierung münden. Das hat meines Erachtens verschiedene Ursachen: Bei international kooperierten Forschungen wird noch nicht immer der Weltstand in den Ergebnissen erreicht bzw. bestimmt. Zum Teil fehlen in den Verträgen zur internationalen Forschungskooperation bindende Festlegungen zur Einhaltung der Termine. Auf einigen Gebieten existiert zwischen einzelnen Ländern des RGW bisher noch keine langfristige, verbindliche Abstimmung in Fragen der Bedarfs und Produktionsentwicklung. Zuweilen dominieren in der wissenschaftlich-technischen Zusammenarbeit noch solche Zielstellungen wie Einsparung von Eigenentwicklungen für bestimmte Erzeugnisse infolge nicht ausreichender Forschungskapazitäten, Auslastung von zeitweiligen Kapazitätsüberhängen, usw. Die für die Verbindung von Forschungskooperation und Produktionsspezialisierung notwendige enge Kopplung zu den vor- und nachgelagerten Zweigen, insbesondere zu den Zulieferern und den Anwendern wird nicht immer voll beherrscht.

Diese kurze Analyse bestätigt bereits, daß die enge Verbindung von Forschungskooperation und Produktionsspezialisierung unter inhaltlichem Aspekt an eine Reihe von Voraussetzungen gebunden ist. Dazu gehören

- Klarheit über die langfristige Entwicklung des Wissenschafts- und Produktionsprofils der eigenen Volkswirtschaft und des jeweiligen Zweiges;
- hohe Leistungen jedes Partners in Wissenschaft und Technik als Basis für die Vertiefung der Forschungs- und Produktionskooperation und für die schrittweise Ablösung bestimmter Importe aus dem nichtsozialistischen Wirtschaftsgebiet;
- zielstrebige Zusammenführung von technischer Politik und Investitionstätigkeit im jeweiligen Zweig;
- Bilanzierung der Auswirkungen auf die innerstaatlichen und zwischenstaatlichen Kooperationsbeziehungen usw.

Unter dem zeitlichen Aspekt der Wechselbeziehungen zwischen internationaler Forschungskooperation und Produktionsspezialisierung soll vor allem die Berücksichtigung der Zeitdauer des Zyklus Wissenschaft–Technik–Produktion–Absatz verstanden werden. Das ist eine wesentliche Voraussetzung für die Verkürzung der Forschungs- und Entwicklungszeiten, für die schnellere Überleitung der Forschungsergebnisse in die Produktion, für eine breitere produktive Nutzung der Ergebnisse und die ständige Erhöhung des wissenschaftlich-technischen Niveaus der gesamten laufenden Produktion. Schließlich trägt die Beherrschung der genannten Wechselbeziehungen unter zeitlichem Aspekt dazu bei, daß die in Forschung/Entwicklung und Produktion erzielten Effekte in der Zirkulation voll realisiert werden können. Das schließt die Sicherung eines optimalen Zeitpunktes für die Produktions- und später Marktwirksamkeit der neuen bzw. weiterentwickelten Erzeugnisse und Verfahren ein. Es wird auch möglich, mit der Aufbereitung des künftigen Absatzgebietes parallel zum Forschungs- und Entwicklungsprozeß zu beginnen.

Bisher werden diese zeitlichen Aspekte erst zum Teil berücksichtigt, so daß es hinsichtlich der stimulierenden Wirkung der Forschungskooperation und der Produktionsspezialisierung auf den Umschlag der Fonds noch erschließbare Reserven gibt. Gute Ergebnisse lassen sich vor allem dort erzielen, wo bereits bei Aufnahme der Forschungskooperation Entscheidungen über die spätere Produktionsspezialisierung getroffen werden.

Zur schrittweisen Überwindung der dargelegten Probleme sollen in kurz zusammengefaßter Form vor allem für die Qualifizierung der staatlichen Leitung und Planung der Prozesse der internationalen Forschungskooperation und der Produktionsspezialisierung *Schlußfolgerungen* gezogen werden:

1. Für die Planung von Maßnahmen der wissenschaftlich-technischen Zusammenarbeit sowie der Produktionszusammenarbeit und insbesondere für die planmäßige Gestaltung ihrer Wechselbeziehungen wird es immer dringlicher, einen über fünf Jahre hinausgehenden Zeitraum in die konzeptionelle Planung einzubeziehen. Nur so können die inhaltlichen Verflechtungen von der Forschung bis zum Absatz erfaßt und ein zeitlich abgestimmter, teilweise paralleler Verlauf der einzelnen Prozesse gewährleistet werden.

Die Verlängerung des Zeitraums der konzeptionellen Planung setzt eine exakte gemeinsame Einschätzung der langfristigen Bedarfs- und Produktionsentwicklung in den interessierten Ländern voraus. Dieser Prozeß wird durch die beginnende Ausarbeitung langfristiger Zielprogramme der RGW-Länder auf wichtigen Gebieten der materiellen Produktion unterstützt. Auf der Grundlage der langfristigen Zielprogramme müssen die Vorhaben und Maßnahmen der internationalen Forschungskooperation eine bilanzmäßige Einordnung in die Pläne, Konzeptionen und Programme zur Entwicklung der Volkswirtschaft finden.

2. Es ist notwendig, Forschung und Produktion stärker auf der Grundlage einer einheitlichen, den Gesamtprozeß (Forschung, Produktion, Absatz) umfassenden Zielstellung zu leiten, zu planen und zu realisieren. Auch die Effektivitätsbewertung muß verstärkt unter dem Aspekt der erreichbaren Gesamteffektivität erfolgen. Das heißt: die Effektivität der einzelnen Formen der sozialistischen internationalen Arbeitsteilung (wissenschaftlich-technische Zusammenarbeit, Spezialisierung und Kooperation der Produktion, Export und Import) darf nicht einseitig und unabhängig von der Effektivität ihrer gegenseitigen Verflechtung gesehen werden. Das übergeordnete und zugleich alle Formen verbindende Kriterium ist die Deckung des Bedarfs der Bevölkerung und der Wirtschaft.

3. Für die komplexe Entwicklung der internationalen Forschungskooperation und der Produktionsspezialisierung sind exakt und verbindlich geregelte Mitwirkungspflichten für die beteiligten Betriebe und Institutionen aus den jeweils vor- und nachgelagerten Zweigen und Bereichen von Bedeutung. Das gilt vor allem auf Gebieten, die einen hohen Grad an Kooperationsintensität bzw. viele Verflechtungsbeziehungen besitzen.[9] Die genannten Mitwirkungspflichten beziehen sich insbesondere auf die Ermittlung des langfristigen Bedarfs an den zu spezialisierenden Erzeugnissen, auf die laufende Präzisierung der Anforderungen an die technischen Parameter, auf die Bestimmung des Forschungs-, Investitions- und Arbeitskräftebedarfs bei Wirksamwerden des betreffenden Vorhabens für die internationale Zusammenarbeit usw. Derartige Pflich-

[9] Die Bedeutung dieser Problematik wird klar, wenn man beachtet, daß zum Beispiel bei der Hochdruckpolyäthylen-Anlage „Polymir 50" die Elektrotechnik und Elektronik einen Anteil an Zulieferungen von etwa 30 Prozent und der Schwermaschinen- und Anlagenbau einen Anteil von mehr als 40 Prozent haben. Nur die feste Einbindung dieser Zweige in die betreffende Forschungs- und Produktionskooperation ermöglicht die erfolgreiche Lösung der gestellten Aufgaben. Vgl. K. Grünheid, Verflechtung mit der Volkswirtschaft der UdSSR – ein Grundpfeiler unserer Entwicklung, a. a. O., S. 1237.

ten sollten verstärkt in den Regierungsabkommen, Ministervereinbarungen und zwischenstaatlichen Koordinierungsvereinbarungen geregelt werden.

4. Insgesamt ist den inhaltlichen und zeitlichen Aspekten der Wechselbeziehungen zwischen Forschungskooperation und Produktionsspezialisierung in den vorzubereitenden vertraglichen Dokumenten zur wissenschaftlich-technischen Zusammenarbeit durch präzise Festlegung der technisch-ökonomischen Parameter größere Aufmerksamkeit zu schenken. Dabei kann die Wirkung von internationalen vertraglichen Vereinbarungen durch effektive Arbeit mit Sanktionen erhöht werden.

Mit der zunehmenden Außenhandelsintensität der Volkswirtschaft unter den Bedingungen der sozialistischen ökonomischen Integration wird der Zusammenhang zwischen der äußeren Zirkulation und den anderen Phasen der Reproduktion enger. Gleichzeitig wachsen die Einflußmöglichkeiten der Organe des Außenhandels auf die Strukturentwicklung und damit auf die Effektivität der Volkswirtschaft. Zwei Dinge vor allem erlangen hierbei bereits in der Phase der konzeptionellen Vorbereitung von Integrationsmaßnahmen entscheidendes Gewicht:

1. die planmäßige Vorausberechnung aller Auswirkungen der internationalen Produktionsspezialisierung auf den Austausch,
2. die bewußte Nutzung der Bedingungen und Erfordernisse des Außenmarktes als Rationalisierungsfaktoren der Produktion.

Die *Ermittlung und Darstellung der Folgen*, die sich aus der vorgesehenen wirtschaftlichen und wissenschaftlich-technischen Zusammenarbeit für Volumen und Struktur der Ex- und Importe sowie für die Handels- und Zahlungsbilanzen gegenüber den RGW-Partnern und Drittländern ergeben, ist eine Aufgabe der Außenhandelsorgane.

Die verantwortungsbewußte Wahrnehmung dieser Aufgabe muß dazu beitragen, daß Probleme nachstehender Art künftig vermieden oder weitestgehend zurückgedrängt werden:

- *die Vorlage übermäßig bis einseitig importorientierter Spezialisierungskonzeptionen der produzierenden Wirtschaftseinheiten, um Kapazitäten für ausgewählte Exportproduktionen freizumachen.* Wenn die Importwünsche bestimmter Zweige und Betriebe anwachsen, müssen zugleich alle Anstrengungen zur Steigerung der eigenen Exportkraft (insbesondere in die Länder, aus denen spezialisierte Importe gebunden werden sollen) unternommen werden;
- *das Entstehen zusätzlicher Belastungen der Importbilanz der Volkswirtschaft mit dem nichtsozialistischen Wirtschaftsgebiet durch notwendige Einfuhren von Rohstoffen und Halbfabrikaten für übernommene spezialisierte Exportproduktionen.* Insbesondere sind Möglichkeiten der Verlagerung und des stabilen Bezuges materialintensiver Produktion zu prüfen;
- *die Vernachlässigung von Exporterfordernissen aus dem Handel mit dem nichtsozialistischen Wirtschaftsgebiet bei der Ausarbeitung von Konzeptionen für die internationale Spezialisierung der Produktion zwischen den RGW-Ländern.* In jedem Fall muß der eventuelle Ausfall von Exporten nach dem nichtsozialistischen Wirtschaftsgebiet exakt ermittelt werden, um rechtzeitig die erforderlichen Konsequenzen für zu organisierende Gegenlieferungen ziehen zu können.

Es obliegt auch der Verantwortung der Außenhandelsorgane, in der Phase der konzeptionellen Vorbereitung von Maßnahmen der internationalen Spezialisierung und Kooperation der Produktion einen Beitrag zur Beantwortung der Frage nach der notwendigen Breite des Produktionsprogramms des betreffenden Zweiges oder Betriebes zu leisten, damit historisch gewachsene und weiter objektiv notwendige Exporte nach nicht an der internationalen Spezialisierung beteiligten sozialistischen Ländern, an Partner in kapitalistischen Staaten oder in Entwicklungsländern ohne Reibungsverluste fortgesetzt werden können. Hier spielt die Beachtung von Zahlungsbilanzaspekten der eigenen Volkswirtschaft ebenso eine Rolle wie das Interesse der Importeure, gerade bei bestimmten Lieferanten zu kaufen, die Gewährleistung kompletter Exportsortimente usw.

Nicht selten wird angesichts der in einigen Zweigen und Betrieben zum Teil noch kleinen und mittleren Seriengrößen schlechthin von einer notwendigen Sortimentseinengung durch internationale Spezialisierung und Kooperation gesprochen. Dabei darf aber die Tatsache nicht übersehen werden, daß die auf diesem Wege in der Produktion erzielten Effekte beim Export in der Regel dann kompensiert oder überlagert werden, wenn nicht das handelsübliche Sortiment in der Breite angeboten werden kann.

Das Problem besteht also darin, durch Schaffung eines Produktionsgrundsortiments nach dem Baukastenprinzip ein breites, variationsfähiges Angebotssortiment zu ermöglichen. In diesem Zusammenhang ist auch nach Wegen zu suchen, wie eventuell aus der Einengung des Produktionsprogramms entstehende Probleme durch Zusammenarbeit der RGW-Länder (bzw. der an der internationalen Spezialisierung und Kooperation beteiligten Partner) beim Export nach Drittländern gelöst werden einschließlich der notwendigen Ersatzteilversorgung und des Kundendienstes für international spezialisierte Erzeugnisse. Bezogen auf den Absatz in nichtsozialistischen Ländern geht es zum Beispiel um die Errichtung gemeinsamer Verkaufs- und Einkaufsbüros der Außenhandelsbetriebe mehrerer Mitgliedsländer des RGW, um die gemeinsame Nutzung des Vertreternetzes, der Kundendienstorgane usw.

Zur konzeptionellen Arbeit der Außenhandelsorgane bei der Vorbereitung internationaler Spezialisierungsmaßnahmen gehört die Berechnung der Rentabilität der Ex- und Importe aus der wirtschaftlichen und wissenschaftlich-technischen Zusammenarbeit als Beitrag zur Ermittlung des volkswirtschaftlichen Nutzens. Dabei geht es in erster Linie um die Bestimmung der Valutapreise nach den vereinbarten Preisbildungsprinzipien für die ex- und importseitig zu realisierenden Waren und Leistungen. Eine Analyse der praktischen Situation zeigt, daß auf diesem Gebiet noch einiges verbessert werden sollte. Vor allem ist meines Erachtens die rechtzeitige Abstimmung der Preisvorstellung mit dem Außenhandelsbetrieb vor Verhandlungsbeginn des Kombinates mit dem ausländischen Partner notwendig.

Zur bewußten *Nutzung der Bedingungen und Erfordernisse des Außenmarktes als Rationalisierungsfaktor der Produktion* gehören im Prozeß der sozialistischen ökonomischen Integration folgende von den Außenhandelsorganen in enger Zusammenarbeit mit den zuständigen Partnern in der Industrie wahrzunehmende Aktivitäten:

- *die Überleitung historisch gewachsener Export- und Importbeziehungen in vertraglich geregelte Spezialisierungsverpflichtungen, wenn dies volkswirtschaftlich zweckmäßig ist*[10] *und zur langfristigen Stabilisierung sowie Effektivitätserhöhung traditioneller Außenhandelsbeziehungen beiträgt.* In den Verantwortungsbereich der Außenhandelsorgane (Ministerium für Außenhandel und Außenhandelsbetriebe) fällt in diesem Zusammenhang der wichtige Aspekt der langfristigen Regionalbilanzierung

[10] Kriterien der volkswirtschaftlichen Zweckmäßigkeit sind zum Beispiel: Es liegt in der Volkswirtschaft ein langfristiger Bedarf vor; der Import ist günstiger als Eigenproduktion, der Partner gewährleistet auf lange Sicht den wissenschaftlich-technischen Fortschritt; die erforderlichen Gegenlieferungen können langfristig abgesichert werden; es sind ausreichende Exportkapazitäten vorhanden, und es liegt ein entsprechender Bedarf der Partner für viele Jahre vor.

auf dem Gebiet der aus internationaler Spezialisierung und Kooperation entstehenden Verpflichtungen;

- *die Verlängerung bestehender Spezialisierungsverträge, wenn das mit der Strukturpolitik des Staates in Übereinstimmung steht und sich als volkswirtschaftlich nützlich erweist.*[11] Die Aktivitäten der Außenhandelsorgane beziehen sich hierbei vor allem auf die Preisvereinbarungen und die Fixierung der technisch-ökonomischen Parameter für spezialisierte Erzeugnisse. Die Verlängerung exportseitig bestehender Spezialisierungsverträge ist sehr wesentlich davon abhängig, wie es den Produzenten gelingt, den vom Außenhandel (entsprechend den Bedürfnissen der Hauptabnehmer) geforderten Terminen zur Bereitstellung von Neu- und Weiterentwicklungen nachzukommen. In der Praxis treten hier nicht selten zwei und mehr Jahre zeitliche Differenzen auf.

  Eine nicht unbedeutende Rolle spielt in diesem Zusammenhang auch die Überleitung bilateraler Spezialisierungsverträge in multilaterale, wenn das von den verfügbaren Kapazitäten möglich ist und zu einer weiteren Konzentration der Produktion führt;
- *die Förderung der Produktionskonzentration in bestimmten Zweigen und Betrieben, indem die Außenhandelsorgane Informationen darüber liefern, welches Mitgliedsland des RGW für welche Erzeugnisse die volle Versorgung der eigenen Volkswirtschaft übernehmen und langfristig den wissenschaftlich-technischen Fortschritt gewährleisten kann.* In diesem Zusammenhang geht es zugleich um den Vorschlag von effektiveren Lösungen für die Verbesserung des Kundendienstes und der Ersatzteilversorgung.

[11] Solche Aspekte ergeben sich zum Beispiel vom Standpunkt der Produktionskonzentration, der Effektivität, der Importmaterialintensität der spezialisierten Exporterzeugnisse, des weiteren Bezugs von Erzeugnissen mit hoher Materialintensität und großem Anteil mechanischer Bearbeitungskapazität usw.

B. Thieme

Zu einigen Erfahrungen bei der Anwendung neuer effektiverer Formen der Zusammenarbeit

In den Mitgliedsländern des Rates für Gegenseitige Wirtschaftshilfe gehört die Produktion von Landmaschinen zu den Wirtschaftszweigen, in denen die sozialistische internationale Arbeitsteilung gegenwärtig bereits hoch entwickelt ist. Ohne diese Arbeitsteilung hätte die sich in diesen Ländern ständig ausweitende landwirtschaftliche Produktion auf industrieller Basis ihren gegenwärtigen Stand noch nicht erreichen können. An dieser Entwicklung hatte der leistungsfähige Landmaschinenbau der DDR bereits in der Vergangenheit einen großen Anteil. Er wird dies auch künftig in steigendem Maße tun. Multilateral und bilateral wird auf diesem Gebiet die Zusammenarbeit der DDR mit den Mitgliedsländern des RGW – besonders mit der UdSSR, ČSSR, UVR und der VRP – auf der Grundlage langfristiger Verträge und Abkommen über die Spezialisierung und Kooperation der Produktion entwickelt.

Die entscheidenden Positionen der landtechnischen Produktion sind import- und exportseitig in den Schlußprotokollen über die Koordinierung der Volkswirtschaftspläne 1976 bis 1980 der sozialistischen Länder festgelegt. Sie bilden auch die Grundlage für langfristige Handelsabkommen. Der Vorlauf dafür wurde bereits im vergangenen Fünfjahrplan geschaffen.

Gleichzeitig mit dem Abschluß der mehrseitigen Vereinbarung über die Spezialisierung und Kooperation der Produktion des Traktoren- und Landmaschinenbaues im RGW legte die Sektion Landmaschinen- und Traktorenbau im Herbst 1971 Aufgaben zur Erarbeitung langfristig abgestimmter Prognosen für die wichtigsten Maschinensysteme fest. Unter Berücksichtigung der von der Ständigen Kommission für Landwirtschaft des RGW erarbeiteten Dokumente wurden 1972 diese Prognosen innerhalb eines Jahres erarbeitet. Im Ergebnis wurde sichtbar, welche Hauptaufgaben in der Forschung und Entwicklung stehen, um solche Technik bereitzustellen, die für die komplexe Mechanisierung und Teilautomatisierung der landwirtschaftlichen Produktion in den Mitgliedsländern des RGW benötigt wird.

Wenn früher einzelne wissenschaftlich-technische Aufgaben durch die Sektion in der mehrseitigen Zusammenarbeit koordiniert wurden, so konnte jetzt eine neue Etappe der Zusammenarbeit begonnen werden, indem die Entwicklung des komplexen Maschinensystems, zum Beispiel für die Halmfutterproduktion, als Komplexthema festgelegt wurde. Es wurde beschlossen, durch neue intensivere Formen der mehrseitigen Zusammenarbeit solche Haupterzeugnisse der Maschinensysteme gemeinsam zu entwickeln, die im Zeitraum nach 1980 das Niveau der Mechanisierung der Futterproduktion bestimmen. Es wurden acht Objekte herausgearbeitet, deren gemeinsame Forschung und Entwicklung in kürzester Zeit sichert, daß komplexe Mechanisierungslösungen bereitstehen, die den Entwicklungsbedingungen der Landwirtschaft unserer RGW-Mitgliedsländer optimal entsprechen. Gleichzeitig wird durch Konzentration der Kräfte das wissenschaftlich-technische Niveau im internationalen Maßstab bestimmt.

Im Ergebnis umfangreicher zweijähriger inhaltlicher und juristischer Abstimmungen wurde 1974 zwischen Wirtschaftseinheiten der interessierten RGW-Mitgliedsländer und der SFRJ eine Vereinbarung über die gemeinsame Forschung und Entwicklung im Rahmen des Maschinensystems Halmfutter abgeschlossen. Es handelt sich um einen internationalen Wirtschaftsvertrag, dessen Partner die Industriekombinate und zuständigen Außenhandelsorgane der Länder sind. Im Rahmen dieser Vereinbarung übernahm der VEB Kombinat Fortschritt die Aufgabe als Hauptkoordinator des Komplexthemas und als Koordinator der F/E-Objekte „Selbstfahrender Feldhäcksler" und „Selbstfahrender Schwadmäher". In der 1974 unterzeichneten Vereinbarung sind die Rechte und Pflichten des Hauptkoordinators sowie der Objektkoordinatoren, der bearbeitenden Seiten und der interessierten Seiten genau bestimmt, darunter auch die Fragen des Eigentums an den Ergebnissen der Arbeit. Die Konzentration der Zusammenarbeit auf die Maschinenbaukombinate und ihre wissenschaftlich-technischen Kapazitäten gibt von Anfang an die Orientierung auf eine schnelle Nutzung der wissenschaftlich-technischen Ergebnisse in der Praxis, das heißt in der zukünftigen Produktion.

Gegenwärtig haben wir im Maschinensystem Halmfutterproduktion folgenden Stand erreicht:

Für die neu zu entwickelnden Maschinen sind die agrotechnischen Forderungen, das heißt die Forderungen der zukünftigen Anwender, die Hauptparameter der technischen Aufgabenstellung (jedoch ohne Parameter für den Herstellungsaufwand), der orientierungsmäßige Bedarf der Länder und die Hauptfristen der Entwicklungsaufgabe abgestimmt. Es ist nun erforderlich, auf der Grundlage der Vereinbarung zum gesamten Maschinensystem für jedes einzelne Entwicklungsobjekt den mehrseitigen Vertrag abzuschließen, in dem die gegenseitigen Beziehungen im Prozeß der Konstruktion, des Musterbaues und der Erprobung sowie die Qualitätsfragen und Verpflichtungen zur materiellen Absicherung der Entwicklungsarbeiten vereinbart werden. Das heißt, es ist die Arbeitsteilung im Prozeß der Schaffung der neuen Maschine zu vereinbaren.

Es ist unbestritten, daß ein hohes Tempo und eine hohe Effektivität der wissenschaftlich-technischen Arbeit heute die Parallelität

- der Schaffung der neuen Konstruktion der Maschine,
- der Vorbereitung neuer rationeller technologischer Verfahren der Herstellung,
- der auf das technische Niveau und den zukünftigen Produktionsumfang ausgerichteten Investitionstätigkeit,
- der Abstimmung mit Zulieferern und Kooperationspartnern,
- der auf das neue Produkt orientierten Qualifizierung der Werktätigen

und vieles andere mehr erfordert.

Bei der für den Landmaschinen- und Traktorenbau typischen Seriengröße und erforderlichen Typenvielfalt haben die bisherigen Erfahrungen in der Koordinierung der wissenschaftlich-technischen Zusammenarbeit zu der Überzeugung geführt, daß die Vereinbarung der Spezialisierung und Kooperation durchgehend die Forschung und Entwicklung, Produktion und Lieferung erfassen sollte. Dabei ist durch eine sinnvolle Aufgabenteilung zwischen den Organisationen der RGW-Mitgliedsländer die Anzahl der Kooperationspartner für eine Aufgabe jeweils klein zu halten. Als Grundlage dafür sollte eine mit allen Ländern abgestimmte Konzeption ausgenutzt werden.

Es darf nicht übersehen werden, daß eine große Kooperationskette in der täglichen Arbeit viele Probleme aufwirft. Wir glauben, daß ein hoher Effekt der gemeinsamen Arbeit besonders durch günstig abgestimmte Aufgabentrennung erreicht werden kann. Das heißt stark vereinfacht, wenn zum Beispiel drei im Maschinensystem miteinander verbundene Maschinen neu entwickelt werden sollen, ist es meines Erachtens am effektivsten, wenn je Maschine möglichst wenige Länder ihre Kräfte darauf konzentrieren und die drei Maschinen nach einer abgestimmten Aufgabenstellung des Maschinensystems gleichzeitig entwickelt werden. Die Gesamtaufgabe sollte als erfüllt gelten, wenn das Zusammenwirken der drei Maschinen im System als Ganzes gesichert und durch die gegenseitigen Lieferungen der Bedarf der Länder gedeckt wird.

Eine weitere interessante Frage wurde in der Diskussion um die Formen der Zusammenarbeit geklärt. Bisher wurde der Begriff „interessierte Seite" methodisch in unterschiedlicher Verbindlichkeit gebraucht. Wir haben im Rahmen der abgeschlossenen Vereinbarung die Rechte und Pflichten einer an der Entwicklung eines Objektes interessierten Seite verbindlich geregelt. Danach stellt eine interessierte Seite ein Land dar, das sich nicht am Entwicklungsprozeß des neuen Erzeugnisses beteiligt, jedoch künftig das neu entwickelte Erzeugnis in der Landwirtschaft des eigenen Landes anwenden will und sich gegebenenfalls auch kooperativ an der Produktion beteiligen wird. Aus diesem Grunde haben interessierte Seiten im Entwicklungsprozeß die Verpflichtung, in der Phase der Abstimmung der agrotechnischen Forderungen, der Sicherheitstechnik und des orientierungsmäßigen Bedarfs sowie an der Prognose mitzuarbeiten und die im Entwicklungsprozeß vorgesehenen Etappen der Bestätigung der Konstruktion, insbesondere der Auswertung der Erprobungsergebnisse, aus der Sicht des zukünftigen Anwenders zu bearbeiten. Wir glauben, daß durch diese Regelung ebenfalls gesichert werden kann, daß bereits im Entwicklungsprozeß hohe Sicherheiten für die spätere Nutzanwendung des neuen Erzeugnisses in allen RGW-Ländern gegeben sind.

Zusammengefaßt kann ich feststellen, daß wir in der theoretischen und praktischen Arbeit bis zum gegenwärtigen Stand gut vorangekommen sind. Probleme zeigen sich gegenwärtig noch im Fortgang der Arbeit bezüglich der zukünftigen Nutzung der Forschungs- und Entwicklungsergebnisse in der Produktion der beteiligten sozialistischen Länder.

Die Weiterentwicklung des Maschinensystems, die Spezialisierung und Arbeitsteilung erfordern, daß die wirtschaftliche Leitung und Planung diesen Aufgaben gerecht werden. Es ist meines Erachtens notwendig, auf der Grundlage der Parteibeschlüsse in der weiteren Arbeit mehr und mehr die direkte Partnerschaft leistungsstarker Wirtschaftseinheiten zu entwickeln. Dabei wird die Einordnung in die zentrale staatliche Planung vorausgesetzt. Um heranreifende Probleme zu lösen, ist es meines Erachtens erforderlich, eine Reihe ökonomischer Regelungen im Interesse der Kooperationsbeziehungen neu zu durchdenken, die gegenseitige Verrechnung, die langfristige Einordnung der Aufgaben in die Außenhandelsbilanzen und andere. Die Wirkung dieser Regelungen sollte über die Zeiträume der Jahres- und auch der Fünfjahrpläne hinausgehen und eine langfristige Entwicklung von 10 und mehr Jahren sichern helfen. Eine solche Sichtweite ist vor allem für den wissenschaftlich-technischen Fortschritt und die zu bestimmenden Spezialisierungsrichtungen notwendig.

Besonderes Gewicht erhalten die materielle und finanzielle Bilanzierung und dabei vorrangig die Aufgaben von Wissenschaft und Technik sowie der Industriekooperation im Rahmen der Planung. Sie spielen in der Plandiskussion eine immer größere Rolle. Es kommt darauf an, die Durchgängigkeit der internationalen Verpflichtungen und ihrer nationalen Umsetzung in allen Phasen des Reproduktionsprozesses zu bilanzieren und zu entscheiden.

Um die Integrationsprozesse noch besser in die Hand zu bekommen, wurde in unserem Kombinat der Direktionsbereich für Internationale Zusammenarbeit als Stabsorgan des Generaldirektors gebildet. Dieses Stabsorgan arbeitet eng mit allen Fachbereichen und Betrieben des Kombinates zusammen und sorgt dafür, daß die Integrationsprozesse nicht Sache weniger Spezialisten, sondern breite Grundlage der Arbeit aller Bereiche sind.

Als Arbeitsinstrument wurde mit dem Plan 1976 erstmals der Planteil „Sozialistische ökonomische Integration" erarbeitet, der nicht nur die spezialisierten Lieferungen zum Ausdruck bringt, sondern insbesondere auch die Wirkung der wissenschaftlich-technischen Zusammenarbeit und überhaupt aller Integrationsmaßnahmen als Intensivierungsfaktoren im Reproduktionsprozeß erfaßt und einordnet. Damit wird eine organische Verbindung der Arbeit in den internationalen Gremien und der eingegangenen internationalen Verpflichtungen mit der Planung der einzelnen Phasen und Elemente des nationalen Reproduktionsprozesses erreicht.

P. Kohlert

Zu einigen betriebswirtschaftlichen Fragen der sozialistischen ökonomischen Integration

Im Programm der Sozialistischen Einheitspartei Deutschlands wird die entwickelte sozialistische Gesellschaft als „das gemeinsame revolutionäre Werk der Arbeiterklasse und aller Werktätigen in den Ländern der sozialistischen Gemeinschaft" bezeichnet und die sozialistische ökonomische Integration als „die feste Grundlage für die ständige Vervollkommnung der Zusammenarbeit und systematischen Annäherung der sozialistischen Nationen auf allen Gebieten des gesellschaftlichen Lebens"[1] charakterisiert.

Das Programm folgt damit den Klassikern des Marxismus-Leninismus, die stets davon ausgingen, daß der Aufbau der kommunistischen Gesellschaft in ihren beiden Phasen Sozialismus und Kommunismus eine zutiefst internationalistische Aufgabe ist und deshalb die „Tendenz zur Schaffung einer einheitlichen, nach einem gemeinsamen Plan vom Proletariat aller Nationen zu regelnden Weltwirtschaft als Ganzes ... unter dem Sozialismus unbedingt weiterentwickelt und ihrer Vollendung entgegengeführt werden muß."[2]

Auf der Basis der übereinstimmenden politischen, ökonomischen und ideologischen Grundlagen, der gemeinsamen Ziele und den sich daraus ergebenden Aufgaben der Länder der sozialistischen Staatengemeinschaft wird die sozialistische ökonomische Integration zum wesentlichen Bestandteil des Prozesses der Annäherung der sozialistischen Staaten und ihres Zusammenschlusses, sie „entspricht der gemeinsamen Verantwortung der Mitgliedsländer des RGW für die Entwicklung des Sozialismus."[3]

Die immer bessere Verwirklichung der Zielstellungen der Hauptaufgabe erfordert die Nutzung aller Wachstumsfaktoren, unter denen neben dem wissenschaftlich-technischen Fortschritt, der intensiven Reproduktion der Fonds, der effektiveren Materialökonomie, der vollen Nutzung des gesellschaftlichen Arbeitsvermögens und der Vervollkommnung der Leitung und der Planung insbesondere auch die sozialistische internationale Arbeitsteilung einen wichtigen Platz einnimmt. Mit der Vertiefung der sozialistischen ökonomischen Integration und der damit verbundenen Vervollkommnung der sozialistischen internationalen Arbeitsteilung, insbesondere auch mit der Herausbildung hocheffektiver volkswirtschaftlicher Strukturen, werden gleichzeitig wesentliche Voraussetzungen für die Lösung der Aufgaben der Intensivierung auch in den verschiedenen Phasen des betrieblichen Reproduktionsprozesses geschaffen. Das erfolgt insbesondere auf dem Weg

- der Sicherung der Versorgung mit Roh- und Brennstoffen durch gemeinsame Anstrengungen, u. a. durch Investitionsbeteiligungen,
- der wissenschaftlich-technischen Zusammenarbeit mit der Möglichkeit einer hohen Konzentration der geistig-schöpferischen Arbeit,

[1] Programm der Sozialistischen Einheitspartei Deutschlands, Berlin 1976, S. 21/22.

[2] W. I. Lenin, Entwurf der Thesen zur nationalen und kolonialen Frage, in: Werke, Bd. 31, Berlin 1959, S. 135.

[3] Programm der Sozialistischen Einheitspartei Deutschlands, a. a. O., S. 32.

- der Spezialisierung und Kooperation in der Produktion und der Vertiefung des Konzentrationsprozesses auch im internationalen Maßstab,
- der Rationalisierung und Rekonstruktion der Haupt-, Hilfs- und Nebenprozesse der Produktion, insbesondere durch Übernahme fortschrittlicher Erfahrungen in der wissenschaftlichen Arbeitsorganisation sowie
- der Herausbildung langfristiger und stabiler Austauschbeziehungen.

Diese Wege basieren auf der planmäßigen Nutzung der Vorzüge der sozialistischen internationalen Arbeitsteilung, sie gestatten, die Vorteile der modernen Großproduktion umfassend zur Geltung zu bringen, und beweisen, daß ökonomische Integration unter den Bedingungen der sozialistischen Gesellschaftsordnung nicht nur eine Summierung der Kräfte ermöglicht, sondern gleichzeitig neue qualitative Bedingungen für ein rasches Wachstum des ökonomischen Potentials geschaffen werden.[4]

In dem Maße, in dem die sozialistische ökonomische Integration als volkswirtschaftlicher Wachstumsfaktor wirkt und wesentliche Bedingungen für das volle Wirksamwerden der Effektivitäts- und Intensivierungsfaktoren setzt, beeinflußt sie in immer umfassenderer Weise die politischen, die ökonomischen, die materiell-technischen sowie die sozialen und ideologischen Entwicklungsprozesse innerhalb der Länder der sozialistischen Staatengemeinschaft.

Damit wird der Zusammenhang zwischen Erhöhung des Nutzeffektes der gesellschaftlichen Produktion und der Entwicklung des Lebensniveaus auch im internationalen Maßstab erkennbar. Es zeigt sich, daß es „der wirtschaftliche Vorteil ebenso wie der Instinkt und das Bewußtsein des Internationalismus“[5] ist, die zur Triebkraft der Annäherung und des Zusammenschlusses der Nationen werden, wie es Lenin bereits voraussah.

Mit dieser Entwicklung werden Betriebe und Kombinate im Rahmen der staatlichen Zielstellungen und Pläne immer zwingender zu Partnern in der sozialistischen internationalen Arbeitsteilung, und es ergeben sich neue und höhere Anforderungen an ihre aktive Mitwirkung bei der Vorbereitung und Gestaltung von Vorhaben und Maßnahmen der sozialistischen ökonomischen Integration. Dabei treten eine Reihe von Fragen in den Vordergrund, die unter dem Aspekt der wachsenden Anforderungen in die Intensivierung des betrieblichen Reproduktionsprozesses neuer Lösungen bedürfen:

1. Zur Funktion der Betriebe und Kombinate

Betriebe und Kombinate stimmen in den Grundfunktionen überein, die ich in der Einheit von ökonomischer Funktion, kulturell-sozialer Funktion und Sicherungsfunktion sehe.[6]

Diese Funktionen der Betriebe und Kombinate werden im Prozeß der sozialistischen ökonomischen Integration erweitert. Ursachen dafür bestehen vorrangig in der Verlagerung des Schwerpunktes der sozialistischen internationalen Arbeitsteilung in die Phasen der Vorbereitung und Durchführung der Produktion sowie in dem wachsenden Umfang gemeinsamer Vorhaben und Maßnahmen zur Sicherung der Versorgung mit

[4] Vgl. E. Honecker, Zügig voran bei der weiteren Verwirklichung der Beschlüsse des VIII. Parteitages der SED, Berlin 1973, S. 29.

[5] W. I. Lenin, Über eine Karikatur auf den Marxismus, in: Werke, Bd. 23, Berlin 1957, S. 62.

[6] Vgl. H. Lange/S. Tannhäuser, Rolle und Aufgaben der sozialistischen Industriebetriebe, in: Wirtschaftswissenschaft, 9/1976, S. 1390.

Roh- und Brennstoffen. Diese Entwicklung ist zugleich verbunden mit einer zunehmenden Komplexität der Formen der sozialistischen internationalen Arbeitsteilung, vor allem der wechselseitigen Bedingtheit von internationaler Spezialisierung und Kooperation in der Produktion, Zusammenarbeit im Bereich von Forschung, Entwicklung, Technologie und Technik und Austausch von Waren und Leistungen, und schließlich mit immer engeren Wechselbeziehungen zwischen der Zusammenarbeit auf dem Gebiet der Planung und den sich immer stärker entwickelnden Ware-Geld-Beziehungen.

Diese Entwicklungstendenzen haben Konsequenzen für die weitere inhaltliche Ausgestaltung der Funktionen der Betriebe und Kombinate und damit für ihre immer engere Einbeziehung in die Leitung und Planung der Prozesse der sozialistischen ökonomischen Integration. Die weitere Vervollkommnung der ökonomischen Funktion der Betriebe und Kombinate erfordert die der sozialistischen ökonomischen Integration innewohnenden Wachstumspotenzen immer umfassender und effektiver zu nutzen. Hinsichtlich der kulturell-sozialen Funktion ergibt sich die Notwendigkeit, das Handeln der Betriebskollektive so zu organisieren, daß es der Erfüllung der Aufgaben unter den nationalen und internationalen Wirkungsbedingungen der ökonomischen Gesetze des Sozialismus immer besser entspricht und dabei die Prinzipien des proletarischen Internationalismus verwirklicht werden. Bei der Sicherungsfunktion geht es um die Sicherung der weiteren Entwicklung der sozialistischen Produktionsverhältnisse in den Dimensionen der sozialistischen Staatengemeinschaft.

Hieraus ergibt sich meines Erachtens die Notwendigkeit, den Gegenstand der sozialistischen Betriebswirtschaftslehre zu erweitern.

2. Zur Nutzung der sozialistischen ökonomischen Integration als Intensivierungsfaktor

Da die sozialistische internationale Arbeitsteilung unter den Bedingungen der sozialistischen ökonomischen Integration alle Phasen des Reproduktionsprozesses durchdringt, gewinnt sie zunehmend Einfluß auf die Proportionalität, Kontinuität und Stabilität der Produktion und das Wachstumstempo wichtiger Kategorien der sozialistischen Betriebswirtschaft, wie der Warenproduktion, der Arbeitsproduktivität und des Gewinnes; sie schafft andererseits günstige Voraussetzungen für die Senkung der Selbstkosten.

In Betrieben und Kombinaten finden diese Kategorien insbesondere in den Prozessen ihren Niederschlag, die zu den wichtigsten Intensivierungsfaktoren gehören. Damit sind zum Teil auch Sekundäreffekte verbunden, die sich in anderen Betrieben der sozialistischen Volkswirtschaft äußern. Sie sind verbunden mit dem wissenschaftlich-technischen Fortschritt – besonders mit der Gestaltung einer progressiven Produktionstechnologie –; der besseren Ausnutzung der vorhandenen Grundmittel; der Erhöhung der Umschlagsgeschwindigkeit der eingesetzten Fonds; der Verringerung des spezifischen Material- und Energieverbrauchs; der Freisetzung und gezielten Wiedereinsetzung von Arbeitskräften und dem wachsenden Qualifikationsniveau der Werktätigen.

Gemeinsam mit der Vervollkommnung der Leitung und Planung werden sie zu den wichtigsten Voraussetzungen zur Steigerung der Arbeitsproduktivität. Dabei werden als Faktoren der Intensivierung auf dem Wege der sozialistischen ökonomischen Integration besonders wirksam:

– die zielgerichtete und rationelle Vorbereitung und Durchführung der Forschung einschließlich der effektiven Nutzung ihrer Ergebnisse, das erreichte Niveau der Technologie und die Überleitung der Forschung in die Produktion durch Spezialisierung und Kooperation auf dem Gebiet der Forschung und wissenschaftlich-technischen Zusammenarbeit,
– die volle Nutzung der Grundfonds durch abgestimmte Vorbereitung und Durchführung der Investitionen, volle Auslastung der Fonds und Gewährleistung einer Instandhaltung mit geringen Stillstandszeiten durch Koordinierung der Pläne und Übertragung progressiver Methoden und Formen der Zusammenarbeit auf dem Gebiet der Instandhaltung und Ersatzteilversorgung,
– die effektive Verwendung der Roh- und Brennstoffe sowie des Materials nach gemeinsamer Erschließung neuer Rohstoffquellen und deren Nutzung, durch Substitution von Einsatzstoffen, material- und energiesparende Verfahren, durch Verringerung des spezifischen Materialeinsatzes und Nutzung von Sekundärrohstoffen,
– die Anwendung der wissenschaftlichen Arbeitsorganisation in allen Phasen des Reproduktionsprozesses, sowohl durch Vervollkommnung der Organisation am Arbeitsplatz als auch der Organisation der Arbeitsteilung und Kooperation unter Einbeziehung der Erfahrungen der Partner, Übernahme progressiver Formen der Wirtschaftsorganisation und Internationalisierung der Konzentration der Produktion.

Die Realisierung der Potenzen der sozialistischen ökonomischen Integration im betrieblichen Reproduktionsprozeß ist gegenwärtig noch mit einer Reihe von Problemen verbunden, deren Beseitigung vor allem Anforderungen an die weitere Vervollkommnung der Leitung, Planung und Stimulierung stellt. Dazu gehört insbesondere auch die Vervollkommnung der Möglichkeiten und der Methodik der Erfassung des Nutzens auch für den Betrieb.

3. Zu den Aufgaben der Betriebe und Kombinate im Integrationsprozeß

Da gleichzeitig Volumen und Intensität der Verflechtungsbeziehungen zunehmen und der Kompliziertheitsgrad dieser Verflechtungsbeziehungen wächst, andererseits auch die Anforderungen an das technisch-ökonomische Niveau der Verfahren im Verlauf der wissenschaftlich-technischen Revolution erhöht werden, wachsen objektiv das Bedürfnis und die Notwendigkeit einer immer umfassenderen sachkundigen Mitwirkung der Betriebe und Kombinate bzw. Industriezweigleitungen sowohl bei der Vorbereitung und Ausarbeitung optimaler Varianten für die internationale Spezialisierung und Kooperation als auch bei der Durchführung der Vorhaben und Maßnahmen, wobei diese Mitwirkung der gleichzeitig wachsenden Bedeutung der Organe der zentralen staatlichen Leitung und Planung entspricht. Dabei setzen diese Beziehungen voraus, daß leistungsstarke Wirtschaftseinheiten als solche Partner in der sozialistischen ökonomischen Integration auftreten, die über das erforderliche Niveau und die Potenzen auf wissenschaftlichem und wirtschaftlichem Gebiet verfügen, um auch als voll anerkannte Partner in der sozialistischen ökonomischen Integration wirken zu können, wobei es nicht schlechthin auf die laufende Vergrößerung der Betriebe, gemessen an der Anzahl der Arbeitskräfte oder dem Volumen der Bruttoproduktion ankommt, sondern auf eine stärkere „Konzentration der spezialisierten Produktion".[7]

[7] K. Morgenstern, Sozialistische internationale Arbeitsteilung, Berlin 1972, S. 139.

Eine Differenzierung der Verantwortung für Organe der Industrie nach Unterstellungsverhältnissen und Leitungsebenen führt zu der Erkenntnis, daß im Rahmen der staatlichen Planung

– *die wirtschaftsleitenden Organe,* also VVB und direkt unterstellte Kombinate, gegenwärtig die wichtigsten Organe der Industrie bei der Gestaltung der internationalen wirtschaftlichen und wissenschaftlich-technischen Zusammenarbeit sind. Zu ihren Aufgaben gehören wesentliche Aktivitäten bei der Entwicklung der internationalen wirtschaftlichen und wissenschaftlich-technischen Zusammenarbeit. Dazu zählen Informationstätigkeit, konzeptionelle Arbeiten, Arbeiten auf dem Gebiet der Planung und Stimulierung, operative Arbeiten, Durchsetzung der Realisierung der eingegangenen Verpflichtungen, Kontrolle der erreichten Ergebnisse;

– *die Industriebetriebe und nicht direkt unterstellte Kombinate* in die Arbeit der wirtschaftsleitenden Organe in immer umfassenderem Maße einbezogen werden müssen. Ihnen obliegen besondere Aufgaben auf dem Gebiet der Erzeugnisentwicklung, der Erarbeitung von Vorschlägen für die Gestaltung der internationalen Zusammenarbeit und der Begründung der Varianten, der Mitwirkung bei der Vorbereitung und Verhandlung der Verträge, der Realisierung der sich aus den Vereinbarungen ergebenden Verpflichtungen.

Dabei bildet die Erzeugnisentwicklung einen wesentlichen Schwerpunkt der betrieblichen Mitwirkung, wobei entsprechend der Verantwortung des Industriebetriebes für seinen Reproduktionsprozeß und für die Befriedigung volkswirtschaftlicher Bedürfnisse Aufgaben der technisch-ökonomischen Entwicklung besonders hervorzuheben sind. Sie betreffen unter anderem die Herausbildung langfristig stabiler Exportlinien, die Erhöhung des Gebrauchswertes der Erzeugnisse, das Anbieten von Problemlösungen, die Wahrnehmung der Schutzrechtstätigkeit.

Gleichzeitig erlangt die Koordinierung der Zusammenarbeit von Industriebetrieben und Außenhandelsbetrieben eine hohe Bedeutung. Sie muß die Einbeziehung der Außenhandelsbetriebe in alle Vorhaben und Maßnahmen der wirtschaftlichen und wissenschaftlich-technischen Zusammenarbeit sichern, die Mitwirkung der Industriebetriebe in den internationalen Warenaustauschbeziehungen und deren Vorbereitung gewährleisten und die Kontinuität der Zusammenarbeit unter aktiver Einbeziehung der Kollektive weitgehend fördern.

4. Zu einigen Fragen des betrieblichen Leitungssystems

Die immer umfassendere und vielfältige Beteiligung der Industriebetriebe und Kombinate an den Formen der sozialistischen internationalen Arbeitsteilung erfordert eine hohe Qualität der Leitung und Planung dieser Prozesse. Dabei sind einige aktuelle Fragen der Leitung der Integrationsprozesse in Betrieben und Kombinaten, insbesondere auf dem Gebiet der Planung, der Organisation und der Bildung der Ideologie, als wesentliche Funktionen sozialistischer Leitung besonders hervorzuheben.

Das System der Leitung der Integrationsprozesse muß zunächst folgende allgemeine Bedingungen erfüllen:

- Einordnung der Integrationsmaßnahmen in das System der Leitung und Planung der Volkswirtschaft,
- Einbeziehung aller Leitungsbereiche der wirtschaftsleitenden Organe, Betriebe oder Kombinate in die internationale Arbeitsteilung,

– Durchsetzung der Dialektik von Internationalem und Nationalem bei der Leitung und damit der Entscheidung von Varianten der Integrationsprozesse.

Entsprechend der Spezifik eines Betriebes oder Kombinates stehen dabei im Vordergrund die Sicherung eines hohen wissenschaftlichen Niveaus der Planung der Integrationsprozesse, die Auswahl der effektivsten Varianten der internationalen Arbeitsteilung und deren Stimulierung, die Herausbildung einer rationellen Leitungsstruktur und die Gestaltung optimaler Informationsbeziehungen in Vorbereitung und Durchführung der Integrationsprozesse sowie die Einbeziehung der Kollektive in die Leitung der Integrationsprozesse und ihre Befähigung zur verantwortlichen Mitwirkung.

Weitere Anforderungen an die Leitung ergeben sich aus dem Erfordernis, auch die spezifischen Bedingungen zu berücksichtigen bzw. zu schaffen, die der internationalen Wirkungsweise der ökonomischen Gesetze des Sozialismus entsprechen. Durch die Leitungstätigkeit sollte verstärkt darauf eingewirkt werden, daß die immer bessere Übereinstimmung der Interessen der Partner erreicht wird, wobei spezifische Interessen der Partner mit den gemeinsamen Interessen in Übereinstimmung gebracht werden müssen. Ferner ist zu sichern, daß die Effektivität der Integrationsprozesse maximal erhöht wird, wozu unter den Bedingungen des Überganges zu den intensiven Methoden des sozialistischen Wirtschaftens die für alle Beteiligten günstigste Variante bestimmt und durchgesetzt werden muß. Schließlich gehört dazu, daß das Verhältnis von Kontinuität und Flexibilität gewahrt wird, wobei die Kontinuität in der Stabilität der politischen und ökonomischen Entwicklung gewährleistet und Flexibilität in den Formen der Zusammenarbeit, den jeweils vorteilhaftesten Vorhaben und Maßnahmen sowie in dem Reagieren auf neue Bedingungen erreicht werden muß. Damit wird die Leitung der Aufgaben der sozialistischen ökonomischen Integration zu einer komplexen Leitungsaufgabe in dem jeweiligen Leitungsorgan bzw. der Wirtschaftseinheit.

5. Zu einigen Fragen der Planung der Integrationsprozesse

Mit der Planung der Vorhaben und Maßnahmen der sozialistischen ökonomischen Integration auch in Betrieben und Kombinaten tritt eine qualitative und quantitative Erweiterung des Gegenstandes der Planung der Betriebe und Kombinate ein. Die Entwicklung der Produktionsverhältnisse und ihre weitere Ausprägung im Wege der Herausbildung und Festigung der entwickelten sozialistischen Gesellschaft erzwingen mit objektiver Notwendigkeit, bei allen Planungsaufgaben von den Möglichkeiten auszugehen, die die sozialistische ökonomische Integration objektiv bietet. Ihre Nichtbeachtung bzw. ungenügende Berücksichtigung muß demgegenüber für die Gesamtheit und auch den einzelnen Partner zu nachteiligen Lösungen führen. Die aus dem Wirken der ökonomischen Gesetze entspringenden Vorzüge und Triebkräfte der sozialistischen ökonomischen Integration würden nicht oder nicht voll zur Geltung kommen. Daraus ergeben sich zunächst eine Reihe von Anforderungen an das Niveau der Planungstätigkeit in Betrieben und Kombinaten, wobei der Forderung Rechnung zu tragen ist, auf allen Ebenen der Leitung und Planung höchste Effektivität dadurch zu gewährleisten, daß vor allem die Proportionalität, die Bilanziertheit und die Komplexität der Entwicklung gesichert wird.[8]

Viele Maßnahmen der sozialistischen ökonomischen Integration können unter Be-

[8] Vgl. H. Koziolek/F. Haberland, Wie nutzen wir die Erfahrungen der Sowjetunion bei der Leitung der Wirtschaft? in: Einheit, 11/1972, S. 1480.

rücksichtigung der sozialökonomischen Entwicklungsbedingungen und der gemeinsamen sowie der spezifischen Interessen der einzelnen Länder nur langfristig geplant werden, da nur langfristig volkswirtschaftlich bedeutsame Aufgaben in der Industrie, im Verkehrswesen, im Bauwesen und in der Landwirtschaft, insbesondere aber die Aufgaben zur Erschließung der Rohstoff- und Energieressourcen oder auf dem Gebiet des Umweltschutzes gelöst werden können. Deshalb kommt der langfristig konzeptionellen Arbeit auf dem Gebiet der sozialistischen ökonomischen Integration besondere Bedeutung zu. Die in Varianten zu erarbeitenden Konzeptionen der Betriebe und Kombinate sind Grundlage für die Entscheidungsfindung der zentralen staatlichen Organe und der Abstimmung mit den RGW-Partnern. Sie sind eine wesentliche Voraussetzung für die Planung zwei- und mehrseitiger Integrationsmaßnahmen zur Entwicklung von Forschung, Technik und Produktion, so wie die langfristig konzeptionelle Arbeit andererseits auch die Voraussetzung für die Vorbereitung und Konkretisierung der Maßnahmen der sozialistischen ökonomischen Integration in den Fünfjahrplänen ist.

Die Erarbeitung eines Planteiles „Sozialistische ökonomische Integration" auf staatlicher Ebene trägt der inzwischen erreichten Entwicklung Rechnung und begründet neue wichtige Möglichkeiten der verantwortlichen Mitwirkung der Betriebe und Kombinate, die entsprechende Planteile im Rahmen der Betriebsplanung ausarbeiten.

Mit der betrieblichen Planung der Integrationsprozesse muß erreicht werden, daß die Vertiefung und Vervollkommnung der sozialistischen Integration durch eine große Vielfalt von Beziehungen, durch die Auswahl optimaler Varianten auf der Grundlage des gemeinsamen Interesses der beiderseitigen Partner und durch die Einarbeitung der bereits bestehenden Verpflichtungen aus Vorhaben und Maßnahmen der sozialistischen ökonomischen Integration in die einzelnen Planteile und Bilanzen weiter vervollkommnet wird. Dazu gehören ferner die Abstimmung aller Maßnahmen im Reproduktionsprozeß des eigenen Betriebes, die zeitlich richtige Einordnung der einzelnen Maßnahmen und Vorhaben, insbesondere im Interesse der Kontinuität der Entwicklung, der Vermeidung von Disproportionen in einzelnen Produktionsstufen und zur Vermeidung unwirtschaftlicher Lösungen, sowie auch die Vorbereitung weiterer mit den staatlichen Vorgaben in Übereinstimmung stehender Vorhaben und Maßnahmen der internationalen Arbeitsteilung für die Aufnahme in die Pläne.

6. Zu einigen Fragen der Leitungsorganisation

Bei der Untersuchung der Probleme der betrieblichen Leitungsorganisation auf dem Gebiet der internationalen Zusammenarbeit ergeben sich eine Vielzahl von Fragen, die sowohl die betriebliche Leitungsstruktur und die zweckmäßigsten Lösungen der Zuordnung bestimmter Leitungsfunktionen, die Regelung der Verantwortlichkeit von Leitern bestimmter Struktureinheiten, die Ordnung der Zusammenarbeit und den Informationsfluß sowie die Ablauforganisation wichtiger Prozesse betreffen.

Im Interesse einer den Phasen des Reproduktionsprozesses entsprechenden Leitungsorganisation müssen optimale Lösungen geschaffen werden, die insbesondere zwei Anforderungen gerecht werden sollten.
Erstens: Der für die jeweilige Reproduktionsphase verantwortliche Leiter muß die volle Verantwortung auch für die inhaltliche Gestaltung von Teilprozessen tragen, somit auch für Aufgaben der sozialistischen ökonomischen Integration seines Bereiches.
Zweitens: Die einzelnen Prozesse der sozialistischen internationalen Arbeitsteilung

müssen im Maßstab des Betriebes bzw. des Kombinates koordiniert werden, nach einheitlichen Grundsätzen unter Berücksichtigung der staatlichen Aufgaben sowie unter Wahrung des sozialistischen staatlichen Außenhandelsmonopols geleitet werden, wobei strategische Ziele auch im Komplex erarbeitet werden müssen.

Ich kann hier berichten, daß verschiedene Varianten leitungsorganisatorischer Regelungen untersucht und erprobt wurden.

Um eine hohe Effektivität in der Arbeit dieser Organe zu sichern, müssen betriebliche Ordnungen als Grundlage des planmäßigen Zusammenwirkens verschiedener Struktureinheiten geschaffen werden. Dabei sind unterschiedliche Ordnungen entsprechend den unterschiedlichen Bedingungen in wirtschaftsleitenden Organen, Kombinaten oder Betrieben zu schaffen, wobei erkennbar ist, daß in den übergeordneten Organen die konzeptionelle Arbeit und Planungstätigkeit überwiegt, während in den Betrieben heute und voraussichtlich auch in Zukunft die Austauschprozesse und deren Profilierung und Richtung sowohl die Leitungsorganisation als auch die damit zusammenhängende betriebliche Ordnung des Zusammenwirkens der Struktureinheiten maßgeblich bestimmen.

Die Mitwirkung der Betriebskollektive an den einzelnen Formen der sozialistischen internationalen Arbeitsteilung und die Mitverantwortung für die vielfältigen Integrationsmaßnahmen ist einerseits eine Konsequenz der politischen, ökonomischen und gesamtgesellschaftlichen Bedeutung der sich entwickelnden sozialistischen ökonomischen Integration und andererseits der Entfaltung der sozialistischen Demokratie und der Bedeutung der Mitwirkung der Werktätigen an der Leitung und Planung. Hierin kommt auch ihre Verantwortung für die Erfüllung der staatlichen Aufgaben und die Erreichung der wirtschaftlichen Zielstellungen auf dem Wege der umfassenden Intensivierung zum Ausdruck.

Schlußfolgerungen für die Entwicklung der betriebswirtschaftlichen Forschung

Die weitere Entwicklung der sozialistischen ökonomischen Integration und ihre Nutzung als Faktor und Bedingung der weiteren Vertiefung der Intensivierung stellt meines Erachtens weitere Anforderungen an die betriebswirtschaftliche sowie leitungswissenschaftliche Forschung, insbesondere in folgenden Richtungen:

– weitere Präzisierung der Aufgaben und der Verantwortung der verschiedenen Konzentrationsformen der Betriebe, insbesondere der direkt geleiteten Kombinate und VVB, hinsichtlich der verschiedenen Formen der sozialistischen ökonomischen Integration und auf der Grundlage der objektiven Gesetzmäßigkeiten der weiteren Internationalisierung des Wirtschaftslebens der Länder der sozialistischen Gemeinschaft,

– tiefere Analyse der wechselseitigen Bedingtheit zwischen der sozialistischen ökonomischen Integration und den anderen Intensivierungsfaktoren des betrieblichen Reproduktionsprozesses sowie der Umsetzung dieser Erkenntnisse in Vorschläge für die Ausschöpfung der damit verbundenen Reserven bei der Leitung und Planung des Reproduktionsprozesses,

– weitere Qualifizierung der Planung der mit den Vorhaben und Maßnahmen der sozialistischen ökonomischen Integration verbundenen Prozesse, insbesondere wissenschaftliche Durchdringung der verschiedenen Entscheidungen, ihre Systematisierung und Klassifizierung für die verschiedenen Vorhaben und Maßnahmen der sozialistischen ökonomischen Integration, weitere Qualifizierung der Nutzensberechnung und Suche nach Formen und Methoden zur Vervollkommnung der Stimulierung,

– Weiterentwicklung der Organisation der Leitung und der Methodik der Planung der Prozesse der sozialistischen ökonomischen Integration auf der Grundlage des demokratischen Zentralismus und der internationalistischen Erfordernisse.

H. Wedler

Einige Erfahrungen aus der freundschaftlichen Zusammenarbeit mit der sowjetischen Uhrenindustrie

Die sozialistische ökonomische Integration ist mit der Entwicklung der sozialistischen Staatengemeinschaft zu einem objektiven Erfordernis bei der weiteren Gestaltung unserer entwickelten sozialistischen Gesellschaft geworden. Auf dem XXV. Parteitag der KPdSU unterstrich der Generalsekretär, Genosse Breshnew, die Bedeutung und Wichtigkeit des von allen RGW-Ländern beschlossenen langfristigen Programms der sozialistischen ökonomischen Integration und betonte, daß damit gleichzeitig entscheidende Bedingungen geschaffen werden, die Macht und die Geschlossenheit der Länder der sozialistischen Staatengemeinschaft zu stärken.

Ausgehend von dieser prinzipiellen Einordnung möchte ich einschätzen, daß die in Auswertung unseres IX. Parteitages von der Arbeitsgruppe des Wissenschaftlichen Rates erarbeiteten Thesen zu theoretischen Fragen der weiteren Vertiefung der sozialistischen ökonomischen Integration der Mitgliedsländer des RGW dieser Bedeutung und Aufgabenstellung entsprechen. In umfassender Form wird meines Erachtens die von unserem Generalsekretär, Genossen Honecker, auf dem IX. Parteitag getroffene Feststellung, daß die sozialistische ökonomische Integration die entscheidende Voraussetzung für die weitere stabile, ökonomische und soziale Entwicklung in der DDR bildet, wissenschaftlich untermauert. Für unsere Tätigkeit ist übersichtlich herausgearbeitet, durch welche Formen und Methoden die sozialistische ökonomische Integration, besonders mit dem Schwerpunkt und Ziel der Intensivierung unserer Volkswirtschaft, wirksam werden muß. Die ausgearbeiteten Thesen finden meine volle Zustimmung.

Gleichzeitig möchte ich die Gelegenheit wahrnehmen, Erfahrungen darzulegen, die das Kollektiv des VEB Uhren- und Maschinenkombinat Ruhla und auch ich persönlich in den Jahren der unmittelbaren internationalen Zusammenarbeit machen konnten, besonders auf wissenschaftlich-technischem und ökonomischem Gebiet mit den Genossen und Freunden der UdSSR. Ein besonders enger, herzlicher und freundschaftlicher Kontakt entwickelt sich zwischen uns und den Genossen der 2. Moskauer Uhrenfabrik. Diese Freundschaft hat tiefe Wurzeln. Ein großer Teil der Genossen, die in den Jahren 1945 bis 1952 das Werk in Ruhla führten, hat an hervorragender Stelle auch am Aufbau der sowjetischen Uhrenindustrie, speziell der 2. Moskauer Uhrenfabrik, mitgewirkt. So betrachten wir es als einen echten Beweis des sozialistischen Internationalismus, wie wir die Verbindungen speziell zu diesem Werk als stabile Brücke sozialistischer Zusammenarbeit entwickelt haben. Heute kann ich bestätigen, daß diese Zusammenarbeit Ergebnisse zum beiderseitigen Nutzen bringt, für unser Kombinat vor allem auf dem Gebiet der Forschung und Entwicklung, der Produktionsorganisation und der Qualitätsverbesserung.

Wir lassen uns davon leiten, daß bereits in unseren langfristig geplanten Erzeugnisentwicklungen und im Programm der Intensivierung unserer Produktion sowohl die Voraussetzungen als auch die konkrete Vorbereitung aller Einzelmaßnahmen für die internationale sozialistische Zusammenarbeit enthalten sein müssen. Dabei möchte ich gleichzeitig unterstreichen, daß das Niveau und die Qualität der Ergebnisse unserer internationalen Zusammenarbeit wesentlich von der Vorbereitung und Planung beeinflußt werden. Delegationen von Werktätigen unseres Kombinates studierten in Moskau die Arbeitsorganisation und die Arbeitsbedingungen der 2. Moskauer Uhrenfabrik. Dabei gewannen sie wertvolle Erfahrungen über den Arbeitsrhythmus, die Vorkehrungen für Ordnung und Sauberkeit und die Handhabung der technischen Prozesse im Hinblick auf die Erzielung höchstmöglicher Qualität.

Besondere Sorgfalt widmeten wir dem Studium der Rationalisierungsmethoden und automatischen Montageeinrichtungen. Im Ergebnis entstanden mit Hilfe der sowjetischen Genossen unsere bekannten Uhrwerkmontageautomaten. Durch den Bau und die Einführung von Speichermagazinfließbändern nach sowjetischer Dokumentation in die Fertigung konnte die Arbeitsproduktivität auf 180 Prozent gesteigert werden. Ferner konnten durch Programmierung des innerbetrieblichen Transportes die unterschiedlichen technologischen Zeiten so abgestimmt werden, daß keine unproduktiven Wege- und Wartezeiten auftreten. Das Verbinden von Einzelteilen zu Baugruppen auf Automaten – als einem weiteren wichtigen Schritt zur Montageautomatisierung in Form von Fügeautomaten – konnten wir in der 2. Moskauer Uhrenfabrik studieren. Viele Erfahrungen und Hinweise wurden also für die Einführung neuer produktiver Technologien sowohl bei Uhrwerken als auch bei Ausstattungsteilen übernommen.

Der Plan der sozialistischen Rationalisierung konnte um sehr wirkungsvolle Maßnahmen bereichert werden. Dafür möchte ich solche Maßnahmen als Beispiel nennen, wie Automatisierung der Uhrengehäusefertigung, Einsatz von Hartmetall für Hochleistungswerkzeuge, Einführung von elektrolytischen Bearbeitungsverfahren, Automatisierung des Oelprozesses bei Uhren und Automatisierung der Prüfprozesse in der Uhrenfertigung.

Die Schaffung von eigenen, leistungsstarken Kapazitäten für den Bau von Automaten und Rationalisierungsmitteln geht mit auf die Nutzung von Erfahrungen der sowjetischen Genossen zurück. Das gilt allgemein für die sich in der Praxis immer wieder bestätigende Wahrheit, daß man selbst Automatisierungs- und Rationalisierungsmittel bauen muß und nicht auf fertige Angebote warten darf, um die ständig höheren Anforderungen, die wir an Produktivität und Effektivität stellen, zu erfüllen. Im Ergebnis dieser Erkenntnis schufen wir uns einen eigenen leistungsstarken Automatisierungs- und Rationalisierungsmittelbau, der uns in die Lage versetzt, schnell auf den Markt mit seinen Wünschen an unsere Uhrenausstattungsvarianten zu reagieren.

Im folgenden möchte ich einige Ausführungen zur beiderseitigen Qualitätssicherung im Ergebnis unserer gemeinsamen Anstrengungen machen. Bekanntlich hatten wir in Ruhla bei der Standarduhr „Kaliber 24" unsere Sorgen in der Stimulierung einer hohen Qualität. Wir wußten, daß man sich in der Sowjetunion mit der Einführung von Entlohnungssystemen beschäftigt, die auf die Stimulierung der Qualitätsarbeit gerichtet sind und über die – nach unserer Kenntnis – auch bereits Erfahrungen gesammelt werden konnten. Also tauschten wir unsere Erfahrungen aus. Ich konnte diesen Erfahrungsaustausch unter anderem im Rahmen einer Arbeitsgruppe mit dem Staatlichen Komitee für Arbeit und soziale Fragen und den Kollegen des Instituts für Arbeit sowie der 2. Moskauer Uhrenfabrik durchführen.

Wir besprachen sowohl unsere Vorstellungen über ein neues Lohnsystem als auch das Lohnsystem der sowjetischen Genossen. Unsere Gedanken, die als gut eingeschätzt wurden, konnten durch sehr wertvolle Erfahrungen wesentlich ergänzt werden. Wir erarbeiteten den gemeinsamen Standpunkt, daß es zur Sicherung einer hohen Qualität erfahrungsgemäß vieler Maßnahmen und Methoden bedarf, die insgesamt dazu beitragen, eine hohe Qualität zu sichern. Das sind solche Fragen wie

- ideologische Auseinandersetzung in allen Bereichen der Produktion und der produktionsvorbereitenden Abteilungen,
- wöchentliche Durchführung von Qualitätsrapporten, dabei besonders die Kontinuität beachtend,
- die Orientierung des Planes Forschung und Entwicklung auf die Qualitätssicherung und die damit verbundene Einführung neuer Technik, vor allem neuer Technologien in den Produktionsbereichen,
- die Sicherung einer hohen Qualität der Einzelteile in der Vorfertigung, sowie die ständige Automatisierung der Einzelteilefertigung,
- die Einführung wissenschaftlich begründeter Arbeitsnormen,
- die Verkürzung der Anlauf- und Überleitungsphasen bei der Einführung von Automatisierungseinrichtungen,
- die tägliche kontinuierliche Bereitstellung der Einzelteile als Voraussetzung für einen kontinuierlichen Planablauf.

Aufbauend auf diesem Erfahrungsaustausch, haben wir zur umfassenden Qualitätsverbesserung unser gesamtes Lohnsystem überarbeitet, eine *qualitätsabhängige* Entlohnung und Prämierung erarbeitet und bei der Standarduhr „Kaliber 24" eingeführt. Seit der Einführung erzielten wir wesentliche Qualitätsverbesserungen. So gingen die Rückweisquote aus der Endkontrolle und die Kundenreklamationen wesentlich zurück. Die Kosten für Ausschuß, Nacharbeit und Garantie konnten um 29 Prozent gesenkt werden. Im Jahre 1976 erreichten erstmals 2 Erzeugnisse der Standarduhr „Kaliber 24" das Gütezeichen „Q". Diese Ergebnisse sind auch mit darauf zurückzuführen, daß wir außerdem entsprechend den sowjetischen Erfahrungen in den Montagen Qualitätsinstrukteure einsetzten.

Zu einer weiteren Frage, der Beschleunigung des wissenschaftlich-technischen Fortschritts, kann ich weitere Erfahrungen mitteilen. Die 2. Moskauer Uhrenfabrik produziert bekanntlich insbesondere hochsteinige Uhren in hoher Qualität. Unser Produktionsprogramm stützt sich in der Hauptsache auf steinlose preiswerte Uhren. So ergibt sich ein sinnvolles, abgestimmtes Zusammenwirken der Uhrenindustrie der UdSSR und der DDR. Das Angebot beider Industriezweige ergänzt sich auf dem Markt und führt zu einer den Ansprüchen der Kunden gerecht werdenden Kollektion im Handel. Zur Erhöhung unserer gemeinsamen Leistungsfähigkeit wurden inzwischen mit den Genossen der 2. Moskauer Uhrenfabrik die Konzeptionen zur Konstruktion und Produktion von Quarzuhren abgestimmt. Wir werden forschungs- und entwicklungsseitig enge Verbindungen halten mit dem Ziel der Verkürzung der Forschungs- und Entwicklungszeiten und der schnellen Einführung in die Fertigung.

Das sind die Formen, wie wir im Kombinat gegenwärtig die Vorzüge der sozialistischen internationalen Zusammenarbeit bei der Intensivierung des Reproduktionsprozesses nutzen. Zur Vertiefung und Vervollkommnung wurden zwischenzeitlich die weiteren Aufgaben bis 1980 abgestimmt.

Genosse Honecker betonte in seinem Schlußwort auf der 2. Tagung des ZK, daß die Beschleunigung des wissenschaftlich-technischen Fortschrittes die Schlüsselfrage des Leistungsanstieges 1976 bis 1980 ist. Deshalb legen wir im Uhrenkombinat Ruhla großen Wert darauf, daß unsere Genossen die richtige parteiliche Position zu den Fragen von Wissenschaft und Technik und damit zur objektiven Notwendigkeit der sozialistischen ökonomischen Integration und für uns praxisbezogen zur internationalen Zusammenarbeit mit der Sowjetunion einnehmen.

Wir lassen uns davon leiten, daß die 10 Punkte der Intensivierung, die Genosse Honecker vor den Kreissekretären dargelegt hat und die im Referat auf dem IX. Parteitag eine bedeutende Rolle gespielt haben, die Richtschnur für unsere politisch-ideologische Tätigkeit der nächsten Jahre sein werden, und wir achten darauf, daß in diesem Zusammenhang die internationale sozialistische Zusammenarbeit richtig eingeordnet wird.

W. Lange

Zu einigen praktischen Fragen der Forschungs- und Produktionskooperation

Die Bearbeitung einiger Aufgaben der internationalen Zusammenarbeit in den letzten Wochen veranlaßt mich, einige Bemerkungen zur Vertiefung der sozialistischen ökonomischen Integration zu machen.

Bezugnehmend auf die einleitenden Ausführungen von Prof. Dr. Kunz zur Verbindung der theoretischen Fragen mit den konkreten Problemen der Praxis habe ich folgende ergänzende Bemerkungen aus der Sicht meines Arbeitsbereiches:

1. Es ist im vollen Umfang zu unterstreichen, daß die gemeinsame und zwar möglichst langfristige Planung die wirksamste Grundlage für weitere Fortschritte in Richtung einer Integration sind. Dies stellt, wie auch in der Diskussion bestätigt wurde, tatsächlich hohe Anforderungen an die Planungstätigkeit und verlangt, neue Organisationsformen für die Zusammenarbeit zu finden. Wir wissen bereits aus der Arbeit innerhalb der DDR, wie stark Strukturgrenzen geeignet sind, eine Entwicklung zu hemmen, oder, positiv ausgedrückt, daß die Koordinierung über Strukturgrenzen hinweg in der Lage ist, effektivitätssteigernd zu wirken. Es wird also notwendig sein, Organisationsformen zu finden, die derartige Grenzen überbrücken.

In diesem Zusammenhang eine Bemerkung zur Wirksamkeit von Strukturen bzw. unterschiedlichen Strukturen in den einzelnen Ländern auf die Effektivität der Zusammenarbeit. In den Fällen, in denen eine Produktion in den Partnerländern unterschiedlichen Industriezweigen zugeordnet ist, gab es in der Vergangenheit und gibt es auch heute noch Schwierigkeiten, eine Zusammenarbeit oder auch nur einen Erfahrungsaustausch einzuleiten und durchzuführen.

2. In den Thesen wird diskutiert, ob die neuen Organisationsformen einen abgeleiteten oder einen eigenständigen Charakter besitzen. Will man in der Zusammenarbeit der Länder, in der Herausbildung neuer Produktionsverhältnisse zwischen den Ländern einen Fortschritt erreichen, so ist es sicher notwendig, daß die neuen Organisationsformen zumindest eine relative Eigenständigkeit haben. Das soll in keiner Weise bedeuten, daß die Souveränität der einzelnen Länder eingeschränkt wird. Internationale Vereinbarungen müßten jedoch, um ihre Wirksamkeit zu sichern, einen Vorlauf gegenüber den Vorstellungen zur nationalen Entwicklung haben. Auch hier ist die Notwendigkeit einer langfristigen Planung Voraussetzung für die Wirksamkeit.

3. Eine wesentliche Ursache für die im Einzelfall sicher unterschiedliche Abhängigkeit der RGW-Länder vom NSW-Import sind Defekte im Produktionsprogramm und in der zum Teil vorhandenen Vorstellung, eine neue Produktion nur für den Bedarf des eigenen Landes zu entwickeln. Es besteht also die Notwendigkeit, zunächst einmal Art und Umfang der Defekte festzustellen. Ein Schwerpunkt ist – neben dem Gerätebau – der gesamte Anlagenbau und Bau von Sonderausrüstungen, die in einem sehr starken Maße zur Produktivitätssteigerung beitragen und in deren Entwicklung auch die Erfahrungen der Anwender einfließen müssen. Dieses Ziel kann sicher nicht erreicht werden, wenn jedes Land diese Erzeugnisse in Einzelfertigung als spezielles

Rationalisierungsmittel anfertigt. Das betrifft zum Beispiel in der Metallurgie den Ofenbau, den Bau von Adjustageeinrichtungen oder eine auf die Prozesse der Metallurgie abgestimmte BMSR-Technik. Die Form, in welcher das Problem gelöst werden kann, ob durch einen Rationalisierungsmittelbau auf internationaler Ebene, daß heißt mit Spezialisierung im Rationalisierungsmittelbau, oder durch Schaffung neuer Produzenten für diese Sortimente, ist eine Frage der praktischen Lösung.

Die Entwicklung der Produktion solcher Spezialerzeugnisse ist für das Land, welches die Aufgabe übernimmt, zumindest in den ersten Jahren eine starke Belastung. Es wäre zweckmäßig, die Entwicklung einer internationalen Arbeitsteilung durch entsprechende Regelungen zu stimulieren. Dieses Problem ist ebenfalls in der Diskussion angeschnitten worden. Meiner Meinung nach müßte es möglich sein, ähnlich dem Ministerratsbeschluß über die Leistungsbewertung der Produktionsbetriebe auch auf internationaler Ebene, zum Beispiel durch den Preis, solche Entwicklungen, die der Ablösung eines NSW-Imports aller Länder dienen, zu fördern.

4. In These 14 ist das Problem der Schaffung zentraler Fertigungsstätten angeschnitten worden. Auch hier ist nur über eine langfristige Planung eine Lösung zu finden. Wir wissen aus der Entwicklung in der DDR, wie schwierig es ist, schon in einem Lande zentrale Fertigungen zu entwickeln (Problem der Arbeitskräfte und der Investitionen). Auch hier würde eine Stimulierung entsprechend Punkt 3 sicher eine positive Entwicklung unterstützen. Auf die Bedeutung der Standardisierung, die noch nicht im Material, jedoch in den Ausführungen von Professor Kunz angesprochen wurde, muß ausdrücklich hingewiesen werden.

5. Im Material und in der Diskussion wurden vorwiegend Fragen behandelt, die mit der Entwicklung einer höheren Form der Integration zusammenhängen. Dies ist sicher richtig, doch sollte man dabei nicht vergessen, daß die bisherigen Formen der Zusammenarbeit bereits wesentliche, wenn auch schwer quantifizierbare Ergebnisse gebracht haben. Der Erfahrungsaustausch ist nach wie vor eine Quelle vieler rasch wirksam werdender Verbesserungen. Man hat manchmal den Eindruck, daß bei den Bemühungen um eine Weiterentwicklung der Integration diese Tatsache übersehen wird. Dies drückte sich zum Beispiel in der häufig erhobenen Forderung aus, jede Zusammenarbeit auf Vertragsbasis durchzuführen. Wir haben für das eigene Institut einmal versucht, den Nutzen der Zusammenarbeit abzuschätzen. Dabei wurde festgestellt, daß die übermittelten Erkenntnisse und Erfahrungen, wenn sie im eigenen Institut hätten erarbeitet werden müssen, etwa 6 bis 8 Prozent der vorhandenen Kapazität beansprucht hätte. Diese Übernahme von Ergebnissen war auf der Basis der bisherigen Zusammenarbeit möglich. Sie hätte sich sicher auch nicht annähernd in dem Umfang verwirklichen lassen, wenn in jedem Fall ein Vertragsabschluß notwendig gewesen wäre. Dies soll keine Argumentation gegen Verträge sein, sondern den Hinweis bekräftigen, daß man die bisherige Form nicht vollkommen in ihrer Wirksamkeit übersehen und vernachlässigen darf. (Die Verhältnisse sind hier ähnlich wie beim Vergleich der Wirksamkeit der Ergebnisse von Forschung und Entwicklung und des Neuererwesens. Der Nutzen aus dem Neuererwesen ist größer, zum Teil erheblich größer als der Nutzen aus der Forschung und Entwicklung, weil er einmal die gesamte Produktion erfaßt und – da die Vorschläge in der Regel eine bereits laufende Produktion betreffen – in kurzer Zeit wirksam wird.)

6. Ich habe aus der Diskussion unter anderem entnommen, daß die Regeln für die Ermittlung der Effektivität und des Nutzeffektes vorhanden sind und es nur darum geht, sie anzuwenden. Ich habe aus der praktischen Erfahrung heraus nicht den Eindruck, daß diese Bemerkung zutrifft. Allein solche Probleme wie der Zeitraum,

für den der Nutzen zu ermitteln ist, oder die Bewertung eines mehrere Jahre später zu erzielenden Nutzens oder die Einsparung eines in kommenden Jahren sonst notwendigen Aufwandes sind nicht gelöst bzw. werden uneinheitlich gehandhabt. Wenn diese Probleme nicht zu „praktisch" sind, könnten sie durchaus Gegenstand von Aktivitäten der wirtschaftswissenschaftlichen Forschung sein.

7. In der Einleitung zu den Thesen wurde vermerkt, daß die Probleme der Zirkulation ausgeschlossen wurden. Ich möchte – um dazu beizutragen, daß dieser Fragenkomplex nicht in Vergessenheit gerät – darauf hinweisen, daß die Probleme der Zirkulation, also der schnelle Zugriff zu Erzeugnissen, die Sicherheit im Erwerb der gewünschten, bei der Konstruktion vorgesehenen Materialien und Erzeugnisse und andere Fragen der Bereitstellung von Materialien und Zulieferungen von außerordentlicher volkswirtschaftlicher Bedeutung sind, zum Teil sogar das Tempo mitbestimmen und als wesentliche Aufgabe der Integration zu sehen sind.

K. SCHICKRAM

Zu einigen Problemen der Weiterentwicklung der Arbeit mit dem Planteil sozialistische ökonomische Integration

Den in der These 30 enthaltenen Aussagen zur Bedeutung und Funktion des auf Empfehlung der XXVII. Tagung des RGW in die Volkswirtschaftsplanung eingeführten „Plan der Maßnahmen der sozialistischen ökonomischen Integration" stimme ich zu.

Die Arbeit mit diesem Planteil ist mit als Ausdruck einer neuen Qualität der Zusammenarbeit der Mitgliedsländer des RGW auf dem Gebiet der Planungstätigkeit auf der Grundlage eines entsprechenden Niveaus der Volkswirtschaftsplanung zu werten.

Diese neue Qualität wird aus der Sicht unserer Forschungsergebnisse vor allem durch folgende Faktoren charakterisiert:

– Die in Abkommen und Verträgen vereinbarten Integrationsmaßnahmen sind fester Bestandteil der Pläne und Bilanzen auf allen Ebenen der Volkswirtschaft geworden;

– die vorhaben- und maßnahmebezogene Planung der Integrationsmaßnahmen orientiert jeweils auf die effektive Erreichung des vereinbarten Endergebnisses und ermöglicht die allseitige Einordnung der sich ergebenden Aufgaben in die Pläne und Bilanzen;

– die neue Form der Planung der Integrationsmaßnahmen schafft die Voraussetzungen für eine dem hohen Verbindlichkeitsgrad der übernommenen Verpflichtungen entsprechende Leitung, ökonomische Stimulierung und Kontrolle der vertragsgerechten Realisierung. Das schließt ein, die Planziele zum festen Bestandteil der schöpferischen Initiative der Werktätigen im sozialistischen Wettbewerb zu machen.

Zugleich ist dieser Planteil als ein wichtiges Verbindungsglied der Volkswirtschaftsplanung zum erstmalig für den Fünfjahrplanzeitraum 1976 bis 1980 erarbeiteten „abgestimmten Plan der mehrseitigen Integrationsmaßnahmen" anzusehen.

Insgesamt hat sich die Einführung des Planteils „Sozialistische ökonomische Integration" bewährt. In den vorliegenden Thesen kommt aber auch zum Ausdruck (These 31), daß in der bisherigen Arbeit mit diesem Planteil eine Reihe von Problemen deutlich geworden sind. Hierzu muß vor allem festgestellt werden, daß nach den Ergebnissen von uns durchgeführter Praxisuntersuchungen die mit dem neuen Planteil verbundenen Möglichkeiten insgesamt noch nicht ausreichend genutzt werden. Dabei besteht in den einzelnen Verantwortungsbereichen ein unterschiedliches Niveau. Es kann eingeschätzt werden, daß die Arbeit mit diesem Planteil in solchen Kombinaten und Zweigen am weitesten fortgeschritten ist, in denen die sozialistische ökonomische Integration im betrieblichen Reproduktionsprozeß bereits bestimmenden Einfluß hat. Dazu gehören zum Beispiel VEB Kombinat Fortschritt Neustadt und die VVB Textima.

Der IX. Parteitag der SED hat die Aufgabe gestellt, den Planteil „Sozialistische ökonomische Integration" „zu einem wichtigen Leitungsinstrument des Staates und der wirtschaftsleitenden Organe zu entwickeln."[1] Das muß dem Ziel dienen, die Planung

[1] E. Honecker, Bericht des Zentralkomitees der Sozialistischen Einheitspartei Deutschlands an den IX. Parteitag der SED, Berlin 1976, S. 80.

und Realisierung der zwischen den Partnerländern vereinbarten Integrationsmaßnahmen gegenseitig mit noch größerer Verbindlichkeit und mit einer höheren Effektivität zu gestalten und dabei die Möglichkeiten der sozialistischen ökonomischen Integration noch wirksamer für die Intensivierung der Produktion zu nutzen.

Ich möchte einige Gedanken dazu äußern, welche Aufgaben vordringlich zu lösen sind, um dieser Forderung zu entsprechen.

1. Für die Weiterentwicklung der Arbeit mit diesem Planteil ist ein wichtiger Ausgangspunkt, daß die Planung der Integrationsprozesse in einem einheitlichen Prozeß von staatlicher Planung und Planungszusammenarbeit im Rahmen des RGW erfolgt.

Beide Seiten bedingen einander und können nur in gegenseitiger Abhängigkeit effektiv weiterentwickelt werden. Dem liegt zugrunde, daß die weitere Gestaltung der entwickelten sozialistischen Gesellschaft mit der Vervollkommnung der sozialistischen Produktionsverhältnisse in den Mitgliedsländern des RGW und mit der internationalen Entfaltung der sozialistischen Produktionsverhältnisse verbunden ist. Zwischen dem grundlegenden Produktionsverhältnis im Sozialismus – den Beziehungen der kameradschaftlichen Zusammenarbeit und gegenseitigen Hilfe – und der staatlichen Planung sowie der Planungszusammenarbeit der RGW-Länder bestehen enge Zusammenhänge. „Das Verhältnis der Planmäßigkeit ist unmittelbar mit dem grundlegenden Produktionsverhältnis der kommunistischen Formation verbunden, ist von ihm abgeleitet."[2] Die planmäßige Gestaltung der Prozesse der sozialistischen ökonomischen Integration vollzieht sich bei Existenz des staatlich-sozialistischen Eigentums und Wahrung der souveränen Rechte der sozialistischen Staaten und der Verfügungsgewalt über ihre Ressourcen. Daraus ergibt sich, daß die Hauptrichtungen der Weiterentwicklung der Planungszusammenarbeit der Mitgliedsländer des RGW in wesentlichem Maße durch den Reifegrad der sozialistischen Produktionsverhältnisse und durch das Niveau der Leitung, Planung und ökonomischen Stimulierung in den Bruderländern bestimmt werden, in ihnen ihre Basiselemente haben. Andererseits werden Inhalt und Formen der staatlichen Planung immer stärker von Erfordernissen der Zusammenarbeit der RGW-Länder auf dem Gebiet der Planungstätigkeit geprägt.

Die weitere Vervollkommnung von staatlicher Planung und Planungszusammenarbeit in einem einheitlichen Prozeß muß von diesen Zusammenhängen ausgehen. Sie ist darauf gerichtet, die ökonomischen Gesetze des Sozialismus verstärkt und immer umfassender auszunutzen.

2. Für die Weiterentwicklung der Arbeit mit dem neuen Planteil sehen wir vor allem zwei Hauptrichtungen:

Erstens geht es darum, die bei dem jetzigen Entwicklungsstand bereits gegebenen Möglichkeiten zur Nutzung des Planteils als Leitungsinstrument in allen Ebenen und Verantwortungsbereichen voll auszuschöpfen. Damit muß möglichst kurzfristig der Zustand überwunden werden, daß dieser Planteil vielfach nur als technisch-organisatorisches Instrument zur Registrierung von Abkommensverpflichtungen betrachtet wird.

Zweitens ist es notwendig, den Planteil „Sozialistische ökonomische Integration" selbst inhaltlich und methodisch so weiter zu entwickeln, daß für die Erhöhung seiner Wirksamkeit in künftigen Planungszeiträumen verbesserte Voraussetzungen geschaffen werden.

[2] I. I. Kuz'minov, Abriß der politischen Ökonomie des Sozialismus – Methodologie –, Berlin 1976, S. 166.

Für die Lösung der damit verbundenen Aufgaben stehen wertvolle Erfahrungen aus der bisherigen Arbeit mit diesem Planteil zur Verfügung. Es geht aber auch um die Lösung einiger komplizierter Probleme, zu denen in Theorie und Praxis noch erhebliche Arbeit zu leisten ist, um den notwendigen wissenschaftlichen Vorlauf zu schaffen.

In diesem Zusammenhang verdienen vor allem folgende Probleme besondere Beachtung:

In der Praxis bestätigt sich immer wieder die Erkenntnis, daß die Effektivität der Maßnahmen der sozialistischen ökonomischen Integration unmittelbar vom Niveau ihrer Leitung, Planung und ökonomischen Stimulierung abhängt. Deshalb ist in erster Linie Klarheit darüber notwendig, daß die Arbeit mit dem Planteil „Sozialistische ökonomische Integration" nicht nur quantitativ, sondern vor allem qualitativ weit über die herkömmliche Planung von Produktions- und Absatzbeziehungen hinausgeht, daß sie mit einer wesentlichen Vervollkommnung der Beziehungen zwischen den Staats- und wirtschaftsleitenden Organen, Wirtschaftseinheiten und Kollektiven der Werktätigen verbunden sein muß.

In der Aufgabenstellung des IX. Parteitages der SED für die Vervollkommnung der Arbeit mit diesem Planteil wird die notwendige Verflechtung dieses Planteils mit den anderen Plänen und Bilanzen durch Ausweis der Aufgaben und Fonds in den entsprechenden Teilen des Volkswirtschaftsplanes nachdrücklich hervorgehoben.[3]

In der gegenwärtigen Planungspraxis werden jedoch die Aufgaben und Fonds des neuen Planteils in anderen Plänen und Bilanzen, zum Beispiel in der Planung der industriellen Warenproduktion, in den Material-, Ausrüstungs- und Konsumgüterbilanzen, noch nicht gesondert sichtbar. Obwohl die Planungsordnung vorschreibt, daß die Übergabe der Teilaufgaben des Planteils „Sozialistische ökonomische Integration" als „Darunter-Position" der staatlichen Plankennziffern (zum Beispiel Export bzw. Import wichtiger Erzeugnisse, wissenschaftlich-technische Aufgaben, Investitionen) zu erfolgen hat, wird dem in der Praxis noch nicht generell entsprochen.

In diesem Zusammenhang besteht eine wichtige Erfahrung darin, daß auch die Organisation der Ausarbeitung des neuen Planteils von nicht zu unterschätzender Bedeutung für seine Wirksamkeit ist. Dabei zeigt sich, daß die Berücksichtigung der vielfältigen Verflechtungen zwischen den einzelnen Plänen und Bilanzen, aber auch die Sicherung der erforderlichen Kontinuität, Stabilität und Elastizität der Planung der Integrationsprozesse eine ständige Einbeziehung der für die konkreten Maßnahmen fachlich unmittelbar verantwortlichen Struktureinheiten erfordert. Das ist bisher – die Ausarbeitung des Planteils „Sozialistische ökonomische Integration" erfolgt überwiegend in den für die internationale Zusammenarbeit verantwortlichen Bereichen der Kombinate, VVB und Staatsorgane – oft noch nicht gewährleistet.

Um den Planteil „Sozialistische ökonomische Integration" zu einem wichtigen Leitungsinstrument zu machen, ist es insbesondere erforderlich, ihn in allen Phasen der Planung, Plandurchführung, Abrechnung, Kontrolle und Analyse wirksam zu machen.

Während bisher schon vielfach dieser Planteil in die Planverteidigung einbezogen wurde, erfolgt das hinsichtlich seiner Abrechnung und Berichterstattung über die Ergebnisse der Plandurchführung noch nicht generell. Eine zeitnahe Planabrechnung

[3] Vgl. E. Honecker, Bericht des Zentralkomitees der Sozialistischen Einheitspartei Deutschlands an den IX. Parteitag der SED, a. a. O., S. 80 und Direktive des IX. Parteitages der SED zum Fünfjahrplan für die Entwicklung der Volkswirtschaft der DDR in den Jahren 1976–1980, Berlin 1976, S. 39/40.

und -kontrolle ist jedoch als eine elementare Voraussetzung für eine wirksame Einflußnahme auf die planmäßige Realisierung der Aufgaben in allen Verantwortungsbereichen anzusehen. Wie von uns durchgeführte Praxisuntersuchungen zeigen, wird in einigen Kombinaten die vierteljährliche Planabrechnung und Berichterstattung beim Generaldirektor durchgeführt. Auch die Form der Berichterstattung zu ausgewählten Vorhaben in Form von Rapporten beim Minister wird bereits erfolgreich praktiziert.

Im Rahmen der Volkswirtschaft sollte die Abrechnung des neuen Planteils seitens aller Staats- und wirtschaftsleitenden Organe halbjährlich erfolgen. Entsprechend der Spezifik dieses Planteils ist es notwendig, diese Abrechnung vorhaben- und maßnahmebezogen sowie gebrauchswertmäßig und wertmäßig vorzunehmen.

Die Gestaltung der Integrationsprozesse mit höchster Effektivität muß als Hauptanliegen der Vervollkommnung der Arbeit mit dem Planteil „Sozialistische ökonomische Integration" angesehen werden. Genosse Erich Honecker hob auf der 2. Tagung des ZK der SED erneut hervor, daß uns gerade auch die bedeutende Zunahme der Forschungs- und Produktionskooperation der Länder des RGW helfen muß, den wissenschaftlich-technischen Fortschritt zu beschleunigen, und daß es erforderlich ist, dem Nutzeffekt der internationalen sozialistischen Spezialisierung und Kooperation noch wesentlich mehr Aufmerksamkeit zu schenken.[4]

Zur Lösung dieser Aufgaben ist es notwendig, in diesen Planteil schrittweise qualitative Kennziffern aufzunehmen, die das Verhältnis von Aufwand und Ergebnis widerspiegeln und mit Nutzensrechnungen verbunden sind. Eine wichtige Voraussetzung für die Ermittlung des ökonomischen Nutzens und die Auswahl der effektivsten Varianten der Zusammenarbeit besteht darin, das Prinzip der Einheit von materieller und finanzieller Planung auch in der Arbeit mit diesem Planteil voll durchzusetzen. Das erfordert, die konkreten Aufgaben und Maßnahmen der sozialistischen ökonomischen Integration in ihrer Einheit von gebrauchswertmäßigen, wertmäßigen und finanziellen Prozessen darzustellen und zu gestalten. Damit wird die Effektivität der Integrationsmaßnahmen stärker in den Mittelpunkt gerückt und die Verflechtung dieses Planteils mit Wertkennziffern anderer Planteile und Bilanzen vertieft.

Die Ausnutzung der Wertkategorien hat aber auch unter dem Gesichtspunkt besondere Bedeutung, daß über den Wertausdruck unterschiedliche Gebrauchswerte nach einem einheitlichen Maßstab – den Preis als Ausdruck des Wertes – erfaßt und aggregierbar werden. Das ermöglicht, die im Planteil „Sozialistische ökonomische Integration" enthaltenen Aufgaben und ihre Abrechnung wertmäßig und gebrauchswertmäßig – entsprechend der Leitungspyramide der Volkswirtschaft differenziert – so zusammenzufassen, daß sie besser kontrollierbar werden. Damit kann der unbefriedigende Zustand überwunden werden, daß die Zusammenfassung dieser Planteile durch eine nur gebrauchswertmäßige Anreihung der Aufgaben und Maßnahmen von einer bestimmten Ebene an kaum noch überschaubar ist und damit nur bedingt als Leitungsinstrument nutzbar wird.

Der Planteil „Sozialistische ökonomische Integration" kann nur dann ein wirksames Leitungsinstrument werden, wenn innerhalb gegebener Planungszeiträume und für die gesamte Zeitdauer der Vorbereitung und Realisierung einer Integrationsmaßnahme die im Plan enthaltenen Kennziffern vergleichbar sind. Das bezieht sich gleichermaßen auf das Verhältnis zwischen Abkommen und Verträgen zu diesem Planteil und dessen Beziehungen zu anderen Plänen und Bilanzen als auch auf die Vergleichbarkeit zwischen

[4] E. Honecker, 2. Tagung des ZK der SED, Zu aktuellen Fragen unserer Innen- und Außenpolitik nach dem IX. Parteitag, Berlin 1976, S. 33.

Fünfjahrplan und Jahresplänen sowie auf die Vergleichsmöglichkeiten innerhalb des Jahres zwischen Plan- und Istwerten.

Unter den Bedingungen der weiteren planmäßigen Ausnutzung der RGW-Vertragspreise entsprechend den Beschlüssen der 70. Tagung des Exekutivkomitees des RGW ist es erforderlich, durchgängig mit vergleichbaren Planpreisen *und* mit effektiven Preisen zu planen und abzurechnen. Das ist zugleich eine wesentliche Voraussetzung, um im Prozeß der Plandurchführung die effektive Realisierung gezielt beeinflussen zu können.

Die weitere Vervollkommnung der Ausgestaltung des neuen Planteils muß insgesamt die Komplexität der vorhaben- und maßnahmebezogenen Planung der Integrationsmaßnahmen erhöhen. Dazu gehört auch, daß die Gesamtverantwortung für die Durchführung der jeweiligen Integrationsmaßnahme und die vielfältigen Verflechtungen innerhalb der verschiedenen Pläne und Bilanzen zwingender gestaltet werden und stärker vom Prozeßcharakter der Vorhaben und Maßnahmen ausgegangen wird. Dabei ist ein wichtiger Gesichtspunkt, daß mit den geplanten Integrationsmaßnahmen bestimmte Proportionen der künftigen Entwicklung des Bedarfs und seiner Deckung qualitativ und quantitativ beeinflußt werden und in die Plankoordinierung für künftige Zeiträume einzubeziehen sind.

Die dargelegten Probleme sind als eine Auswahl aus der weitaus größeren Palette von Aufgaben anzusehen, die insgesamt zu lösen sind, um die Arbeit mit dem Planteil „Sozialistische ökonomische Integration" zielgerichtet weiter zu entwickeln und ihn zu einem wichtigen Leitungsinstrument des Staates und der wirtschaftsleitenden Organe zu entwickeln.

Zur schrittweisen Lösung dieser Aufgaben besteht eine wichtige Orientierung für die Forschungsarbeit vor allem darin, die Erkenntnisse über die Art und Weise der internationalen Entfaltung der sozialistischen Produktionsverhältnisse, über die Wirkung und Ausnutzung der ökonomischen Gesetze in diesem Prozeß und über die Realisierung der ökonomischen Interessen der Partnerländer der sozialistischen ökonomischen Integration weiter zu vertiefen, um auf dieser Grundlage Lösungen mit einer hohen Praxiswirksamkeit zu erarbeiten.

G. Haschker

Zu einigen Problemen der Tätigkeit internationaler ökonomischer Organisationen der Mitgliedsländer des RGW

Auf der Grundlage meiner Tätigkeit in der VVB Kraftwerksanlagenbau, die die Deutsche Demokratische Republik als Mitglied in der Internationalen Wirtschaftsvereinigung „Interatomenergo" vertritt, möchte ich zum vorliegenden Thesenentwurf feststellen, daß er eine interessante Diskussionsgrundlage darstellt. Im Abschnitt IV umreißen die Thesen relativ komplex die Aufgaben und den gegenwärtigen Stand der Tätigkeit internationaler ökonomischer Organisationen der Mitgliedsländer des RGW. Aus der Sicht meiner Erfahrungen möchte ich ergänzend zu den getroffenen Aussagen zu einigen inhaltlichen Fragen der Thesen Stellung nehmen, die sich auf die Entwicklung internationaler ökonomischer Organisationen beschränken.

Die im Thesenentwurf getroffenen Feststellungen zur Vergesellschaftung und Internationalisierung der Produktion auf der Grundlage der Bildung und Tätigkeit internationaler ökonomischer Organisationen erscheinen mir zu absolut. Sie berücksichtigen meines Erachtens zu wenig den Reifeprozeß und den gegenwärtig erreichten Entwicklungsstand dieser Organisationen. Ich möchte daher betonen, daß mit der Bildung zunächst Voraussetzungen für eine Vereinigung und koordinierte Nutzung von Teilen der ökonomischen Ressourcen der RGW-Länder geschaffen werden, deren Realisierung im Prozeß der Tätigkeit der internationalen ökonomischen Organisationen schrittweise erfolgt. Dieser Entwicklungsprozeß sollte in den Thesen noch deutlicher herausgearbeitet werden.

Zu der im Thesenentwurf enthaltenen Charakterisierung der Koordinierung der Tätigkeit und Entwicklung der Wirtschaftszweige ist meines Erachtens eine Präzisierung erforderlich. Aus der vorliegenden Formulierung kann der Eindruck entstehen, daß die Koordinierungstätigkeit als Anfangs- oder untergeordnetes Stadium des Wirkens von internationalen ökonomischen Organisationen betrachtet wird. Es sollte daher stärker herausgearbeitet werden, daß auch nach ihrem Übergang zur Wirtschaftstätigkeit mit wirtschaftlicher Rechnungsführung die koordinierende Tätigkeit dieser Organisationen eine gleichrangige, konkrete Aufgabe darstellt. In diesem Zusammenhang sind auch die Fragen der gemeinsamen Planung zu sehen.

Zur Charakterisierung der Bereitschaft der Länder bzw. der von ihnen beauftragten Mitgliedsorganisationen, die Arbeit der internationalen ökonomischen Organisationen zu unterstützen und aktiv in ihnen mitzuwirken, möchte ich folgendes bemerken: Die Bereitschaft zur aktiven Mitarbeit hat zweifellos einen großen Einfluß auf das Entwicklungstempo und die Qualität der Arbeit dieser Organisationen. Doch dies allein kann nicht der bestimmende Faktor sein. Es müssen nämlich – wie in den Thesen richtig festgestellt wird – entscheidende Voraussetzungen durch die Leitung, Planung und ökonomische Stimulierung geschaffen werden. Es ist auch klar, daß die Schaffung der Arbeitsgrundlagen einen wesentlichen Inhalt der Organisationsperiode der internationalen ökonomischen Organisationen bildet, jedoch nicht den Hauptinhalt über mehrere Jahre. Das kann zum Beispiel aus der Tätigkeit der internationalen Wirtschaftsvereinigung (IWV) Interatomenergie belegt werden.

Die internationalen ökonomischen Organisationen sind prinzipiell bestrebt, möglichst schnell zur konkreten Koordinierungs- und Wirtschaftstätigkeit überzugehen. Daß dies noch nicht immer im vollen Maße und umfassend genug erfolgt, hat verschiedene Ursachen. In der Tätigkeit der IWV Interatomenergo ergeben sich nach meiner Auffassung gewisse Probleme aus der Tatsache, daß ihr Tätigkeitsgebiet in volkswirtschaftlich äußerst bedeutenden Produktionen liegt. Die langfristige Planung in dieser Organisation kann nicht isoliert von volkswirtschaftlich übergeordneten Standpunkten betrachtet werden, sie setzt meines Erachtens eine überzweigliche Strukturkonzeption und ihre internationale Abstimmung voraus. Ich verweise auch auf eine entsprechende Feststellung in These 37. In diesem Zusammenhang halte ich es für nicht gerechtfertigt, im Thesenentwurf von einer „experimentellen Organisationsform" zu sprechen. Die ihnen innewohnenden Möglichkeiten müssen zwar erprobt werden, jedoch sind wirtschaftliche Experimente, zum Beispiel auf dem Energiesektor, nicht möglich, da sich hier sofort Auswirkungen auf die Energiebasis der Volkswirtschaft ergeben.

Ein weiteres, in den Thesen behandeltes Problem ist die langfristige Planung und die Einschätzung des erreichten Standes der gemeinsamen Planung. Ich möchte vor allem die Notwendigkeit unterstreichen, die langfristigen Planungsprozesse unter Einbeziehung der internationalen ökonomischen Organisationen zu qualifizieren. Ich verweise in diesem Zusammenhang auf die Ausführungen von Dr. Weiss, die ich voll unterstütze. Hinsichtlich der im Thesenentwurf dargelegten Forderungen an die höhere Qualität der Planungszusammenarbeit ist meines Erachtens eine ergänzende Bemerkung erforderlich. Die inhaltliche und methodische Vervollkommnung der Planungszusammenarbeit kann nicht nur – wie das in den Thesen dargestellt wird – von der zielstrebigen Arbeit der internationalen ökonomischen Organisationen und den konstruktiven Vorschlägen ihrer Mitglieder und gemeinsamen Organe getragen sein. Man muß hier auch auf die rechtliche Seite dieses Problems eingehen. Ich verweise in diesem Zusammenhang auf vorliegende verallgemeinerte Erfahrungen der Tätigkeit internationaler Wirtschaftsvereinigungen, in denen gesagt wird, daß die rechtliche Fixierung der im gemeinsamen Plan zwischen den Ländern abgestimmten Aufgaben in der gegenwärtigen Entwicklungsetappe der Zusammenarbeit nicht durch einen entsprechenden Beschluß des Rates einer internationalen Wirtschaftsvereinigung erfolgen kann und dazu der entsprechende Abschluß von internationalen Abkommen, Vereinbarungen und Verträgen notwendig ist.

Aus dieser Sicht ist auch das von Interatomenergo in Zusammenarbeit mit dem RGW-Planungskomitee erarbeitete Programm der maximal möglichen Entwicklung des kernenergetischen Maschinenbaus meines Erachtens noch kein langfristiges Zweigentwicklungsprogramm, sondern in der gegenwärtigen Phase zunächst als eine Koordinierung der Vorschläge der Mitgliedsländer, eine Gegenüberstellung von Bedarf und Aufkommensvorschlägen zu werten.

Ich möchte noch auf eine weitere Frage eingehen. In den Thesen wird festgestellt, daß erfahrungsgemäß vorhandene, intensiv entwickelte internationale Produktionsbeziehungen eine fördernde Wirkung auf die Erweiterung und Vertiefung der internationalen Spezialisierung und Kooperation haben. Meines Erachtens kann auch das Gegenteil eintreten, wenn nämlich – trotz Mitgliedschaft in einer internationalen ökonomischen Organisation – Mitgliedsländer bewährte, auf der Grundlage entsprechender Vereinbarungen bestehende zweiseitige Beziehungen nicht aufgeben wollen. Dieser Problemkreis umfaßt komplizierte volkswirtschaftliche Prozesse, die einer gründlichen Untersuchung bedürfen. Wichtig ist in jedem Fall, daß durch die Tätigkeit dieser internationalen Organisationen die abgestimmte Spezialisierung und Kooperation eine mehrseitige Grundlage erhält, wobei es meines Erachtens nicht entscheidend ist, ob die daraus abzuleitenden vertraglichen Bindungen zwei- oder mehrseitig erfolgen.

Zusammenfassend möchte ich feststellen, daß gegenwärtig eine große Zahl analytischer Arbeiten zur Tätigkeit von internationalen ökonomischer Organisationen durchgeführt werden. Ich halte es für erforderlich, daß in zunehmendem Maße Wissenschaftler und Praktiker gemeinsam darangehen, hier den notwendigen Vorlauf, in Übereinstimmung mit der Realisierung der in den Gründungsdokumenten dieser Organisationen verankerten Zielstellungen, zu schaffen.

K. Morgenstern

Einige Aufgaben und Probleme der effektiven Gestaltung der internationalen Spezialisierung und Kooperation zwischen den RGW-Ländern

Der verstärkte Druck auf die Intensivierung in den RGW-Ländern zwingt dazu, die großen potentiellen Wachstums- und Effektivitätsreserven der sozialistischen internationalen Arbeitsteilung noch mehr zu erschließen. Dafür entstehen zugleich mit dem sich stetig erhöhenden wissenschaftlich-technischen und ökonomischen Entwicklungsniveau der Volkswirtschaften immer günstigere Voraussetzungen. Es gilt, die internationale Spezialisierung und Kooperation in Forschung, Entwicklung und Produktion zu vertiefen, effektiver zu gestalten und sie damit auf ein qualitativ höheres Niveau zu heben. Sie kann ein noch wesentlich wirksamerer Faktor für die Entwicklung effektiver Volkswirtschaftsstrukturen, ihre gegenseitige Ergänzung und ein hohes technisch-ökonomisches Niveau der Produktion, für die Schaffung und Anwendung rationellster Technologien und Produktionsmittel sowie die bessere Bedarfsdeckung an hochwertigen Konsumgütern werden.

Dazu ist es erforderlich, solche Varianten der internationalen Spezialisierung und Kooperation auszuarbeiten und die Maßnahmen der Arbeitsteilung so zu organisieren, daß sowohl den vielfältigen technisch-ökonomischen Zusammenhängen und Erfordernissen als auch den volkswirtschaftlichen Möglichkeiten, Anforderungen und Interessen der RGW-Länder entsprochen wird. Das ist für die Interessenübereinstimmung der sozialistischen Länder und die effektive Entfaltung der Integrationsprozesse eines der Grundprobleme. Die internationale Spezialisierung und Kooperation muß deshalb unter Beachtung aller ökonomischen, technischen und politischen Einflußfaktoren und der Wechselbeziehungen zu allen Phasen und Elementen des volkswirtschaftlichen und betrieblichen Reproduktionsprozesses organisiert, geleitet und geplant werden.

Das notwendige allseitige Betrachten kann zum Beispiel am Problem der Konzentration und Diversifikation angedeutet werden. Es besteht das Erfordernis, das Konzentrationsniveau der Produktion zu erhöhen und zugleich die produktiven und individuellen Bedürfnisse ständig besser zu befriedigen.

Die Erhöhung der Konzentration der gesellschaftlichen Produktion und Arbeit durch Vertiefung der sozialistischen internationalen Arbeitsteilung wird zu einem bestimmenden Faktor der volkswirtschaftlichen Strukturentwicklung in der DDR wie in den anderen RGW-Ländern. Dabei muß die Konzentration jedoch ökonomisch sinnvoll betrieben werden. Das betrifft einmal das Verhältnis zwischen den Aufwendungen, die mit der Konzentration verbunden sind, und dem erreichbaren Ergebnis. Das betrifft zum anderen die Beziehungen zur Bedarfsdeckung, zur planmäßigen proportionalen Entwicklung und zur Flexibilität der Volkswirtschaften. Durch die Konzentration dürfen keinesfalls die Bedürfnisbefriedigung, die Stabilität und Flexibilität der volkswirtschaftlichen Entwicklung eingeschränkt werden. Im Gegenteil, sie müssen gefördert werden. Das bedingt, ein effektives Verhältnis zwischen Konzentration und Diversifikation zu gewährleisten. Jede Volkswirtschaft braucht eine bestimmte Breite der Strukturentwicklung und des Erzeugnissortiments, um flexibel auf den wissenschaftlich-technischen

Fortschritt, auf Bedarfsveränderungen im Inland und auf äußeren Märkten reagieren und die Exportkraft ständig stärken zu können.

Jedoch hat die Diversifikation für die einzelne Volkswirtschaft im jeweiligen Entwicklungsabschnitt immer eine rationelle Grenze, die vor allem auch durch das ökonomische Potential bestimmt wird, welches für die Zweige und die gesamte Volkswirtschaft zur Verfügung steht. Die Erweiterung des Erzeugnissortiments bzw. die Beibehaltung eines relativ breiten Erzeugnissortiments kann daher im Interesse der ökonomischen Entwicklung nicht auf Kosten der Konzentration erfolgen. Vielmehr kann eine rationelle Breite und Struktur des Erzeugnissortiments in den einzelnen Volkswirtschaften und in der ganzen sozialistischen Gemeinschaft nur auf der Grundlage der sich vertiefenden internationalen Arbeitsteilung gestaltet werden. Das setzt voraus, die internationale Spezialisierung und Kooperation so zu betreiben, daß sowohl die Konzentrationserfordernisse immer besser erfüllt werden als auch ein stabiles hohes Wirtschaftswachstum aller RGW-Länder gewährleistet wird. Dazu ist eine zunehmende gegenseitige Abstimmung und Anpassung der volkswirtschaftlichen Strukturentwicklung nötig und in untrennbarem Zusammenhang damit die Auswahl der jeweils zweckmäßigsten internationalen Spezialisierungsrichtungen und Standorte sowie effektiver Kooperationsformen. Desweiteren ergibt sich daraus das Erfordernis, die internationale Spezialisierung und Kooperation stabil und zugleich flexibel zu organisieren. Die Partner müssen sich gegenseitig voll aufeinander verlassen können. Das betrifft die Einhaltung der festgelegten Verpflichtungen in bezug auf den Umfang der gegenseitigen Lieferungen, die Qualität, das technisch-ökonomische Niveau der Erzeugnisse, den Kundendienst, die Ersatzteilversorgung und alle anderen Parameter. Zugleich ist es erforderlich, daß die RGW-Länder ihre Zusammenarbeit auf dritten Märkten verstärken.

Einseitigkeiten sind auch bei der Anwendung von internationalen Spezialisierungsrichtungen zu vermeiden. Bezüglich der Spezialisierung von Baugruppen und Einzelteilen wird darauf zu Recht in den Thesen verwiesen. Eine ökonomisch gegenseitig vorteilhafte internationale Baugruppen- oder Teilespezialisierung hängt allerdings von vielen Faktoren ab; unter anderem vom Charakter der Baugruppen, von den Bedingungen der Kooperation, von der Kombination verschiedener Spezialisierungsrichtungen, vom ökonomischen Entwicklungsniveau der Länder, von den Wirkungen der Systeme der Leitung, Planung und ökonomischen Stimulierung. Es ist sehr wichtig, die möglichen Spezialisierungsrichtungen fundiert auszuwählen und richtig miteinander zu verbinden.

Wie die gesamte sozialistische internationale Spezialisierung, so muß auch die Spezialisierung von Baugruppen, Zwischenprodukten und Teilen zur progressiven Strukturentwicklung und Angleichung des ökonomischen Entwicklungsniveaus der sozialistischen Länder beitragen. Die internationale Spezialisierung und Kooperation von Baueinheiten ist also nicht losgelöst von den anderen Spezialisierungsrichtungen zu betreiben und nicht nur an Hand technisch-ökonomischer Aspekte zu entscheiden, sondern gerade auch unter dem Gesichtspunkt der internationalen Standortwahl richtig mit der Spezialisierung auf Finalerzeugnisse und einer ökonomisch vorteilhaften Zweigentwicklung zu verbinden. Davon wird ihre Vertiefung wesentlich beeinflußt.

Eng damit ist die Bestimmung zweckmäßiger Kooperationsformen verbunden, sowohl hinsichtlich bereits vorhandener, bewährter als auch neuer Formen. Die Vielfalt der Formen nimmt zu, und es kann für ihre Anwendung infolge der unterschiedlichen konkreten Ziele und Bedingungen kein einfaches Schema geben. Eine Hauptprämisse ist die Erhöhung des ökonomischen Nutzeffekts bei Wahrung des gegenseitigen Vorteils. In der produktionstechnischen Kooperation kann beispielsweise in einem Fall die Spezialisierung nur eines Landes auf bestimmte Baugruppen oder Zwischenprodukte und eine darauf aufbauende Kooperation sinnvoll sein und in einem anderen Fall eine wechselseitig angelegte Spezialisierung und Kooperation von Baugruppen oder Zwischenprodukten. Hier spezialisieren sich beide bzw. mehrere Partner auf Baugruppen und Teile und tauschen diese gegenseitig aus. Die Produktion der Finalerzeugnisse erfolgt in jedem Land selbständig. Dabei kann dieses Erzeugnis gleiche oder auch bestimmte unterschiedliche technisch-ökonomische Parameter aufweisen und eine spezifische Ausführung erfahren.

Bei der ersten Art kann der Austausch gegen das Finalerzeugnis – wie beispielsweise oft im Fahrzeugbau, aber auch in anderen Zweigen – wie auch gegen andere Erzeugnisse und Leistungen erfolgen. Ein voller Wertausgleich der gegenseitigen Lieferungen für das einzelne Vorhaben ist bei dieser wie auch jeder anderen Variante der internationalen Spezialisierung und Kooperation meines Erachtens nur in begründeten Fällen gerechtfertigt. Grundsätzlich geht es darum, die Vorzüge der sozialistischen internationalen Arbeitsteilung umfassend zu erschließen.

Beide Möglichkeiten der Baugruppenspezialisierung und -kooperation sind vorteilhaft und sollten stärker angewandt werden. Welche davon jeweils zweckmäßiger ist, hängt vom Charakter der Erzeugnisse, den konkreten technischen, Produktions- und Außenhandelsbedingungen wie Interessen der Länder ab.

Wird das Finalerzeugnis in zwei oder drei Ländern gefertigt, dann gilt es, den Konzentrationseffekt durch die internationale spezialisierte Produktion geeigneter und standardisierter Erzeugnisbestandteile zu nutzen. Vorausgesetzt, daß es keine unökonomische Parallelproduktion ist, können so durch unterschiedliche Parameter und Ausführungen der Erzeugnisse spezifische Anwenderbedürfnisse mitunter besser befriedigt werden. Dabei ist ein abgestimmtes bzw. gemeinsames Auftreten auf dritten Märkten anzustreben.

Stets kommt es darauf an, die Produktion und ihre Effektivität zu steigern und den gegenseitigen Vorteil zu sichern. Jede Art der Baugruppenkooperation muß für alle Beteiligten dazu beitragen, den wissenschaftlich-technischen Fortschritt und ein stabiles Wirtschaftswachstum zu fördern, die Produktions- und Exportstruktur zu vervollkommnen und die Exportkraft der Volkswirtschaft zu stärken. Ist das gewährleistet, ist es zugleich möglich, die Länderinteressen in Übereinstimmung zu bringen.

Von erheblichem Einfluß hierauf ist die Art und Weise der ökonomischen Stimulierung und speziell auch der Leistungsbewertung der Betriebe. Das Bemühen, die Kennziffer „Warenproduktion" richtig in das Gesamtsystem zur exakten Leistungsbewertung der Betriebe einzuordnen, hat auch einen unmittelbaren Bezug zur internationalen Spezialisierung und Kooperation. Eine einseitige Hervorhebung dieser Kennziffer könnte die Interessenübereinstimmung der Länder erschweren.

Schlußwort

H. KOZIOLEK

Zu einigen Fragen der weiteren Vertiefung der sozialistischen ökonomischen Integration

Ich möchte zunächst zum Ausdruck bringen, daß im einleitenden Referat und in der Diskussion wertvolle Gedanken und Argumente zur weiteren Qualifizierung der Thesen und zur Profilierung der weiteren Forschungsarbeit auf dem Gebiet der sozialistischen ökonomischen Integration sowie für die gesamte wirtschaftswissenschaftliche Forschung dargelegt wurden. Charakteristisch für unsere Tagung war weiterhin die enge Verbindung von Theorie und Praxis sowie der offene und konstruktive wissenschaftliche Meinungsaustausch. Ich werte diese Ratstagung zugleich als ersten Schritt zur Verwirklichung der von der Konferenz der Gesellschaftswissenschaftler der DDR am 25./26. 11. 1976 gestellten Aufgaben bei der weiteren Realisierung der Beschlüsse des IX. Parteitages der SED. Mein besonderer Dank gilt Genossen Dr. Weiss, Stellvertreter des Vorsitzenden des Ministerrates der DDR, für seine prinzipiellen Hinweise zur weiteren Verbesserung der theoretischen und praktischen Arbeit.

Zugleich kann ich feststellen, daß den Thesen in ihrer Grundaussage in den Ausführungen aller Diskussionsredner zugestimmt wurde. Das ist von besonderer Bedeutung, da mit dieser Tagung die Verteidigung erster Forschungsergebnisse auf dem Gebiet der sozialistischen ökonomischen Integration – in Realisierung des Zentralen Forschungsplanes der marxistisch-leninistischen Gesellschaftswissenschaften der DDR 1976 bis 1980 – verbunden war.

Die Diskussion hat darüber hinaus vollinhaltlich die Ausführungen des Genossen Kurt Hager, Mitglied des Politbüros und Sekretär des ZK der SED, auf der Konferenz der Gesellschaftswissenschaftler der DDR bestätigt, daß – und das ist besonders hervorzuheben – die Vervollkommnung der gemeinsamen Planungstätigkeit, die Entwicklung der wissenschaftlich-technischen Zusammenarbeit im Mittelpunkt der Forschung stehen. Insbesondere ist dem Nutzeffekt der internationalen Spezialisierung und Kooperation größere Aufmerksamkeit zu widmen. Wie Genosse Hager hervorhob, ist es Aufgabe der im Wissenschaftlichen Rat für Fragen der sozialistischen ökonomischen Integration zusammenarbeitenden wissenschaftlichen Einrichtungen, zu erforschen, wie sich die gegenseitige Ergänzung und zunehmende Verflechtung der Volkswirtschaften der Mitgliedsländer des RGW in den nächsten Jahrfünften am effektivsten entwickeln können.[1]

Anknüpfend an diese prinzipielle Aufgabenstellung muß in der weiteren Forschungsarbeit vor allem erkannt werden, warum die Fragen der weiteren Erhöhung der ökonomischen Effektivität der Zusammenarbeit im Rahmen des RGW tiefgehender zu untersuchen sind. Besondere Bedeutung erhält die kontinuierliche Analyse aller den Integrationsprozeß stimulierenden Faktoren mit dem Ziel, sie immer stärker zu ent-

[1] Vgl. K. Hager, Der IX. Parteitag und die Gesellschaftswissenschaften, Rede auf der Konferenz der Gesellschaftswissenschaftler der DDR am 25. und 26. November 1976 in Berlin, Berlin 1976, S. 20.

wickeln, und zugleich das Aufspüren aller hemmenden Elemente, um sie schrittweise zu beseitigen. Die wirtschaftswissenschaftliche Forschung muß noch stärker davon ausgehen, daß Intensivierung und Erhöhung der Effektivität zu den wichtigsten Kriterien für den Reifegrad der entwickelten sozialistischen Gesellschaft gehören. Zugleich wird die Effektivität immer mehr zu einem entscheidenden Gradmesser für die Realisierung der Vorzüge des Sozialismus. Eine besondere Rolle spielt dabei die zunehmende Nutzung der internationalen Arbeitsteilung. Sie ist ein wichtiger Wachstumsfaktor der Volkswirtschaft der einzelnen RGW-Länder und trägt wesentlich zur ökonomischen Stärkung der sozialistischen Staatengemeinschaft insgesamt bei. Die Sozialistische Einheitspartei Deutschlands setzt sich ein – so heißt es im Programm der SED – für die volle Nutzung der Vorzüge der internationalen sozialistischen Arbeitsteilung und Kooperation, die eine grundlegende Voraussetzung für die Erhöhung der Effektivität der Wirtschaftstätigkeit, für die Vervollkommnung der Produktionsstruktur ist.[2]

Die Forschung muß also dazu beitragen, daß die internationale Spezialisierung und Kooperation in Produktion, Forschung und Entwicklung immer rationeller gestaltet werden.

Nach diesen generellen Bemerkungen möchte ich auf einige Fragen der Diskussion näher eingehen.

Im wissenschaftlichen Meinungsaustausch hat die Problematik der Einheit von Nationalem und Internationalem im Prozeß der sozialistischen ökonomischen Integration eine besondere Rolle gespielt. Ich halte es für erforderlich, die Aufmerksamkeit besonders darauf zu lenken, daß die mit der Vertiefung der Integration der RGW-Länder zu lösenden Aufgaben Entscheidungen erfordern, die immer mehr sowohl im staatlichen Rahmen dieser Länder als auch im Rahmen der RGW-Gemeinschaft zugleich nationale und internationale Belange berücksichtigen. Das Problem der Wechselbeziehungen zwischen den nationalen und internationalen Aufgaben der sozialistischen ökonomischen Integration betrifft die Entwicklung der Leitung und Planung der Integrationsprozesse im staatlichen Rahmen sowie im Rahmen der RGW-Gemeinschaft. Das gilt ebenso für die wissenschaftlich-technische Zusammenarbeit, den Ausbau der materiell-technischen Basis in den RGW-Ländern sowie die Ware-Geld-Beziehungen.

Die mit der fortschreitenden Integration gewährleistete stabile und dynamische Entwicklung der Volkswirtschaften der einzelnen RGW-Länder bewirkt zugleich die schrittweise Annäherung des ökonomischen Entwicklungsniveaus aller Mitgliedsländer des RGW. Selbstverständlich vollziehen sich diese Wechselbeziehungen – entsprechend den Grundzügen der marxistisch-leninistischen Dialektik – nicht widerspruchsfrei. Ich unterstreiche jedoch nachdrücklich die in der Diskussion bezogene Position, daß die Auffassung vom Bestehen eines „Grundwiderspruches des sozialistischen Weltwirtschaftssystems" zurückgewiesen werden muß.

Die Dialektik zwischen Nationalem und Internationalem konnte selbstverständlich in dieser Tagung nicht erschöpfend behandelt werden, sie ist so vielfältig, daß sie in den Beratungen der Hauptgebietsräte, insbesondere des Rates für Fragen der sozialistischen ökonomischen Integration – in enger Kooperation mit den Philosophen – tiefgehender untersucht werden muß.

Ein weiteres Kernproblem der Diskussion, das eng mit der zunehmenden Ergänzung und Verflechtung der Volkswirtschaften der RGW-Länder und der Erhöhung der Effektivität der sozialistischen ökonomischen Integration verbunden ist, besteht in

[2] Vgl. Programm der Sozialistischen Einheitspartei Deutschlands, Berlin 1976, S. 33.

den neuen, höheren Anforderungen an die qualitative Weiterentwicklung der Planungszusammenarbeit der RGW-Länder. Das erfordert den Beitrag der Wirtschaftswissenschaften zur Erarbeitung entsprechender Kriterien und Kennziffern, um die ökonomischen Aufgaben in den RGW-Ländern von vornherein aus der Sicht der Gemeinschaft zu planen und den Nutzeffekt von Integrationsmaßnahmen genau zu bestimmen. Das gilt auch für die Realisierung der langfristigen Zielprogramme, deren Ausarbeitung von der XXX. Tagung des RGW für wichtige Gebiete der ökonomischen Zusammenarbeit beschlossen wurde. Dabei müssen wir auch in der wirtschaftswissenschaftlichen Forschung noch stärker beachten, daß sich im Prozeß der Vertiefung der sozialistischen Integration die Reproduktionsprozesse in den einzelnen RGW-Ländern immer mehr durchdringen. Die mit der Planungszusammenarbeit verbundene gemeinsame Herausarbeitung der Schlüsselprobleme und ihrer Lösungswege bei der Erhöhung des Nutzeffekts der sozialistischen Produktion und der Beschleunigung des wissenschaftlich-technischen Fortschritts entspricht der Gemeinsamkeit der Interessen aller Partnerländer. Dabei ergibt sich für die Wirtschaftswissenschaftler die Aufgabe, daran mitzuwirken, daß klare Definitionen erarbeitet und einheitliche, inhaltlich übereinstimmende Begriffe geschaffen werden. Es geht hierbei um wichtige Werkzeuge der Vertiefung der Zusammenarbeit, die in der täglichen praktischen Arbeit große Bedeutung haben. Ich betone, daß diese Aufgabe nicht nur die Begriffsbestimmungen auf dem Gebiet der sozialistischen ökonomischen Integration berührt, sondern ein generelles Anliegen der weiteren wirtschaftswissenschaftlichen Arbeit ist.

Ein weiteres Problem, das im Blickpunkt der Diskussion stand, ist der Zusammenhang zwischen dem weiteren Ausbau der materiell-technischen Basis des eigenen Landes und der Stärkung der materiell-technischen Basis in allen anderen Mitgliedsländern des RGW. Die Aufgabe besteht darin, tiefer in den gesamten Komplex der materiell-technischen Basis der Volkswirtschaft und ihrer einzelnen Bereiche einzudringen und zugleich die gegenseitigen Verflechtungen zwischen den einzelnen RGW-Ländern zu untersuchen. Die Grundlinie und die entsprechenden Aufgaben für diese gesetzmäßig verlaufenden Prozesse sind in den Beschlüssen der Parteitage der kommunistischen und Arbeiterparteien der RGW-Länder und in den Beschlüssen des RGW klar fixiert. Der Zusammenhang zwischen dem Ausbau der materiell-technischen Basis in den einzelnen RGW-Ländern und dem weiteren Fortschreiten der sozialistischen ökonomischen Integration zeigt sich vor allem darin – wie die Erfahrungen bei der Realisierung des Komplexprogramms des RGW beweisen –, daß beide Prozesse wechselseitig aufeinander einwirken und damit die materiellen Grundlagen der sozialistischen Staatengemeinschaft weiter gestärkt werden. Die Entwicklung der materiell-technischen Basis der Volkswirtschaften stimuliert wesentlich den Prozeß der Vertiefung der sozialistischen ökonomischen Integration und erfordert eine immer höhere Qualität der ökonomischen und wissenschaftlich-technischen Zusammenarbeit, wie das vor allem in der Ausarbeitung der langfristigen Zielprogramme für wichtige Schwerpunktgebiete zum Ausdruck kommt. Zugleich wirkt die Vertiefung des Integrationsprozesses aktiv auf die weitere Vervollkommnung der materiell-technischen Basis in den einzelnen RGW-Ländern zurück. Es ist daher eine wichtige Forschungsaufgabe, diese Beziehungen – auch vom Aspekt der Rolle und des internationalistischen Wesens der sozialistischen Produktionsverhältnisse und ihrer Wechselbeziehungen mit den Produktivkräften – tiefer zu analysieren und wissenschaftliche Grundlagen zu erarbeiten, damit diese Prozesse leitungsmäßig immer besser beherrscht werden.

Die Ergebnisse der Beratung haben hinsichtlich der Entwicklung internationaler ökonomischer Organisationen eindeutig ergeben, daß es auf diesem Gebiet vor allem darauf ankommt, die analytische Arbeit zu verstärken. In der Tätigkeit der bestehenden internationalen ökonomischen Organisationen treten die praktisch noch zu lösenden Fragen immer deutlicher hervor. Darum besteht die Grundaufgabe in der Mitwirkung der Wirtschaftswissenschaft bei der weiteren Stabilisierung dieser internationalen Organisationsformen und in der Ausarbeitung konstruktiver Lösungsvorschläge. Zugleich sind die bisherigen Erfahrungen – insbesondere auf dem Gebiet der Leitung und Planung – zu verallgemeinern, um sie für die einzelnen Volkswirtschaften zu nutzen. Das betrifft zum Beispiel die Erfahrungen hinsichtlich des Verhältnisses zwischen Einzelleitung und kollektiver Beratung in den internationalen ökonomischen Organisationen. Ferner besteht die Aufgabe der Wirtschaftswissenschaft darin, gemeinsam mit Wirtschaftswissenschaftlern der UdSSR und der anderen sozialistischen Länder die vorhandenen Standort- und Effektivitätsvorteile der internationalen Wirtschaftsorganisationen zu erschließen und für die weitere Vertiefung der sozialistischen ökonomischen Integration zu nutzen. Wie die Diskussion zeigte, muß zur weiteren Entfaltung der Tätigkeit der internationalen Wirtschaftsorganisationen der Anwendung der Prinzipien der wirtschaftlichen Rechnungsführung größere Aufmerksamkeit geschenkt werden. Dabei sind die einzelnen Schritte sorgfältig vorzubereiten. Die Verstärkung der Ausnutzung der Ware-Geld-Beziehungen ist ein generelles Problem der weiteren Vertiefung der sozialistischen ökonomischen Integration und muß von der Wirtschaftswissenschaft zielstrebiger angepackt werden. Grundlage dafür sind vor allem die Beschlüsse der XXX. Tagung des RGW.

Ich möchte allen Diskussionsrednern für ihre wertvollen Hinweise danken. Mein Dank gilt ferner Genossen Prof. Dr. Kunz und den anderen Autoren der Thesen sowie den beteiligten wissenschaftlichen Einrichtungen für die gründliche inhaltliche Vorbereitung dieser Tagung.

Abschließend möchte ich darüber informieren, daß sich der Wissenschaftliche Rat für die wirtschaftswissenschaftliche Forschung in seiner nächsten Tagung mit ökonomischen und sozialen Problemen der weiteren Ausprägung der sozialistischen Lebensweise befassen wird. Unter diesen Aspekten werden auch einige heute behandelte Probleme weiter untersucht werden.

ABHANDLUNGEN DER AKADEMIE DER WISSENSCHAFTEN DER DDR
Abteilung Veröffentlichungen der wissenschaftlichen Räte

Tagungen des Wissenschaftlichen Rates
für die wirtschaftswissenschaftliche Forschung

Erschienen:

12. Tagung vom 17. 12. 1974 Nr. W 1/1975

Grundfragen der Steigerung der Arbeitsproduktivität

13. Tagung vom 25. 3. 1975 Nr. W 4/1975

Grundprobleme der entwickelten sozialistischen Gesellschaft

14. Tagung vom 24. 6. 1975 Nr. W 5/1975

Intensivierung der betrieblichen Reproduktion

15. Tagung vom 4. 11. 1976 Nr. W 1/1976

Volkswirtschaftliche Effektivität und sozialistisches Sparsamkeitsprinzip

16. Tagung vom 17. 2. 1976 Nr. W 3/1976

Probleme der Beschleunigung des wissenschaftlich-technischen Fortschritts

17. Tagung vom 13. 4. 1976 Nr. W 4/1976

Materialökonomie, Energie- und Rohstoffwirtschaft

19. Tagung vom 7. 12. 1976 Nr. W 2/1977

Theoretische Fragen der weiteren Vertiefung der sozialistischen ökonomischen Integration

In Vorbereitung:

20. Tagung vom 25. 3. 1977 Nr. W 5/1977

Probleme der sozialistischen Lebensweise

Kolibri 360 GmbH
Ferdinand-Jühlke-Straße 7
99095 Erfurt, Deutschland
produktsicherheit@kolibri360.de